会计仿真实训教程

U0731277

财经法规与会计职业道德实训

会计仿真实训平台项目组 编著

清华大学出版社
北 京

内 容 简 介

本书为"财经法规与会计职业道德"课程实训用书,共分为5章,内容分别为:会计法律制度、结算法律制度、税收法律制度、财政法律制度、会计职业道德。全书编排了大量练习题,有单选题、多选题、判断题、案例分析题四种题型,每节末给出前面题目的答案和解析。所有题目均可在线上反复练习,直至完全掌握该知识点。

本书可作为高职高专、应用型本科会计及相关专业教学用书,也可作为函授及成人高校会计及相关专业教学用书,还可供自学者自学使用。

图书在版编目(CIP)数据

财经法规与会计职业道德实训/会计仿真实训平台项目组编著. —北京:清华大学出版社,2018
(会计仿真实训教程)
ISBN 978-7-302-49353-2

Ⅰ. ①财… Ⅱ. ①会… Ⅲ. ①财政法—中国—教材 ②经济法—中国—教材 ③会计人员—职业道德—教材 Ⅳ. ①D922.2 ②F233

中国版本图书馆 CIP 数据核字(2018)第 014356 号

责任编辑:左卫霞
封面设计:毛丽娟
责任校对:李 梅
责任印制:杨 艳

出版发行:清华大学出版社
  网 址:http://www.tup.com.cn,http://www.wqbook.com
  地 址:北京清华大学学研大厦 A 座 **邮 编:**100084
  社 总 机:010-62770175 **邮 购:**010-62786544
  投稿与读者服务:010-62776969,c-service@tup.tsinghua.edu.cn
  质量反馈:010-62772015,zhiliang@tup.tsinghua.edu.cn
印 刷 者:北京富博印刷有限公司
装 订 者:北京市密云县京文制本装订厂
经 销:全国新华书店
开 本:185mm×260mm **印 张:**12.5 **字 数:**299 千字
版 次:2018 年 6 月第 1 版 **印 次:**2018 年 6 月第 1 次印刷
定 价:58.00 元

产品编号:074158-01

丛 书 序

信息技术的发展正深刻改变着职业教育的教学模式,职业院校的师生迫切需要更加多样化的在线教学平台。"清华职教"(www.qinghuazhijiao.com)是在认真调研、精准把握职业院校课程改革以及在线教学需求的基础上,由清华大学出版社开发的,融虚拟仿真实训、富媒体教学资源、在线过程评测于一体的职业教育理实一体化课程平台。"清华职教"的在线课程除了传统的理论课、考证课之外,最大特色在于利用仿真技术开发的会计实训课。

"清华职教"旨在解决职业院校理论教学与实训教学相脱节、实训教学内容与企业真实业务不匹配的弊端,帮助学生真正提高实务操作技能,快速具备上岗能力。该项目于 2014 年被批准为新闻出版改革发展项目库入库项目,并获得财政部文化产业发展专项资金支持。

"清华职教"目前上线课程涵盖会计专业的主干实训课程和财经大类的部分理论课程。所有在线课程均与纸质教材相配套,实现了理论课程与实训课程的相互配套,线上仿真实训与线下真账实操的相互融合。

"会计仿真实训教程"系列教材是"清华职教"所开发的 13 门实训课程的配套实训教材,分别是:出纳实训、纳税实训、审计实训、基础会计实训、财务会计实训、成本会计实训、税务会计实训、会计综合实训、财务管理实训、管理会计实训、会计电算化实训、财务报表分析实训、财经法规与会计职业道德实训。

"清华职教"会计仿真实训平台及配套教材具备以下八个方面的功能与特色。

1. 贴近岗位要求

根据不同会计岗位要求和课程特点,精选典型实训业务,如"出纳实训"除常规的现金、银行等业务仿真操作外,还提供了模拟网银操作;再如"纳税实训",学生可登录模拟国税和地税局网站进行纳税申报;再如"会计电算化实训",平台也实现了电算化模拟操作。

2. 虚拟仿真操作

无论是原始凭证、记账凭证还是各类账簿、报表等,全都与真实业务中的最新版本一样,学生不用进入企业实习就可以接触到真实的业务场景和单据,在线进行虚拟仿真操作:填写记账凭证、登记账簿、编制报表、画线、盖章、生成支付密码等。

3. 智能比对答案

学生在线完成实训业务后,点击"提交答案",如填写有误系统会自动"报错"(以红色块标示)。错误之处可以重新填写,直至答对。学生也可以查看"正确答案",自主分析错误原因;还可以将填写内容全部清空,然后重新填写,反复实训。

4．实时反馈成绩

每门实训课程的首页会根据学生实训进度和答题正确率，实时反馈学习成绩，生成综合报告，以便学生整体把握实训成绩。教师也可以在线组建班级，动态跟踪本班全部学员的实训情况。

5．理实一体开发

实训课程通过"外部课程"链接与理论课程建立关联，充分实现理实一体的设计理念，服务职业院校理实一体化教学。

6．内容体系科学

实训课程内容在充分体现会计岗位要求的基础上，按照职业院校会计专业的教学计划和课程标准，采用"项目—任务—业务"的编排体系，符合职业教育的教学规律。

7．课程资源丰富

全部实训任务在线提供 PPT 课件，重难点任务还提供视频和微课讲解。学生实训时可以对照课件和视频，边学习边实训。

8．线上线下结合

全部 13 门实训课程都配套出版纸质教材，提供仿真单据簿和各类账证表。学生通过教材附赠的序列号即可登录平台进行在线学习与实训，从而实现了线上学习与线下学习的结合，线上实训与手工实操的互补。

"清华职教"会计仿真实训平台的开发和配套教材的出版，是清华大学出版社在互联网教育领域的新尝试，是基于互联网提供会计课程整体解决方案的新做法，我们衷心期待这套产品的使用者给我们提出宝贵的意见和建议，以便我们的创新能够走得更稳；也衷心期待有志于互联网会计教学改革的院校和教师与我们一起，共同开发更符合院校特色专业建设要求的定制平台，共同打造会计教学的新模式。

"清华职教"将努力打造更多样的仿真实训课程、更精品的专业课程资源、更智能的数字学习方式，让教育者不再为缺乏教学资源而苦恼，让学习者真正学到有用的技能，让课堂学习不再与社会需求脱节。

会计仿真实训平台项目组

2017 年 12 月

前　言

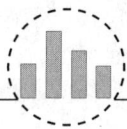

　　"财经法规与会计职业道德"是会计专业的基础科目之一,是成为合格会计人员必须要学习掌握的一门课程。

　　为辅助"财经法规与会计职业道德"教学,提高学生将所学理论知识运用于会计实务操作的能力,我们编写了《财经法规与会计职业道德实训》一书。本书根据课程目标和会计实际工作需要,编排有 5 章内容,分别为:会计法律制度、结算法律制度、税收法律制度、财政法律制度、会计职业道德。全书编排了大量练习题,有单选题、多选题、判断题、案例分析题四种题型,每节末给出前面题目的答案和解析。

　　本书配有实训教学平台,学生在平台上可以将做过的题目全部清空,然后重新做题,反复练习,直至完全掌握该知识点。学生通过本课程体系线上和线下的学习和演练可以掌握会计核算和监督的依据、支付结算法规、税收征收管理的相关规定和会计职业道德的基本要求;养成在会计工作中依法处理经济业务,严格遵守会计准则与会计法规,依法办事、依法经营的意识与习惯,为顺利走上会计工作岗位打下坚实的基础。

　　本书及配套实训平台的编写与开发得到了会计专业教师、企业一线会计人员和教育技术人员的大力帮助,在此深表谢意。

　　由于水平有限,书中难免存在疏漏和不足,恳请读者朋友批评指正。

会计仿真实训平台项目组

2018 年 3 月

目　录

第一章

会计法律制度

第一节　会计法律制度的概念与构成

一、单选题

1.《会计基础工作规范》属于（　　）。

　　A. 会计法律　　　　　　　　　　　　B. 会计部门规章

　　C. 会计行政法规　　　　　　　　　　D. 地方性会计法规

2. 根据《企业财务会计报告条例》的规定,财务会计报告分为年度、半年度、季度和月度财务会计报告,企业会计准则规定,企业至少应当按（　　）编制财务报表。

　　A. 月　　　　　　B. 季度　　　　　　C. 半年　　　　　　D. 年

3. 会计法律由（　　）制定。

　　A. 国务院

　　B. 财政部

　　C. 全国人民代表大会及其常务委员会

　　D. 地方人民代表大会

4. "公司应当在每一个会计年度终了时编制财务会计报告并依法经会计师事务所审计"是（　　）的规定。

　　A.《中华人民共和国公司法》

　　B.《中华人民共和国会计法》

　　C.《企业内部控制基本规范》

　　D.《中华人民共和国注册会计师法》

5. 按照我国现行会计工作管理体制,下列说法正确的是（　　）。

　　A. 根据会计法,会计工作实行"集中领导,分级管理"

　　B. 总会计师需要具备会计师以上专业技术职务资格或从事会计工作达三年以上的经历

　　C. 会计工作的自律管理组织只有中国注册会计师协会

　　D. 国家统一的会计制度由国务院财政部门根据《中华人民共和国会计法》制定并发布

6. 下列各项中,效力最低的是（　　）。

　　A.《中华人民共和国会计法》　　　　B.《总会计师条例》

　　C.《中华人民共和国注册会计师法》　　D.《企业会计准则——基本准则》

7. 下列对于《中华人民共和国会计法》的立法宗旨,表述不正确的是(　　)。

　　A. 规范会计行为,保证会计资料真实、完整

　　B. 加强经济管理和财务管理

　　C. 提高经济效益,维护社会主义市场经济秩序

　　D. 满足各方面利益关系人的客观需求

8.《中华人民共和国注册会计师法》的颁布日期是(　　)。

　　A. 1994 年 1 月 1 日　　　　　　　　B. 1993 年 10 月 31 日

　　C. 1999 年 10 月 31 日　　　　　　　D. 2000 年 7 月 1 日

9. 下列属于会计部门规章的是(　　)。

　　A.《财政部门实施会计监督办法》　　　B.《总会计师条例》

　　C.《企业财务会计报告条例》　　　　　D.《中华人民共和国注册会计师法》

10. 会计行政法规是由(　　)制定发布,或者国务院有关部门拟订并经国务院批准发布,调整经济生活中某些方面会计关系的法律规范。

　　A. 国务院　　　　　　　　　　　　　B. 财政部门

　　C. 直辖市人民代表大会　　　　　　　D. 省人民代表大会或常务委员会

二、多选题

1. 根据会计法律制度的规定,企业和其他组织的下列会计档案保管期限为永久保管的有(　　)。

　　A. 年度财务报告　　　　　　　　　　B. 会计档案移交清册

　　C. 会计档案保管清册　　　　　　　　D. 会计档案销毁清册

2. 现行的《中华人民共和国会计法》主要内容包括(　　)等七章。

　　A. 总则　　　　　　　　　　　　　　B. 会计核算

　　C. 公司、企业会计核算的特别规定　　 D. 会计监督

3. 下列属于会计部门规章的有(　　)。

　　A.《中华人民共和国会计法》

　　B.《注册会计师注册办法》

　　C.《湖南省实施〈中华人民共和国会计法〉办法》

　　D.《财政部门实施会计监督办法》

4.《企业财务会计报告条例》对企业财务会计报告的(　　)等重大方面作了规定。

　　A. 构成　　　　　B. 编制　　　　　C. 对外提供　　　　D. 法律责任

5. 属于《中华人民共和国会计法》的适用范围的有(　　)。

　　A. 外国在我国的常驻机构

　　B. 我国驻外国的使、领馆

　　C. 我国在境外投资设立的企业,向国内报送财务会计报告

　　D. 香港特别行政区

三、判断题

1. 会计部门规章是指国家主管会计工作的行政部门即财政部以及其他相关部委根据

法律和国务院的行政法规、决定、命令,在本部门的权限范围内制定的、调整会计工作中某些方面内容的国家统一的会计准则制度和规范性文件。　　　　　　　　　　（　　）

2. 用计算机进行会计核算与手工会计核算,在会计法律上的规定是不同的。　（　　）

3.《中华人民共和国会计法》规定,财务会计报告的提供单位必须接受注册会计师的审计。　　　　　　　　　　　　　　　　　　　　　　　　　　　　（　　）

4. 会计部门规章制度主要是调整经济生活中某些方面会计关系的法律规范。　（　　）

5. 会计准则制度及相关标准规范由财政部和其他相关部门制定。　　　　　（　　）

6. 国务院发布的《财务会计报告条例》的法律地位低于全国人大常委会通过的《中华人民共和国会计法》。　　　　　　　　　　　　　　　　　　　　　（　　）

7. 会计行政法规由国务院制定并发布,或者由国务院有关部门拟定并经国务院批准发布。　　　　　　　　　　　　　　　　　　　　　　　　　　　　　（　　）

8. 根据《中华人民共和国会计法》的规定,会计准则制度及相关标准规范均由财政部制定,其他部门或地方没有权力制定。　　　　　　　　　　　　　　　　（　　）

9. 符合《小企业会计制度》规定的小企业,可以按照《小企业会计制度》进行核算,也可以选择执行《企业会计制度》。但不能在执行《小企业会计制度》的同时,选择执行《企业会计制度》的有关规定。　　　　　　　　　　　　　　　　　　　（　　）

10.《中华人民共和国注册会计师法》颁布于1993年,是我国中介行业的第一部法律。　　　　　　　　　　　　　　　　　　　　　　　　　　　　　（　　）

11. 会计法律制度指的就是全国人大及其常委会制定的《中华人民共和国会计法》。　　　　　　　　　　　　　　　　　　　　　　　　　　　　　　　（　　）

答案与解析

一、单选题

1. 答案:B

解析:本题考核会计部门规章。《会计基础工作规范》属于会计部门规章。

2. 答案:D

解析:本题考核财务会计报告的编制要求。

3. 答案:C

解析:会计法律,是指由全国人民代表大会及其常务委员会经过一定立法程序制定的有关会计工作的法律。

4. 答案:A

解析:《中华人民共和国公司法》(简称《公司法》)第一百六十五条规定:公司应当在每一会计年度终了时编制财务会计报告,并依法经会计师事务所审计。

5. 答案:D

解析:①我国的会计管理体制的总原则是"统一领导,分级管理",选项A错误;②总会计师必须具备取得会计师任职资格后,主管一个单位或者单位内一个重要方面的财务工作时间不少于三年这一条件,选项B错误;③我国目前会计工作的自律管理组织主要有中国注册会计师协会、中国会计学会和中国总会计师协会,选项C错误。

6. 答案：D

解析：《中华人民共和国会计法》(简称《会计法》)和《中华人民共和国注册会计师法》(简称《注册会计师法》)属于会计法律，《总会计师条例》属于会计行政法规，《企业会计准则——基本准则》属于会计部门规章；效力由高到低依次为：宪法，法律，行政法规，会计部门规章。

7. 答案：D

解析：本题考核《会计法》的立法宗旨。《会计法》的立法宗旨是规范会计行为，保证会计资料真实、完整，加强经济管理和财务管理，提高经济效益，维护社会主义市场经济秩序。

8. 答案：B

解析：本题考核《注册会计师法》的颁布日期。《中华人民共和国注册会计师法》是于1993年10月31日，经第八届全国人大常委会第四次会议通过，以中华人民共和国第13号主席令颁布，于1994年1月1日开始实施。

9. 答案：A

解析：本题考核会计部门规章的范围。以财政部第10号令形式发布的《财政部门实施会计监督办法》属于会计部门规章；选项B、C属于会计行政法规；选项D属于会计法律。

10. 答案：A

解析：本题考核会计行政法规。会计行政法规是指由国务院制定并发布，或者国务院有关部门拟订并经国务院批准发布，调整经济生活中某些方面会计关系的法律规范。

二、多选题

1. 答案：A、C、D
解析：本题考核会计档案的保管。

2. 答案：A、B、C、D
解析：本题考核《会计法》。

3. 答案：B、D
解析：本题考核会计部门规章的范围。《会计法》属于会计法律；《湖南省实施〈中华人民共和国会计法〉办法》属于地方性会计法规。

4. 答案：A、B、C、D

解析：《企业财务会计报告条例》是对《会计法》中有关财务会计报告规定的细化，自2001年1月1日起施行，共分为六章四十六条，对企业财务会计报告的构成、编制、对外提供、法律责任等重大方面作了规定。

5. 答案：A、B、C

解析：本题考核会计法律适用范围。我国《会计法》是由全国人大常委会制定的全国性法律，其地域适用范围及于全国，包括我国驻外国的使、领馆。但是在"一国两制"方针指导下，其他全国性法律(包括《会计法》)不适用于特别行政区。

三、判断题

1. 答案：正确

解析：略

2. 答案：错误

解析：用计算机进行会计核算与手工会计核算，在会计法律上的规定是相同的。

3. 答案：错误

解析：本题考核财务会计报告。财务会计报告须经注册会计师审计，注册会计师及其所在的会计师事务所出具的审计报告应当随同财务会计报告一并提供。

4. 答案：错误

解析：本题考核会计行政法规。会计行政法规是调整经济生活中某些方面会计关系的法律规范。

5. 答案：错误

解析：本题考核财政部门。会计准则制度及相关标准规范由财政部制定。

6. 答案：正确

解析：本题考核会计法律制度的效力级次。《中华人民共和国会计法》在会计法律制度中具有最高的法律效力。

7. 答案：正确

解析：本题考核会计行政法规。

8. 答案：正确

解析：我国的会计准则及相关标准规范，其制定权在财政部，有关部门和地方应在财政部的统一规划和指导下，做好组织实施工作。

9. 答案：正确

解析：本题考核会计部门规章。

10. 答案：正确

解析：本题考核《注册会计师法》。

11. 答案：错误

解析：会计法律制度指的是全国人大及其常委会制定的各种会计规范性文件的总称，而非某一具体法律文件。

第二节　会计工作管理体制

一、单选题

1. 中国总会计师协会的主管单位以及业务指导单位为（　　）。
   A. 国务院
   B. 国务院财政部
   C. 民政部
   D. 全国人大

2. 一个单位内具体负责会计工作的中层领导称为（　　）。
   A. 单位负责人
   B. 注册会计师

C. 会计机构负责人(会计主管人员)   D. 中级会计师

3. 组织实施注册会计师全国统一考试是(   )的职责。

A. 财政部   B. 注册会计师协会

C. 中国人民银行   D. 商务部

4. (   )情况下,会计机构负责人办理交接手续时,主管单位不需要派人会同监交。

A. 所属单位负责人不能监交   B. 所属单位负责人不能及时监交

C. 所属单位负责人可以监交   D. 所属单位负责人不宜单独监交

5. 下列关于会计工作管理体制的说法不正确的有(   )。

A. 国务院财政部门主管全国的会计工作

B. 国家统一的会计制度由国务院财政部门制定并公布

C. 地方会计工作管理主要实行的是属地管理

D. 各部门制定的具体办法和补充规定必须报国务院财政部门备案

6. 下列各项中,不属于会计市场管理的是(   )。

A. 代理记账机构的设立   B. 会计人员是否依法办理会计业务

C. 对境外洋资格的管理   D. 制定国家统一的会计准则制度

7. 财政部门对获准进入会计市场的机构和人员,是否遵守各项法律、法规,依据相关准则、制度和规范执行业务的过程及结果所进行的监督和检查,称为会计市场的(   )。

A. 准入管理   B. 运行管理   C. 退出管理   D. 培训管理

8. 下列人员可以成为单位负责人的有(   )。

A. 国家机关的最高行政长官   B. 公司的董事长

C. 公司的财务总监   D. 国有企业的厂长

二、多选题

1. 下列公司人员中,(   )应当对本公司的会计工作和会计资料的真实性、完整性负责。

A. 某有限责任公司的董事长   B. 某个人独资企业的投资人

C. 某有限责任公司的财务总监   D. 某合伙企业的合伙人

2. 中国会计学会是(   )社会组织。

A. 学术性   B. 专业性   C. 非营利性   D. 营利性

三、判断题

1. 县级以上人民政府财政部门,组织实施本行政区域内的会计师事务所执业质量检查工作。   (   )

2. 会计专业人才评价是财政部门的会计行政管理职能之一。   (   )

3. 我国财政部门履行的会计行政管理主要有会计监督检查、会计市场管理、会计准则制度及相关标准规范的制定和组织实施、会计专业人才评价。   (   )

4. 国务院有关部门可以制定有特殊要求的行业实施国家统一会计制度的具体办法或者补充规定,报国务院财政部门备案。   (   )

5. 会计市场管理是会计市场的运行管理的重要组成部分。　　　　　　　（　　）

6. 行业自律是指行业协会根据会员一致的意愿，自行制定规则，并据此对各成员进行管理，以促进成员之间的公平竞争和行业的有序发展。　　　　　　　　（　　）

7. 国务院主管全国的会计工作。　　　　　　　　　　　　　　　　　　（　　）

8. 国家机关的最高行政长官，是国家机关中的单位负责人。　　　　　　（　　）

9. 财政部门与其他政府管理部门在管理会计实务中是相互协作、配合的关系。（　　）

10. 我国对会计工作实行的是"统一领导、分级管理"原则下的政府主导型管理体制。
　　　　　　　　　　　　　　　　　　　　　　　　　　　　　　　　　（　　）

四、 案例分析题

小张高中毕业后没有考上大学，但自学了许多会计专业知识，在某校取得了会计专业的成人教育专科毕业证。在校期间，小张学习了大量的会计相关法律法规，如《中华人民共和国会计法》《中国注册会计师法》，国务院制定的《企业财务会计报告条例》和《总会计师条例》，财政部制定的《财政部门实施会计监督办法》，某省人大常委会制定的《会计管理条例》，中国注册会计师协会制定的《会计师事务所执业质量检查工作廉政规定》，某省财政厅制定的《省级部门预算管理办法》等等。要求：根据上述资料，分析回答下列问题。

1. 小张学习的相关内容中属于会计法律的有（　　　）。

    A.《中华人民共和国会计法》　　　　　B.《总会计师条例》

    C.《企业财务会计报告案例》　　　　　D.《会计管理条例》

2. 小张学习的相关内容中属于地方性会计法规的有（　　　）。

    A.《财政部门实施会计监督办法》

    B.《会计管理条例》

    C.《总会计师条例》

    D.《会计师事务所执业质量检查工作廉政规定》

3. 小张学习的相关内容中不属于会计法律制度构成的有（　　　）。

    A.《财政部门实施会计监督办法》

    B.《会计师事务所执业质量检查工作廉政规定》

    C. 省级部门预算管理办法

    D.《会计管理条例》

4. 财政部制定的《财政部门实施会计监督办法》属于（　　　）。

    A. 会计法律　　　　　　　　　　　　B. 会计行政法规

    C. 会计部门规章　　　　　　　　　　D. 地方政府法规

5. 下列对中国注册会计师协会制定的《会计师事务所执业质量检查工作廉政规定》描述正确的有（　　　）。

    A. 属于中国注册会计师协会对会员管理的依据

    B. 属于政府部门规章

    C. 不属于会计行政法规

    D. 不属于会计部门规章

答案与解析

一、单选题

1. 答案：B

解析：本题考核中国总会计师协会。中国总会计师协会的主管单位以及业务指导单位为国务院财政部。

2. 答案：C

解析：本题考核会计机构负责人。一个单位内具体负责会计工作的中层领导称为会计机构负责人（会计主管人员）。

3. 答案：B

解析：本题考核会计工作的自律管理。

4. 答案：C

解析：选用主管部门监交或者主管部门认为需要参与监交有以下三种情况：所属单位负责人不能监交；所属单位负责人不能及时监交；不宜由所属单位负责人单独监交的情况。

5. 答案：D

解析：我国会计工作实行统一领导分级管理的原则，我国实行统一会计制度，国务院财政部门部分主管全国会计工作，县级财政机关管理本辖区的会计工作，选项A、B、C正确；各部门制定的具体办法和补充规定必须报国务院财政部门审核批准，而不是备案，选项D错误。

6. 答案：D

解析：财政部门的行政管理职能包括：制定国家统一的会计准则制度，会计市场管理，会计专业人才评价，会计监督检查。

7. 答案：B

解析：会计市场管理主要包括会计市场准入管理、运行管理、退出管理，而对于财政部门对获准进入会计市场的机构和人员，是否遵守各项法律、法规，依据相关准则、制度和规范执行业务的过程及结果所进行的监督和检查是属于会计市场运行管理。

8. 答案：A、B、D

解析：本题考核会计工作管理体制。单位负责人主要包括两类人员：①单位的法定代表人；②按照法律、行政法规规定代表单位行使职权的负责人。

二、多选题

1. 答案：A、B

解析：单位负责人应当对本单位的会计工作和会计资料的真实性、完整性负责。对公司制企业来说，董事长才是单位负责人而非财务总监。对合伙企业来说合伙人很多，只有对外代表合伙企业执行合伙企业事务的合伙人才是单位负责人。

2. 答案：A、B、C

解析：中国会计学会是学术性、专业性、非营利性社会组织。

三、判断题

1. 答案：错误

解析：省、自治区、直辖市人民政府财政部门组织实施本行政区域内的会计师事务所执业质量检查。县级以上财政部门组织实施本行政区域内的会计信息质量检查。

2. 答案：正确

解析：财政部门履行会计工作的行政管理职能，其内容主要包括制定国家统一的会计准则制度、会计市场管理、会计专业人才评价、会计监督检查四个方面。

3. 答案：正确

解析：见本节判断题2题解析。

4. 答案：错误

解析：国务院有关部门可以依照《会计法》和国家统一的会计制度制定，对会计核算和会计监督有特殊要求的行业实施国家统一的会计制度的具体办法或者补充规定，报国务院财政部门审核批准。

5. 答案：错误

解析：会计市场的运行管理是会计市场管理的重要组成部分。

6. 答案：正确

解析：本题考核会计工作的自律管理。

7. 答案：错误

解析：本题考核会计工作行政管理。国务院财政部门主管全国的会计工作，县级以上地方各级人民政府财政部门管理本行政区域内的会计工作。

8. 答案：正确

解析：本题考核本单位内部会计管理。

9. 答案：正确

解析：《会计法》第三十三条规定："财政、审计、税务、人民银行、证券监管、保险监管等部门应当依照有关法律、行政法规规定的职责，对有关单位的会计资料实施监督检查。"这一规定体现了财政部门与其他政府管理部门在管理会计实务中的相互协作、配合的关系。

10. 答案：正确

解析：我国会计工作的行政管理遵循的是"统一领导，分级管理"的原则。

四、案例分析题

1. 答案：A

解析：我国目前有两部会计法律，分别是《中华人民共和国会计法》和《中华人民共和国注册会计师法》。

2. 答案：B

解析：地方性会计法规是指由省、自治区、直辖市"人民代表大会或常务委员会"在同"宪法、会计法律、行政法规和国家统一的会计准则制度"不相抵触的前提下，根据本地区情况制定发布的关于会计核算、会计监督、会计机构和会计人员以及会计工作管理的规范性文件。

3. 答案：B、C

解析：我国的会计法律制度主要包括会计法律、会计行政法规、会计部门规章和地方性会计法规。某省财政厅制定的省级部门预算管理办法、中国注册会计师协会制定的《会计师事务所执业质量检查工作廉政规定》不属于会计法律制度。

4. 答案：C

解析：会计部门规章由财政部制定。

5. 答案：A、C、D

解析：略

第三节　会计核算

一、单选题

1. A 有限公司企划部李某因公出差,向财务部门预借了 5 000 元,公司会计人员在收到李某归还的 5 000 元借款时,下列做法错误的是(   )。

　　A. 归还李某当时借款时签写的借款收据

　　B. 另外开具收据给李某证实其归还了借款

　　C. 退还李某当时签写的借款收据副本

　　D. 李某签写的借款收据必须附在记账凭证之后

2. 下列关于会计档案的销毁说法不正确的是(   )。

　　A. 销毁会计档案时,应当由单位的档案机构和会计机构共同派人监销

　　B. 国家机关销毁会计档案时,还应当有同级财政、税务部门派人监销

　　C. 监销人在销毁会计档案前应当按照会计档案销毁清册所列内容,清点核对所要销毁的会计档案

　　D. 销毁后,监销人应当在会计档案销毁清册上签章,并将监销情况报告本单位负责人

3. 关于原始凭证,下列说法中不正确的是(   )。

　　A. 自制原始凭证必须由经办单位领导人或者其指定的人员签名或盖章

　　B. 发生销货退回的,除填制退货发票外,还必须有退货验收证明

　　C. 经上级有关部门批准的经济业务,应当将批准文件作为原始凭证附件

　　D. 原始凭证金额有错误的,应由出具单位更正,并加盖出具单位印章

4. 下列关于会计档案销毁的说法中,错误的是(   )。

　　A. 对于保管期满但未结清的债权债务原始凭证和涉及其他未了事项的原始凭证,不得销毁

　　B. 销毁会计档案时,应当由单位的档案机构和会计机构共同派人监销

　　C. 正在项目建设期间的建设单位,其保管期满的会计档案可以销毁

　　D. 国家机关销毁会计档案时,应当由同级财政、审计部门派人监销

5. （　　）是登记会计账簿的依据。

　　A．取得的原始凭证　　　　　　　　B．外来原始凭证

　　C．经审核的会计凭证　　　　　　　D．自制的原始凭证

6. 各单位每年形成的会计档案，应当由（　　）按照归档要求，负责整理立卷，装订成册，编制会计档案保管清册。

　　A．会计机构　　　　　　　　　　　B．档案机构

　　C．会计机构会同档案机构　　　　　D．管理部门

7. 单位之间交接会计档案时，交接双方应当按照会计档案移交清册所列内容逐项交接，并由（　　）负责监交。

　　A．会计机构负责人　　　　　　　　B．档案机构负责人

　　C．交接双方的单位负责人　　　　　D．档案保管员

8. 以下账簿中，（　　）是按照经济业务发生的时间先后顺序，逐日连续登记的账簿。

　　A．明细账　　　　　B．日记账　　　　　C．总账　　　　　D．备查账

9. 作为记录会计核算过程和结果的载体，反映单位财务状况、经营成果、现金流量，是投资者作出投资决策、经营者进行经营管理、国家有关部门进行宏观调控的重要依据的是（　　）。

　　A．会计资料　　　　　　　　　　　B．会计管理制度

　　C．财务制度　　　　　　　　　　　D．会计监督

10. 根据会计法律制度的规定，会计凭证保管期限一般为（　　）年。

　　A．5　　　　　　B．10　　　　　　C．15　　　　　D．30

11. 对企业实际发生的经济业务事项按其性质进行归类、确定会计分录，并据以登记会计账簿的凭证是指（　　）。

　　A．原始凭证　　　　B．记账凭证　　　　C．销货凭证　　　　D．购货凭证

12. 企业对外提供的财务报表必须经过有关人员签名并盖章，下列人员中无须在财务会计报告上签章的是（　　）。

　　A．单位负责人　　　B．审计人员　　　C．会计机构负责人　D．总会计师

13. 下列关于单位在审核原始凭证时，发现外来原始凭证的金额错误，正确的处理是（　　）。

　　A．接收凭证单位更正并加盖公章　　B．原出具凭证单位更正并加盖公章

　　C．原出具凭证单位重开　　　　　　D．经办人员更正并报领导审批

14. 根据《会计法》的规定，下列有关在财务会计报告上签章的做法中，符合规定的是（　　）。

　　A．签名　　　　　　B．盖章　　　　　C．签名或盖章　　　D．签名并盖章

15. 各单位保存的会计档案不得借出，如有特殊需要经（　　）批准，可以提供查阅或者复制。

　　A．会计机构负责人　　　　　　　　B．总会计师

　　C．档案部门负责人　　　　　　　　D．单位负责人

16. 以下关于会计档案期满后，编写移交清册的部门是（　　）。

　　A．会计机构　　　B．档案部门　　　C．销售机构　　　D．行政部门

17. 根据《会计法》和《会计基础工作规范》的规定,原始凭证不得外借,其他单位的确需要借用原始凭证时,经本单位(　　)批准,可以提供查阅或复制,并办理相关手续。

    A. 单位负责人　　　B. 档案管理人员　　　C. 会计主管　　　　　D. 会计机构负责人

18. 某单位业务人员朱某在一家个体酒店招待业务单位人员,发生招待费 800 元。事后,他将酒店开出的收据金额改为 1 800 元,并作为报销凭证进行了报销。朱某的行为属于下列违法行为中的(　　)。

    A. 伪造会计凭证行为　　　　　　　　　B. 变造会计凭证行为

    C. 做假账行为　　　　　　　　　　　　D. 违反招待费报销制度行为

19. 某单位从超市购买一批食品,作为福利发放给单位员工,要求超市开具了办公用品发票,该发票属于(　　)。

    A. 不合法的原始凭证　　　　　　　　　B. 不真实的原始凭证

    C. 不合法的记账凭证　　　　　　　　　D. 不真实的记账凭证

20. 根据《中华人民共和国会计法》的规定,对故意销毁依法应当保存的会计凭证、会计账簿、财务会计报告,尚不构成犯罪的,县级以上财政部门除按规定对直接负责的主管人员和其他直接责任人员进行处罚外,对单位予以通报,可以并处罚款。对单位所处的罚款金额最低为(　　)元。

    A. 5 000　　　　　　B. 2 000　　　　　　C. 3 000　　　　　　D. 1 000

二、多选题

1. 某企业拟销毁一批保管期满的会计档案,其中包括两张未结清的债权债务原始凭证,主管会计工作的副厂长在会计档案销毁清册上签署销毁意见后,由该企业的档案管理部门负责对该批会计档案进行销毁,销毁后遂向单位负责人报告。下列各项中,属于该企业在档案销毁过程中错误做法的有(　　)。

    A. 销毁了会计档案中未结清的债权债务原始凭证

    B. 销毁会计档案由副厂长在销毁清册上签署意见

    C. 会计档案的销毁由档案管理部门负责

    D. 会计档案销毁后向单位负责人报告

2. 下列关于会计账簿的说法中错误的有(　　)。

    A. 会计账簿登记必须以会计凭证为依据

    B. 各单位应当依法设置的会计账簿包括总账、明细账和日记账

    C. 账目核对包括账证核对、账账核对、账实核对、账表核对

    D. 各单位应当定期将会计账簿与实物、款项实有数相互核对,以保证账实相符

3. 下列关于原始凭证填写的表述中,不正确的有(　　)。

    A. 原始凭证有错误的,应当由出具单位重开或者更正,更正处应当加盖出具单位印章

    B. 原始凭证有错误的,应当由接收单位重开或者更正,更正处应当加盖接收单位印章

    C. 原始凭证金额有错误的,应当由出具单位重开,不得在原始凭证上更正

    D. 原始凭证金额有错误的,也可以由出具单位在原始凭证上更正

4. 下列各项中,属于会计机构、会计人员应当退回并要求按照国家统一的会计制度的规定更正、补充的原始凭证的有( )。

    A. 记载不真实的原始凭证   B. 记载不准确的原始凭证

    C. 记载不完整的原始凭证   D. 记载不合法的原始凭证

5. 某地方财政部门进行执法检查时发现一家单位以虚假的经济事项编造了会计凭证和会计账簿,并据此编制了财务会计报告。对此,财政部门对该单位的违法行为应认定为( )。

    A. 伪造会计凭证行为   B. 变造会计凭证和会计账簿行为

    C. 伪造会计账簿行为   D. 提供虚假的财务会计报告行为

6. 根据《中华人民共和国会计法》的规定,各单位应当定期将会计记录与实物、款项及有关资料相互核对。其目的包括( )。

    A. 保证会计账簿记录与实物及款项的实有数相符

    B. 保证会计账簿记录与会计凭证的有关内容相符

    C. 保证会计账簿记录与会计报表的有关内容相符

    D. 保证会计账簿之间相对应的记录相符

7. 下列各项中,不属于会计档案的是( )。

    A. 会计档案移交清册   B. 银行对账单

    C. 工商营业执照   D. 年度工作计划

8. 下列各项中,属于会计档案的有( )。

    A. 会计凭证   B. 总账   C. 日记账   D. 会计报表

9. 根据《中华人民共和国会计法》的规定,下列人员中,应当在单位财务会计报告上签名并盖章的有( )。

    A. 单位负责人   B. 总会计师   C. 会计机构负责人   D. 出纳人员

10. 会计机构、会计人员必须按照国家统一的会计制度的规定对原始凭证进行审核,在( )情况下,有权不接受原始凭证,并向单位负责人报告。

    A. 原始凭证不真实   B. 原始凭证不准确

    C. 原始凭证不完整   D. 原始凭证不合法

11. 会计账簿的核对,具体内容包括( )。

    A. 会计账簿记录与实物、款项相互核对

    B. 会计账簿记录与会计凭证相互核对

    C. 会计账簿记录与财务会计报告相互核对

    D. 会计账簿之间对应的记录相互核对

12. 关于原始凭证的填制,下列表述正确的有( )。

    A. 及时填制或取得原始凭证,是会计核算工作得以正常进行的前提条件

    B. 办理相关经济业务事项,必须填制或取得原始凭证并及时送交会计机构

    C. 办理相关经济业务事项,应在发生之日起1个月内填制或取得原始凭证并送交会计机构

    D. 各单位填制和取得原始凭证时,要求做到内容完整、手续齐全、填制规范、书写清楚、送交及时

13. 财务会计报告反映的会计信息包括(　　　　)。

    A. 某一特定日期的财务状况　　　　　B. 某一会计期间的经营成果

    C. 现金流量　　　　　　　　　　　　D. 企业的组织机构

14. 会计档案由各级(　　　　)共同负责会计档案工作的指导、监督和检查。

    A. 人民政府财政部门　　　　　　　　B. 档案行政管理部门

    C. 人民政府税务部门　　　　　　　　D. 人民政府审计部门

15. 关于原始凭证,下列说法正确的有(　　　　)。

    A. 在经济业务事项发生时由经办人员直接取得

    B. 在经济业务事项发生时由经办人员填制

    C. 用以表明某项经济业务已经发生情况

    D. 用以表明某项经济业务已经完成情况

16. 下列属于财务会计报告的有(　　　　)。

    A. 资产负债表　　　　　　　　　　　B. 利润表

    C. 现金流量表　　　　　　　　　　　D. 所有者权益变动表

17. 记账凭证上应当有(　　　　)的签名或印章。

    A. 填制人员　　　　B. 稽核人员　　　　C. 记账人员　　　　D. 会计主管人员

18. 下列属于原始凭证内容的有(　　　　)。

    A. 凭证的名称　　　　　　　　　　　B. 填制凭证的日期

    C. 借、贷方向　　　　　　　　　　　D. 会计科目

19. 财务会计报告是企业对外提供的反映企业(　　　　)等会计信息的文件。

    A. 某一特定日期的财务状况　　　　　B. 某一会计期间的经营成果

    C. 未来规划　　　　　　　　　　　　D. 现金流量

三、判断题

1. 明细账一般采用活页账。　　　　　　　　　　　　　　　　　　　　(　　　)

2. 财务会计报告的会计中期是指季度、月度。　　　　　　　　　　　　(　　　)

3. 记账凭证的保管期限和银行对账单的保管期限相一致。　　　　　　　(　　　)

4. 对不真实、不合法的原始凭证会计人员应予以退回,并要求相关人员作出补充或更正。　　　　　　　　　　　　　　　　　　　　　　　　　　　　　　(　　　)

5. 记账人员与经济业务事项和会计事项的审批人员、经办人员、财物保管人员的职责权限应当明确,并相互分离、相互制约。　　　　　　　　　　　　　　　(　　　)

6. 会计档案保管清册与会计档案销毁清册的保管期限相一致。　　　　　(　　　)

7. 现金日记账和银行存款日记账的保管期限为 25 年。　　　　　　　　(　　　)

8. 企业、行政事业单位建立与实施内部控制,均应遵循全面性原则、重要性原则、制衡性原则和收益性原则。　　　　　　　　　　　　　　　　　　　　　(　　　)

9. 原始凭证是登记会计账簿的直接依据。　　　　　　　　　　　　　　(　　　)

10. 会计核算是会计工作的基础,是以货币为主要计量单位,通过确认、计量、报告等环节,对特定主体的生产经营活动或预算执行过程进行的反映。　　　　　(　　　)

11. 会计人员对不真实、不合法的原始凭证,有权不予受理,并向单位负责人报告,请求查明原因,追究有关当事人的责任。　　　　　　　　　　　　　　（　　）

12. 银行对账单不属于会计档案。　　　　　　　　　　　　　　　　　　（　　）

13. 所有实际发生的经济活动都需要进行会计记录和会计核算。　　　　　（　　）

14. 原始凭证,包括国家统一印制的具有固定格式的原始凭证,如发票,但不包括由发生经济业务事项双方认可并自行填制的凭证。　　　　　　　　　　　　　（　　）

15. 如果一个单位的会计资料出现了不真实、不完整的问题,首先应当追究承办会计人员的责任。　　　　　　　　　　　　　　　　　　　　　　　　　　（　　）

16. 一个质量可靠的会计软件可以生成真实、完整的会计资料,因此对于实行会计电算化的单位生成的会计资料不再作特别要求。　　　　　　　　　　　　　（　　）

17. 记账凭证是登记会计账簿的基础,也是会计核算的基础和起点。　　　（　　）

答案与解析

一、单选题

1. 答案:A

解析:本题考核原始凭证的审核。根据规定,职工因公出差借款凭据,必须附在记账凭证之后。收回借款时,应当另开收据或者退还借据副本,不得退还原借款收据。

2. 答案:B

解析:选项B,国家机关销毁会计档案时,还应当有同级财政、审计部门派人监销。

3. 答案:D

解析:本题考核会计凭证。根据《会计基础工作规范》的规定,原始凭证金额有误的,不得在原始凭证上更正,而应当由出具单位重开。

4. 答案:C

解析:本题考核会计档案销毁的规定。根据规定,正在项目建设期间的建设单位,其保管期满的会计档案不得销毁,因此选项C的说法错误。

5. 答案:C

解析:本题考核登记会计账簿的要求。根据规定,依据经过审核的会计凭证登记会计账簿,是保证会计账簿记录质量的重要环节。

6. 答案:A

解析:本题考核会计档案的归档。

7. 答案:C

解析:单位之间交接会计档案时,交接双方应当按照会计档案移交清册所列内容逐项交接,并由交接双方的单位负责人负责监交。

8. 答案:B

解析:本题考核日记账的概念。日记账,又称序时账簿,是按照经济业务发生的时间先后顺序,逐日连续登记的账簿。日记账一般使用订本账。

9. 答案:A

解析:会计资料,是在会计核算过程中形成的、记录和反映实际发生的经济业务事项的资料,是记录会计核算过程和结果的载体,反映单位财务状况、经营成果、现金流量,投资者作出投资决策、经营者进行经营管理、国家有关部门进行宏观调控的重要依据。

10. 答案:D

解析:2016 年 1 月 1 日起实行新版的《会计档案管理办法》,第十四条规定了保管期限为永久和定期,其中定期保管期限为 10 年和 30 年。所有凭证类、账簿类的会计档案,保管期限为 30 年。

11. 答案:B

解析:记账凭证,是对经济业务事项按其性质加以归类、确定会计分录,并据以登记会计账簿的凭证。

12. 答案:B

解析:财务报表应当由单位负责人和主管会计工作的负责人、会计机构负责人(会计主管人员)签名并盖章;设置总会计师的单位,还须由总会计师签名并盖章。

13. 答案:C

解析:原始凭证金额有错误的,应当由出具单位重开,不得在原始凭证上更正。

14. 答案:D

解析:对外提供的财务会计报告,应由单位负责人和主管会计工作的负责人、会计机构负责人(会计主管人员)签名并盖章;设置总会计师的单位,还需由总会计师签名并盖章。

15. 答案:D

解析:会计档案需经本单位负责人批准,才可以提供查阅或者复制。

16. 答案:A

解析:当年形成的会计档案,在会计年度终了后,可暂由会计机构保管一年,期满之后,应当由会计机构编制移交清册,移交本单位档案机构统一保管。

17. 答案:D

解析:根据《会计基础工作规范》的规定,原始凭证不得外借,其他单位如因特殊原因需要使用原始凭证时,经本单位会计机构负责人、会计主管人员批准,可以复制。向外单位提供的原始凭证复制件,应当在专设的登记簿上登记。并由提供人员和收取人员共同签名或者盖章。

18. 答案:B

解析:变造会计凭证,是指用涂改、挖补等手段来改变会计凭证、会计账簿和其他会计资料的真实内容,歪曲事实真相的行为,即篡改事实。朱某将收据上的金额 800 元改为 1 800 元,显然属于变造会计凭证行为。

19. 答案:B

解析:不真实的原始凭证是指原始凭证表述的事项与实际业务不符,是一种虚假的凭证。

20. 答案:A

解析:对故意销毁依法应当保存的会计凭证、会计账簿、财务会计报告,尚不构成犯罪的,在通报的同时,可以对单位并处 5 000 元以上 10 万元以下的罚款。

二、多选题

1. 答案：A、B、C

解析：根据《会计档案管理办法》的规定,未结清的债权债务原始凭证不得销毁,应抽出单独装订,待未了事项结清后才能销毁。销毁会计档案应当由单位负责人、档案机构负责人、会计机构负责人、档案机构经办人员、会计机构经办人员签署意见,副厂长不是单位负责人,也不是会计机构负责人,因此无权签署意见。对于一般企业、事业单位和组织,销毁会计档案时,应当由单位档案机构和会计机构双方共同派员监销,而不是仅仅由档案管理机构一方进行销毁;销毁后,监销人员应当在会计档案销毁清册上签字盖章,并及时将监销情况向本单位负责人报告。

2. 答案：A、B、D

解析：选项 A,会计账簿登记必须以审核无误的会计凭证为依据;选项 B,各单位应当依法设置的会计账簿包括总账、明细账、日记账和其他辅助账簿;选项 D,各单位应当定期将会计账簿的记录与实物、款项及有关资料相互核对,以保证账实相符。

3. 答案：B、D

解析：原始凭证记载的各项内容均不得涂改;原始凭证有错误的,应当由出具单位重开或者更正,更正处应当加盖出具单位印章。原始凭证金额有错误的,应当由出具单位重开,不得在原始凭证上更正。

4. 答案：B、C

解析：会计机构、会计人员必须按照国家统一的会计制度的规定对原始凭证进行审核、对不真实、不合法的原始凭证有权不予接受,并向单位负责人报告;对记载不准确、不完整的原始凭证予以退回,并要求按照国家统一的会计制度的规定更正、补充。

5. 答案：A、C、D

解析：以虚假的经济业务事项为前提编造不真实的会计凭证、会计账簿和其他会计资料,属于伪造会计凭证、会计账簿及其他会计资料行为。通过编造虚假的会计凭证、会计账簿及其他会计资料或直接篡改财务会计报告上数据,使财务会计报告不真实、不完整地反映真实财务状况和经营成果,借以误导和欺骗会计资料使用者的行为,属于提供虚假的财务会计报告行为。

6. 答案：A、B、C、D

解析：本题考核账目核对的相关规定。根据《会计法》规定,各单位应当定期将会计记录与实物、款项及有关资料相互核对,保证会计账簿记录与实物及款项的实有数额相符、会计账簿记录与会计凭证的有关内容相符、会计账簿记录与会计报表的有关内容相符、会计账簿之间相对应的记录相符。

7. 答案：C、D

解析：会计档案是指会计凭证、会计账簿和财务报表等会计核算专业材料,是记录和反映单位经济业务的重要史料和证据。

8. 答案：A、B、C、D

解析：会计档案包括:会计凭证类、会计账簿类、财务报表类和其他会计资料。选项 A属于会计凭证类;选项 B、C 属于会计账簿类;选项 D 属于财务报表类。

9. 答案：A、B、C

解析：对外提供的财务会计报告，应由单位负责人和主管会计工作的负责人、会计机构负责人(会计主管人员)签名并盖章；设置总会计师的单位，还须由总会计师签名并盖章。

10. 答案：A、D

解析：会计机构、会计人员对不真实、不合法的原始凭证有权不予接受，并向单位负责人报告。

11. 答案：A、B、C、D

解析：本题考核会计账簿的核对。会计账簿的核对，就是定期将会计账簿记录与实物、款项相互核对，会计账簿记录与会计凭证相互核对，会计账簿记录与财务会计报告相互核对，会计账簿之间对应的记录相互核对，做到互相符合。

12. 答案：A、B、D

解析：本题考核原始凭证的填制。办理相关经济业务事项，必须填制或取得原始凭证并及时送交会计机构。

13. 答案：A、B、C

解析：本题考核财务会计报告。财务会计报告是企业对外提供的反映企业某一特定日期的财务状况和某一会计期间的经营成果、现金流量等会计信息的文件。

14. 答案：A、B

解析：本题考核会计档案。《会计档案管理办法》规定，"各级人民政府财政部门和档案行政管理部门共同负责会计档案工作的指导、监督和检查。"

15. 答案：A、B、C、D

解析：本题考核原始凭证。原始凭证，是在经济业务发生时，由业务经办人员直接取得或者填制，用以表明某项经济业务事项已经发生或完成情况并明确有关经济责任的一种凭据。

16. 答案：A、B、C、D

解析：本题考核会计报表的内容。

17. 答案：A、B、C、D

解析：本题考核记账凭证。记账凭证的内容之一是：记账凭证的填制人员、稽核人员、记账人员和会计主管人员的签名或印章。

18. 答案：A、B

解析：本题考核原始凭证的内容。选项C、D属于记账凭证的内容。

19. 答案：A、B、D

解析：财务会计报告是企业对外提供的反映企业某一特定日期的财务状况和某一会计期间的经营成果、现金流量等会计信息的文件。选项C属于干扰选项。

三、判断题

1. 答案：正确

解析：明细账一般使用活页式账簿，以便根据实际需要，随时添加账页。

2. 答案：错误

解析：企业财务会计报告分为年度、半年度、季度和月度财务会计报告。其中，半年度、季度和月度财务会计报告统称为中期财务会计报告。

3. 答案：错误

解析：2016 年 1 月 1 日起实行新版的《会计档案管理办法》，第十四条规定了保管期限为永久和定期，其中定期保管期限为 10 年和 30 年。所有凭证类、账簿类的会计档案，保管期限为 30 年。记账凭证的保管期限为 30 年，银行对账单的保管年限为 10 年。

4. 答案：错误

解析：会计人员对不真实、不合法的原始凭证有权不予接受，并向单位负责人报告。而不仅仅是作出补充或更正。

5. 答案：正确

解析：略

6. 答案：正确

解析：会计档案保管清册和会计档案销毁清册的保管期限均为永久。

7. 答案：错误

解析：2016 年 1 月 1 日起实行新版的《会计档案管理办法》，第十四条规定了保管期限为永久和定期，其中定期保管期限为 10 年和 30 年。所有凭证类、账簿类的会计档案，保管期限为 30 年。

8. 答案：错误

解析：企业、行政事业单位建立与实施内部控制，均应遵循全面性原则、重要性原则、制衡性原则和适应性原则。此外，企业还应遵循成本效益原则。

9. 答案：错误

解析：本题考核记账凭证。记账凭证是登记会计账簿的直接依据。

10. 答案：正确、

解析：本题考核会计核算。

11. 答案：正确

解析：本题考核原始凭证的审核原则。

12. 答案：错误

解析：本题考核会计档案。银行对账单属于会计档案。

13. 答案：错误

解析：本题考核会计核算的基本要求。并非所有实际发生的经济业务事项都需要进行会计记录和会计核算。

14. 答案：错误

解析：本题考核原始凭证。原始凭证既有国家统一印制的具有固定格式的原始凭证，如发票，也有由发生经济业务事项双方认可并自行填制的凭证。

15. 答案：错误

解析：本题考核本单位内部会计管理。单位负责人负责单位内部的会计工作管理，并对单位的会计工作和会计资料的真实性和完整性负责。

16. 答案：错误

解析：本题考核会计核算的基本要求。使用电子计算机进行会计核算的，其软件及其生成的会计凭证、会计账簿、财务会计报告和其他会计资料,也必须符合国家统一的会计制度的规定。

17. 答案:错误

解析:会计凭证是会计账簿登记的基础,也是会计核算工作的基础和起点。

第四节　会 计 监 督

一、单选题

1. 下列关于会计机构和会计人员在单位内部会计监督中的职权说法中,错误的是(　　)。

    A. 对违反《会计法》和国家统一的会计制度规定的会计事项,有权拒绝办理或者按照职权予以纠正

    B. 发现会计账簿记录与实物、款项及有关资料不相符的,按照国家统一的会计制度的规定有权自行处理的,应当及时处理

    C. 发现会计账簿记录与实物、款项及有关资料不相符的,按照国家统一的会计制度的规定无权处理的,应当立即向单位负责人报告,请求查明原因,作出处理

    D. 发现会计账簿记录与实物、款项及有关资料不相符的,应当立即向单位负责人报告,请求查明原因,作出处理

2. 下列各项中,(　　)不属于财政部实施会计监督检查的内容。

    A. 各单位是否依法设置会计账簿

    B. 各单位是否按照税法的规定按时足额纳税

    C. 各单位会计核算是否符合法定要求

    D. 各单位是否按照实际发生的经济业务进行会计核算

3. 下列属于财政部门对各单位实施监督的对象和范围是(　　)。

    A. 对资产评估事务所出具的评估报告进行审查

    B. 对会计师事务所出具的审计报告的程序和内容进行检查

    C. 单位内部的经营机构设置

    D. 单位的财务决策和经营管理决策文件

4. 下列关于会计监督检查的说法中,不正确的是(　　)。

    A. 财政部组织实施对全国的会计信息质量检查,并对违法行为实施行政处罚

    B. 县级以上财政部门组织实施本行政区域内的会计信息质量检查,并依法对本行政区域内单位或人员的违法会计行为实施行政处罚

    C. 财政部组织实施全国会计师事务所的执业质量检查,并对违反《注册会计师法》的行为实施行政处罚

    D. 县级以下人民政府财政部门组织实施本行政区域内的会计师事务所执业质量检查,并依法对本行政区域内的会计师事务所或注册会计师违反《注册会计师法》的行为实施行政处罚

5. 下列各项中,有权对各单位会计工作行使监督权,并依法对违法会计行为实施行政处罚的为(　　)。

    A. 县级以上财政部门　　　　　　　　B. 县级以上税务部门

C．县级以上审计部门　　　　　　　　D．县级以上人民银行

6．属于行政事业单位的业务层面的风险评估重点关注的是（　　）。

    A．内部控制机制的建设情况

    B．内部控制工作的组织情况

    C．政府采购管理情况

    D．内部控制关键岗位工作人员的管理情况

7．下列关于注册会计师审计与内部审计的关系表述正确的为（　　）。

    A．内部审计与注册会计师审计共同构成了我国的现代审计体系

    B．注册会计师的独立性强于内部审计人员的独立性，内部审计人员受聘于本单位，因此不具有独立性

    C．内部审计报告须对外公开

    D．两者的审计方式不同，注册会计师审计是受托进行

8．以下不属于政府监督范畴的是（　　）。

    A．财政部门检查会计机构负责人任职条件

    B．税务机关纳税检查

    C．审计机关进行财务审计

    D．事务所对财政报告进行审计

二、多选题

1．下列各项中，符合内部牵制要求的有（　　）。

    A．会计工作岗位可以一人一岗、一人多岗或者一岗多人

    B．凡是涉及款项和财务收付、结算及凭证的任何一项工作，必须由两人或两人以上分工办理

    C．出纳不得兼管稽核、会计档案保管和收入、费用、债权债务账目的登记工作

    D．出纳以外的人员不得经管现金、有价证券、票据

2．下列各项中，属于会计工作的政府监督范畴有（　　）。

    A．财政部门对各单位会计工作的监督

    B．中国银行对有关金融单位相关会计账簿的监督

    C．证券监管部门对证券公司有关会计资料实施检查

    D．工商机关对纳税人记账凭证的检查

3．下列各项中，不属于企业内部控制应当遵循的原则的有（　　）。

    A．谨慎性原则　　　B．重要性原则　　　C．适应性原则　　　D．真实性原则

4．下列说法中属于会计工作的社会监督的范畴的有（　　）。

    A．注册会计师及其所在的会计师事务所依法实施的监督

    B．审计、税务和人民银行依法实施的监督

    C．县级以上财政部门依法实施的监督

    D．单位和个人对会计违法行为的检举

5．下列关于单位负责人在内部会计监督中的职责表述正确的有（　　）。

    A．单位负责人必须事事参与，严格把关

  B. 单位负责人对本单位会计资料的真实性、完整性负责

  C. 不能授意、指使、强令会计人员办理违法事项

  D. 应依法做好会计核算工作

6. 下列关于内部控制的说法中正确的有（ ）。

  A. 对企业而言,内部控制是指由企业董事会、监事会、经理层和全体员工实施的、旨在实现控制目标的过程

  B. 对企业而言内部控制包括五大目标

  C. 对企业和事业单位而言,内部控制均需遵循成本效益原则

  D. 对企业和事业单位而言,内部控制的方法均包括不相容职务或岗位的分离控制

7. 根据《财政部门实施会计监督办法》的规定,财政部门依法对各单位会计账簿设置所实施的监督检查包括（ ）。

  A. 应当设置会计账簿的是否按规定设置会计账簿

  B. 是否存在账外设账的行为

  C. 是否存在伪造、变造会计账簿的行为

  D. 设置会计账簿是否存在其他违反法律、行政法规和国家统一的会计制度的行为

8. 下列有关单位内部会计监督制度基本要求的表述中,符合规定的有（ ）。

  A. 记账人员与经济业务的审批人员、经办人员、财物保管人员的职责权限应当明确,并相互分离、相互制约

  B. 重大对外投资、资产处置、资金调度和其他重要经济业务,应当明确其决策和执行程序,并体现相互监督、相互制约的要求

  C. 财产清查的范围、期限和组织程序应当明确

  D. 对会计资料定期进行内部审计是单位会计部门的职责所在

9. 下列关于内部审计的说法中错误的有（ ）。

  A. 内部审计的内容就是指内部财务审计

  B. 审计的内容更侧重于经营过程是否有效、各项制度是否得到遵守与执行

  C. 内部审计人员不具有独立性,因此审计结果的客观性和公正性较低

  D. 内部审计具有评价、鉴证作用

10. 下列各项中,属于会计监督体系组成部分的有（ ）。

  A. 社会舆论监督

  B. 单位内部会计监督

  C. 以注册会计师为主体的会计工作社会监督

  D. 以政府财政部门为主体的会计工作政府监督

11. 下列属于会计工作的社会监督的特性的有（ ）。

  A. 全面性 B. 有偿性 C. 独立性 D. 重要性

12. 根据《中华人民共和国会计法》的规定,下列各项中,属于财政部门实施会计监督检查的内容有（ ）。

  A. 是否依法设置会计账簿

  B. 是否按时进行纳税申报

  C. 是否按时足额缴纳税款

　　D. 是否按照实际发生的经济业务进行会计核算

　　13. 下列有关会计监督的说法中,正确的有(　　)。

　　　A. 会计监督是会计的基本职能之一

　　　B. 会计监督是我国经济监督体系的重要组成部分

　　　C. 会计监督可以有效发挥会计监督职能,对维护财经纪律和社会经济秩序,规范会计基础工作,建立良好的会计工作秩序起着重要作用

　　　D. 在社会主义市场经济条件下,必须强化会计监督

　　14. 会计工作的社会监督,主要是指由注册会计师及其所在的会计师事务所依法对委托单位的经济活动进行(　　)的一种监督制度。

　　　A. 审计　　　　　B. 评价　　　　　C. 审核　　　　　D. 鉴证

　　15. 会计监督检查的作用包括(　　)。

　　　A. 规范会计秩序,打击违法行为

　　　B. 保证会计信息质量

　　　C. 保护国家、投资者、债权人、社会公众利益

　　　D. 维护社会主义市场经济秩序

　　16. 下列选项中属于不相容职务的有(　　)。

　　　A. 授权批准与业务经办　　　　　B. 业务经办与会计记录

　　　C. 会计记录与财产保管　　　　　D. 业务经办与核查检查

　　17. 注册会计师及其所在的会计师事务所的业务范围包括(　　)。

　　　A. 审查企业会计报表,出具审计报告

　　　B. 验证企业资本,出具验资报告

　　　C. 办理企业合并、分立、清算事宜中的审计业务,出具有关的报告

　　　D. 法律、行政法规规定的其他审计业务

三、 判断题

　　1. 社会监督的主体是注册会计师及其所在的会计事务所。　　　　　　　　　　(　　)

　　2. 会计机构和会计人员发现会计账簿记录与实物、款项及有关资料不相符的,应当立即向本单位负责人报告,请求查明原因,作出处理。　　　　　　　　　　　　　(　　)

　　3. 注册会计师承办会计咨询、服务业务,包括:代理申请工商登记,拟订合同、章程和其他业务文件;验证企业资本,出具验资报告。　　　　　　　　　　　　　　　(　　)

　　4. 单位和个人检举违法会计行为属于会计工作社会监督的范畴。　　　　　　(　　)

　　5. 违反《会计法》的规定,将检举人姓名和检举材料转给被检举单位和被检举人个人的行为,由所在单位或者有关单位依法给予行政处分。　　　　　　　　　　　(　　)

　　6. 会计工作的政府监督主要是指财政部门代表国家对单位和单位中相关人员的会计行为实施的监督检查,以及对发现的违法会计行为实施的行政处罚,是一种内部监督。

　　　　　　　　　　　　　　　　　　　　　　　　　　　　　　　　　　　(　　)

　　7. 会计人员对违反《会计法》和国家统一的会计制度规定的事项,有权拒绝办理或按照职权予以纠正。　　　　　　　　　　　　　　　　　　　　　　　　　　　(　　)

　　8. 会计监督是会计的基本职能之一,是我国经济监督体系的重要组成部分。　　(　　)

答案与解析

一、单选题

1. 答案：D

解析：本题考核单位内部会计监督的相关规定。根据规定,发现会计账簿记录与实物、款项及有关资料不相符的,按照国家统一的会计制度的规定有权自行处理的,应当及时处理;无权处理的,应当立即向单位负责人报告,请求查明原因,作出处理。

2. 答案：B

解析：对税务方面的检查不属于财政部实施会计监督检查的内容。

3. 答案：B

解析：本题考核财政部门实施会计监督的对象和范围。

4. 答案：D

解析：本题考核会计监督检查。省、自治区、直辖市人民政府财政部门组织实施本行政区域内的会计师事务所执业质量检查,并依法对本行政区域内的会计师事务所或注册会计师违反《注册会计师法》的行为实施行政处罚。

5. 答案：A

解析：根据我国相关会计法律制度的规定,县级以上人民政府财政部门是本行政区域内各单位会计工作的监督检查部门,对各单位会计工作行使监督权,并依法对违法会计行为实施行政处罚。而审计、税务、人民银行等部门虽然也可以对有关单位的会计资料实施监督检查,但监督检查的范围和权限不能超越相关法律的规定。

6. 答案：C

解析：A、B、D均属于行政事业单位的单位层面的风险评估的关注重点。

7. 答案：D

解析：选项A,内部审计与注册会计师审计都是我国现代审计体系的重要组成部分;选项B,内部审计并非不具有独立性,而是独立性相对较弱;选项C,内部审计报告只对本部门本单位负责,不对外公开。

8. 答案：D

解析：选项D属于社会监督范畴,不属于政府监督范畴。

二、多选题

1. 答案：A、B、C、D

解析：上述选项内容均正确。

2. 答案：A、C

解析：审计、税务、人民银行、证券监管、保险监管等部门依照有关法律、行政法规规定的职责和权限,可以对有关单位的会计资料实施监督检查。选项B、D不属于其中的监管部门。

3. 答案：A、D

解析：企业、行政事业单位建立与实施内部控制,均应遵循全面性原则、重要性原则、制衡性原则和适应性原则。此外,企业还应遵循成本效益原则。

4. 答案：A、D

解析：会计工作的社会监督,主要是指由注册会计师及其所在的会计师事务所依法对委托单位的经济活动进行审计、鉴证的一种监督制度。除此之外,单位和个人检举会计违法行为,也属于会计工作的社会监督范畴。而县级以上财政部门及审计、税务和人民银行依法实施的监督则属于会计工作的政府监督。

5. 答案：B、C

解析：选项A,单位负责人是本单位会计行为的责任主体,但不要求单位负责人事必躬亲办理具体会计事项。选项D属于会计人员的职责。

6. 答案：A、B、D

解析：企业需遵循成本效益原则;事业单位不需遵循成本效益原则。

7. 答案：A、B、C、D

解析：对单位依法设置会计账簿的检查内容具体包括:应当设置会计账簿的是否按规定设置会计账簿;是否存在账外设账的行为;是否存在伪造、变造会计账簿的行为;设置会计账簿是否存在其他违反法律、行政法规和国家统一的会计制度的行为。

8. 答案：A、B、C

解析：对会计资料定期进行内部审计是内部审计人员的职责所在。

9. 答案：A、C

解析：内部审计的内容是一个不断发展变化的范畴,主要包括:财务审计、经营审计、经济责任审计、管理审计和风险管理等,选项A错误;内部审计的审计机构和审计人员都设在本单位内部,只具有相对的独立性,审计结果的客观性和公正性较低,并且以建设性意见为主,选项C错误。

10. 答案：B、C、D

解析：我国实行的是单位内部监督、社会监督和政府监督"三位一体"的会计监督体系。社会舆论监督属于社会监督的一部分。

11. 答案：B、C

解析：社会监督主要是指由注册会计师及其所在的会计师事务所依法对委托单位的经济活动进行审计、鉴证的一种监督制度。注册会计师审计为需要可靠信息的第三方提供服务,不受被审计单位管理层的领导和制约,独立性较强,并且会收取一定的费用,属于有偿监督。

12. 答案：A、D

解析：选项B、C是税务部门监督检查的内容。

13. 答案：A、B、C、D

解析：本题考核监督的相关内容。

14. 答案：A、D

解析：本题考核会计工作社会监督的概念。会计工作的社会监督,主要是指由注册会计师及其所在的会计师事务所依法对委托单位的经济活动进行审计、鉴证的一种外部监督。

15. 答案：A、B、C、D

解析：本题考核会计监督检查的作用。

16．答案：A、B、C、D

解析：本题考核不相容职务。

17．答案：A、B、C、D

解析：本题考核社会监督及会计师事务所的业务范围。

三、判断题

1．答案：正确

解析：会计工作的社会监督主要是指由注册会计师及其所在的会计师事务所依法对委托单位的经济活动进行审计、鉴证的一种监督制度。社会监督的主体为注册会计师及其所在的事务所，客体为委托单位的经济活动。

2．答案：错误

解析：发现会计账簿记录与实物、款项及有关资料不相符的，按照国家统一的会计制度的规定有权自行处理的，应当及时处理；无权处理的，应当立即向单位负责人报告，请求查明原因，作出处理。

3．答案：错误

解析："验证企业资本，出具验资报告"属于审计业务。"代理申请工商登记，拟订合同、章程和其他业务文件"属于会计咨询、会计服务业务。

4．答案：正确

解析：本题考核会计工作的社会监督。

5．答案：正确

解析：本题考核会计工作的社会监督。《会计法》第四十八条规定："违反本法第三十条规定，将检举人姓名和检举材料转给被检举单位和被检举人个人的，由所在单位或者有关单位依法给予行政处分。"

6．答案：错误

解析：本题考核会计工作政府监督的概念。会计工作的政府监督主要是指财政部门代表国家对单位和单位中相关人员的会计行为实施的监督检查，以及对发现的违法会计行为实施的行政处罚，是一种"外部"监督。

7．答案：正确

解析：本题考核内部会计监督。

8．答案：正确

解析：本题考核会计监督的概念。

第五节　会计机构和会计人员

一、单选题

1．申请设立除会计师事务所以外的代理记账机构，应当经所在地的（　　）批准，并领取由财政部统一印制的代理记账许可证书。

A. 县级以上人民政府　　　　B. 县级以上人民政府财政部门

C. 乡级人民政府　　　　　　D. 财政局

2. 除会计师事务所外的代理记账业务的机构必须持有代理记账许可证书。该代理记账许可证书由（　　）核发。

A. 县级以上人民政府工商行政管理部门

B. 县级以上人民政府审计部门

C. 县级以上人民政府税务部门

D. 县级以上人民政府财政部门

3. 县级以上人民政府部门对代理记账机构及其从事代理记账业务情况实施监督检查，代理记账机构应当于（　　）向审批机构报送用以检查的相关材料。

A. 每年 5 月 30 日之前　　　　B. 每年 3 月 30 日之前

C. 每年 4 月 30 日之前　　　　D. 以上答案都不对

4. 下列关于会计机构和会计人员的说法中，正确的是（　　）。

A. 各单位必须设置会计机构

B. 会计机构内部应当建立稽核制度

C. 国有企业单位负责人的直系亲属可在本单位担任会计机构负责人

D. 会计人员办理交接手续，由单位负责人负责监交

5. 按照规定，（　　）任用会计人员应当实行回避制度。

A. 国家机关、国有企业、事业单位

B. 国家机关、国有企业、企事业单位

C. 国有企业、企事业单位、外资企业

D. 国有企业、事业单位、外资企业

6. 从事代理记账业务的社会中介机构接受委托人的委托办理会计业务是指（　　）。

A. 代理记账　　　　　　　　B. 委托收款

C. 中介机构　　　　　　　　D. 委托办理会计业务

7. 根据《会计基础工作规范》的规定，回避制度中所说的直系亲属不包括（　　）。

A. 夫妻关系　　B. 子女与父母　　C. 配偶的堂哥　　D. 配偶的父母

8. 参加中级会计资格考试的人员必须在连续（　　）年内全部通过考试。

A. 2　　　　　　B. 3　　　　　　C. 1　　　　　　D. 5

9.《会计法》规定，各单位应依据（　　）设置会计机构，或者在有关机构中设置会计人员并指定会计主管人员。

A. 单位营业收入　　　　　　B. 会计人员数量

C. 会计业务的需要　　　　　D. 单位的规模

10. 2017 年 4 月，ABC 公司内部机构调整：会计小张调离会计工作岗位，离岗前与接替者小江在财务科长的监交下办理了会计工作交接手续。下列说法正确的为（　　）。

A. 小张与小江办理会计工作交接时还应该有公司人事部门派人参加监交

B. 小张与小江的会计工作交接不符合规定

C. 小张与小江的会计工作交接符合规定

D. 小张与小江办理会计工作交接时还应该有公司经理在场监交

11. 关于会计人员的任职资格,下列表述中错误的是( )。

    A. 很多单位对会计人员都有职称方面的要求

    B. 担任会计主管人员,应当具备会计师以上专业技术职务资格或者从事会计工作3年以上的经历

    C. 担任总会计师的要求:取得会计师任职资格且主管一个单位或者单位内一个重要方面的财务会计工作的时间不少于3年

    D. 除总会计师外会计人员取得相应任职资格后能否从事相关工作由所在单位自行决定

12. 担任单位会计机构负责人(会计主管人员),应当具备会计师以上专业技术职务资格或者从事会计工作的最低年限是( )年。

    A. 3   B. 2   C. 4   D. 5

13. 参加高级会计师资格考试并达到国家合格标准的人员,由规定的机构核发高级会计师资格考试成绩合格证,该证的有效期限是( )年。

    A. 3   B. 1   C. 10   D. 5

14. 下列关于会计机构的设置的表述中,不正确的是( )。

    A. 不具备设置条件的,应当委托经批准设立从事会计代理记账业务的中介机构代理记账

    B. 企业必须设置会计机构

    C. 可以不设置会计机构,在有关会计机构中设置会计人员并指定会计主管人员

    D. 各单位根据业务的需要,设置会计机构

15. 在我国,目前高级会计师资格的取得实行考试与评审相结合的制度,符合报名条件的人员均可报考,其规则是( )。

    A. 考试合格后,方可申请参加高级会计师资格评审

    B. 评审合格后,方可申请参加高级会计师资格考试

    C. 高级会计师资格评审与考试同步进行

    D. 考试合格1年后,方可申请参加高级会计师资格评审

16. 依照规定,会计机构负责人(会计主管人员)是指在一个单位内部具体负责会计的( )。

    A. 高层领导人员   B. 中层领导人员

    C. 基层领导人员   D. 普通员工

二、多选题

1. 下列各项中,属于出纳人员不得兼管的工作有( )。

    A. 稽核   B. 会计档案保管

    C. 登记银行存款日记账   D. 登记收入总账

2. 2016年8月,公司负责存货明细账登记的会计张某因公外派,财务经理指定由出纳兼任张某的工作,并办理了交接手续。这是否符合规定,以下正确的是( )。

    A. 不符合规定,设置会计工作岗位的基本原则是一人一岗

    B. 不符合规定,出纳人员不得兼管账目登记工作

  C. 符合规定,设置会计工作岗位在符合内部牵制制度下可以一人多岗

  D. 符合规定,出纳人员可以负责存货明细账的登记工作

3. 下列选项中,属于代理记账机构及其从业人员的义务有(　　　)。

  A. 填制符合国家会计制度规定的原始凭证

  B. 对委托人提出的有关会计处理原则问题予以解释

  C. 对在执行业务中知悉的商业秘密保密,对委托人示意其作出不当的会计处理的要求予以拒绝

  D. 配备专人负责日常货币收支和保管

4. 依照规定,没有设置会计机构且未配置会计人员的单位,可以根据《代理记账管理办法》委托代理记账的机构有(　　　)。

  A. 会计师事务所

  B. 律师事务所

  C. 持有代理记账许可证书的其他代理记账机构

  D. 持有代理记账许可证书的其他个人

5. 会计人员办理会计工作交接,其程序有(　　　)。

  A. 提出交接申请   B. 办理移交手续前的准备工作

  C. 移交点收   D. 专人负责监交

6. 根据《代理记账管理办法》的规定,代理记账机构包括(　　　)。

  A. 代理记账公司   B. 具有代理记账资格的咨询机构

  C. 律师事务所   D. 会计师事务所

7. 下列人员不能报名参加中级会计专业技术资格考试的为(　　　)。

  A. 赵某大专毕业取得注册会计师资格,从事会计工作满 4 年,目前为某上市公司主办会计

  B. 钱某从事会计工作满 4 年,刚刚取得自考本科学历,目前为某公司出纳

  C. 孙某研究生毕业,从事会计工作满 5 年,但 3 年前因参加中级会计专业技术资格考试作弊被记录在案

  D. 李某硕士毕业,之前从未接触过会计知识

8. 一个单位是否单独设置会计机构,主要取决于(　　　)。

  A. 单位规模大小   B. 经济业务和财务收支的繁简

  C. 经营管理的要求   D. 上级主管单位的态度

9. 根据《会计专业职务试行条例》的规定,下列各项中属于会计专业职务的有(　　　)。

  A. 总会计师   B. 注册会计师   C. 助理会计师   D. 会计员

三、判断题

1. 担任总会计师应当在取得会计师任职资格后主管一个单位或者单位内一个重要方面的财务会计工作不少于 3 年。(　　　)

2. 企业应当建立内部控制实施的惩罚约束机制。(　　　)

3. 甲公司系 2014 年成立的新公司,目前处于起步阶段,经济业务较少,甲公司决定不设置会计机构,也不在有关机构中设置会计人员,而将本公司的会计业务委托给退休会计老

张代为处理,该行为属于委托代理记账行为。 （　　）

4. 老赵为某国有单位的财务经理,他将其女儿安排在本部门担任存货会计,他的这一行为违背了会计人员回避制度。 （　　）

5. 明确各项具体会计工作的职责范围、具体内容和要求,并落实到每个会计工作岗位或会计人员,这是轮岗制度的基本要求。 （　　）

6. 档案管理部门中对正式移交之后的会计档案进行保管的会计档案管理岗位,也属于会计岗位。 （　　）

7. 通常,总会计师岗位属于主要的会计工作岗位,但不是总会计师而行使总会计师职权的岗位不属于会计岗位。 （　　）

四、 案例分析题

1. 201×年,某市财政局对某大型国有企业进行检查时,发现如下事项:①该企业设置了总会计师,同时设置了一名主管财务工作的副总经理。②该企业负责人的女婿担任本单位的会计机构负责人。③该企业会计人员王某脱产学习一星期,会计科长指定会计人员李某临时接管王某工作,未办理会计工作交接手续。④名牌大学毕业生张某业务精湛,虽然刚参加工作不久,单位负责人仍决定委派他担任会计机构负责人。要求:根据上述资料,分析回答下列问题。

（1）针对事项①,下列说法中正确的有（　　）。

　　A. 设置总会计师的单位,不应当再设置与总会计师职责重叠的行政副职

　　B. 所有的企业都必须设置总会计师

　　C. 国有企业和大中型企业必须设置总会计师

　　D. 总会计师的设置、任职条件、职责权限由本单位规定

（2）针对事项②,下列说法中正确的有（　　）。

　　A. 企业负责人的女婿可以担任本单位的会计机构负责人

　　B. 企业负责人的女婿不可以担任本单位的会计机构负责人

　　C. 国有企业任用会计人员不实行回避制度

　　D. 企业负责人的女婿可以担任本单位的出纳

（3）针对事项③,下列说法中正确的有（　　）。

　　A. 临时离职暂时不能工作且需要接替或代理的,会计机构负责人可直接接替其工作

　　B. 应由单位负责人负责监交

　　C. 应由会计机构负责人负责监交

　　D. 不需办理交接手续

（4）下列关于办理交接手续的说法中正确的有（　　）。

　　A. 会计机构负责人办理交接手续时,应由总会计师负责监交

　　B. 会计人员在办理会计工作交接手续中发现“白条顶库”现象时,由监交人员负责查清处理

C. 经单位领导人批准，委托他人代办移交的，委托人仍应承担相应责任

D. 移交人员办理完交接手续后仍需对原工作期间经办的会计资料的真实性、完整性负责

（5）针对事项④，下列说法中正确的有（　　）。

A. 张某不能担任会计机构负责人，因为他从事会计工作年限不够

B. 张某可以担任会计机构负责人，因为他业务精湛

C. 担任会计机构负责人，应当具备会计师以上专业技术职务资格或者从事会计工作三年以上的经历

D. 担任会计机构负责人，必须具备助理会计师资格

2. 201×年5月，某小规模企业发生如下会计事项：①该企业不具备设置会计机构和会计人员的条件，委托某代理记账公司办理会计业务。②单位负责人张某认为，委托代理记账公司办理会计业务，自己不再承担会计责任。③李某属于单位档案部门工作人员，负责本单位会计档案保管。④该企业以解约为要挟，要求代理记账公司出具了虚假会计报告。要求：根据上述资料，分析回答下列问题。

（1）针对事项①，下列说法中正确的有（　　）。

A. 该企业不可以委托代理记账公司办理会计业务

B. 除代理记账公司外，该企业也可以委托会计师事务所办理会计业务

C. 除代理记账公司外，该企业也可以委托具有代理记账资格的其他社会咨询服务机构办理会计业务

D. 每个单位都必须单独设立会计机构

（2）针对事项②，下列说法中正确的有（　　）。

A. 张某的说法是正确的

B. 张某的说法是错误的

C. 单位负责人对单位会计工作和会计资料的真实性和完整性负责

D. 单位负责人的会计责任不因代理记账而免除

（3）针对事项③，下列说法中正确的有（　　）。

A. 李某不能保管会计档案

B. 李某可以保管会计档案

C. 会计机构中对正式移交前的会计档案保管的工作属于会计岗位

D. 档案部门对正式移交后的会计档案保管的工作属于会计岗位

（4）下列关于会计工作岗位的说法中正确的有（　　）。

A. 单位内部审计属于会计岗位　　　　B. 社会审计不属于会计岗位

C. 政府审计属于会计岗位　　　　　　D. 稽核不属于会计岗位

（5）针对事项④，下列说法中正确的有（　　）。

A. 代理记账公司不承担任何法律责任

B. 代理记账公司要承担法律责任

C. 违反会计法要承担的责任主要是行政责任和民事责任

D. 违反会计法要承担的责任主要是行政责任和刑事责任

答案与解析

一、单选题

1. 答案：B

解析：本题考核代理记账。申请设立除会计师事务所以外的代理记账机构,应当经所在地的县级以上人民政府财政部门批准,并领取由财政部统一印制的代理记账许可证书。

2. 答案：D

解析：本题考核代理记账机构的设立。

3. 答案：C

解析：本题考核代理记账。根据《代理记账管理办法》第十九条规定,代理记账机构应当于每年 4 月 30 日之前,向审批机关报送相关材料。

4. 答案：B

解析：选项 A,不具备设置条件的,应当委托经批准设立从事会计代理记账业务的中介机构代理记账。选项 C,国有企业单位负责人的直系亲属不能担任会计机构负责人、会计主管人员。选项 D,一般会计人员办理交接手续时,由单位的会计机构负责人、会计主管人员负责监交。

5. 答案：A

解析：我国《会计基础工作规范》规定,国家机关、国有企业、事业单位任用会计人员应当实行回避制度。

6. 答案：A

解析：本题考核代理记账的概念。代理记账是指从事代理记账业务的社会中介机构接受委托人的委托办理会计业务。

7. 答案：C

解析：本题考核回避制度中的直系亲属。根据规定,直系亲属包括夫妻关系、直系血亲关系、三代以内旁系血亲以及近姻亲关系。选项 A 属于夫妻关系;选项 B 属于直系血亲关系;选项 D 属于旁系血亲。

8. 答案：A

解析：本题考核中级会计资格考试的年限。根据规定,参加中级会计资格考试的人员必须在连续的 2 年内全部通过考试。

9. 答案：C

解析：本题考核会计机构的设置。根据规定,各单位应根据会计业务的需要设置会计机构,或者在有关机构中设置会计人员并指定会计主管人员。

10. 答案：C

解析：一般会计人员办理交接手续,由会计机构负责人(会计主管人员)监交。

11. 答案：C

解析：担任总会计师的要求：取得会计师任职资格后主管一个单位或者单位内一个重要方面的财务会计工作的时间不少于 3 年。

12.　答案：A

解析：根据《会计法》的规定,担任单位会计机构负责人(会计主管人员)的,应当具备会计师以上专业技术职务资格或者从事会计工作3年以上。

13.　答案：A

解析：高级会计师资格考试成绩合格证书在全国范围内3年有效。

14.　答案：B

解析：各单位应当依据会计业务的需要,设置会计机构,或者在有关机构中设置会计人员并指定会计主管人员;不具备设置条件的,应当委托经批准设立从事会计代理记账业务的中介机构代理记账。

15.　答案：A

解析：凡申请参加高级会计师资格评审的人员,须经过考试合格后方可参加评审。

16.　答案：B

解析：会计机构负责人(会计主管人员)是指在一个单位内具体负责会计工作的中层领导。设置会计机构,应当配备会计机构负责人;不单独设置会计机构,而在有关机构配备专职会计人员的,应当在专职会计人员中指定会计主管人员,行使会计机构负责人的职权。

二、　多选题

1.　答案：A、B、D

解析：出纳人员不得兼任稽核、会计档案保管和收入、费用、债权债务账目的登记工作。

2.　答案：C、D

解析：设置会计工作岗位在符合内部牵制制度下可以一人多岗,出纳人员可以负责存货明细账的登记工作。

3.　答案：B、C

解析：代理记账机构义务：①遵守有关法律、行政法规和国家统一的会计制度的规定,按照委托合同办理代理记账业务。②对在执行业务中知悉的商业秘密应当保密。③对委托人示意其作出不当的会计处理,提供不实会计资料,以及其他不符合法律、行政法规和国家统一的会计制度规定的要求的,应当拒绝。④对委托人提出的有关会计处理原则问题应当予以解释。

4.　答案：A、C

解析：根据会计基础工作规范第二章第八条规定,没有设置会计机构和配备会计人员的单位,应当根据《代理记账管理办法》委托会计师事务所或者持有代理记账许可证书的其他代理记账机构进行代理记账。

5.　答案：A、B、C、D

解析：上述四选项为会计工作交接的四大基本程序。

6.　答案：A、B、D

解析：代理记账机构包括代理记账公司、会计师事务所、具有代理记账资格的其他社会咨询服务机构等三类。

7.　答案：A、D

解析：选项 A，取得大学专科学历，从事会计工作满 5 年才可以参加中级会计专业技术资格考试；选项 D，参加中级资格考试的条件之一是：取得硕士学位，从事会计工作满一年。

8. 答案：A、B、C

解析：会计机构的设置取决于业务的需要而非上级主管的态度。

9. 答案：C、D

解析：会计专业职务有高级会计师（高级职称）、会计师（中级职务）、助理会计师、会计员（初级职称），但不包括总会计师和注册会计师。

三、判断题

1. 答案：正确

解析：略

2. 答案：错误

解析：企业应当建立内部控制实施的激励约束机制，将各责任单位和全体员工实施内部控制的情况纳入绩效考评体系，促进内部控制的有效实施。

3. 答案：错误

解析：题目中的该行为不属于委托代理记账行为。代理记账是指从事代理记账业务的社会中介机构接受受托人的委托办理会计业务。

4. 答案：错误

解析：本题考核会计人员回避制度。会计机构负责人、会计主管人员的直系亲属不得在本单位会计机构中担任出纳工作，而非会计工作。

5. 答案：错误

解析：会计机构内部岗位责任制是指明确各项具体会计工作的职责范围、具体内容和要求，并落实到每个会计工作岗位或会计人员的一种会计工作责任制度。

6. 答案：错误

解析：会计档案移交后会计档案管理岗位，不属于会计工作岗位。

7. 答案：错误

解析：总会计师属于会计工作岗位。

四、案例分析题

1.

（1）答案：A

解析：国有和国有资产占控股地位或者主导地位的大、中型企业必须设置总会计师。总会计师的任职资格、任免程序、职责权限由国务院规定。

（2）答案：B、D

解析：单位领导人的直系亲属不得担任本单位的会计机构负责人、会计主管人员；会计机构负责人、会计主管人员的直系亲属不得在本单位会计机构中担任出纳工作。

（3）答案：C

解析：会计人员临时离职或因病暂时不能工作且需要接替或代理的，会计机构负责人

（会计主管人员）或单位负责人必须指定专人接替或者代理,并办理会计工作交接手续,选项A、D错误;一般会计人员办理交接手续,由单位的会计机构负责人（会计主管人员）负责监交,选项B错误。

（4）答案：C、D

解析：会计机构负责人（会计主管人员）办理交接手续,由单位负责人负责监交,选项A错误;会计人员在办理会计工作交接手续中,发现如有不一致或"白条抵库"现象,移交人员应在规定期限内负责查清处理,选项B错误。

（5）答案：A、C

解析：担任会计机构负责人,应当具备会计师以上专业技术职务资格或者从事会计工作三年以上的经历。

2.

（1）答案：B、C

解析：选项A,该企业不具备设置会计机构和会计人员的条件,可以委托代理记账公司办理会计业务;选项D,对于规模较小,不具备设置会计机构和会计人员条件的企业,可以不单独设置会计机构。

（2）答案：B、C、D

解析：选项A,单位负责人对本单位会计工作和会计资料的真实性、完整性负责。

（3）答案：B、C

解析：档案管理部门的工作不属于会计岗位。

（4）答案：B

解析：审计不是会计岗位,会计工作岗位一般可分为：①总会计师（或行使总会计师职权）；②会计机构负责人或者会计主管人员；③出纳；④稽核；⑤资本、基金核算；⑥收入、支出、债权债务核算；⑦职工薪酬、成本费用、财务成果核算；⑧财产物资收发、增减核算；⑨总账；⑩财务会计报告编制；⑪会计机构内会计档案管理；⑫其他会计岗位。

（5）答案：B、D

解析：略

第六节　法律责任

一、单选题

1. （　　）行为,是指采取涂改、挖补以及其他方法改变会计凭证真实内容的行为。
    A. 变造会计凭证　　　　　　　　　B. 伪造会计凭证
    C. 变造会计账簿　　　　　　　　　D. 伪造会计账簿

2. 下列各项中,（　　）属于伪造会计凭证的行为。
    A. 改变计量方法的手段
    B. 采用挖补手段改变
    C. 以虚假经济业务为前提,编造虚假的会计凭证
    D. 采用涂改手段改变会计凭证的真实性

3. 平等主体之间违反民事法律规范所应当承担的法律责任是( )。

    A. 民事责任　　　　B. 刑事责任　　　　C. 赔偿责任　　　　D. 行政责任

4. 下列关于行政处罚的说法不正确的是( )。

    A. 行政处罚由违法行为发生地县级以上地方人民政府具有行政处罚权的行政机关管辖

    B. 对当事人的同一违法行为,情节严重的,可以给予两次以上罚款的行政处罚

    C. 行政机关在作出处罚决定前,应当告知当事人依法享有的有关权利

    D. 行政处罚决定作出后,当事人应在规定期限内予以履行

5. 在采购办公用品过程中,办公室主任李某指使采购员张某伪造购物发票,多报销1 000元。对该行为,县级以上财政部门可以对李某进行的处罚是( )。

    A. 通报,2 000元以上20 000元以下的罚款

    B. 通报,3 000元以上30 000元以下的罚款

    C. 通报,5 000元以上10 000元以下的罚款

    D. 5 000元以上50 000元以下的罚款

6. 根据《中华人民共和国会计法》的规定,负责组织实施对全国的会计信息质量检查,并对违反《中华人民共和国会计法》的行为实施行政处罚的国家行政机关是( )。

    A. 国家税务总局　　B. 财政部　　　C. 审计署　　　　　D. 证券监督委员会

7. 根据《会计法》的规定,对随意变更会计处理方法的单位,县级以上人民政府财政部门责令限期改正,并可以处( )。

    A. 2 000元以上20 000元以下的罚款

    B. 3 000元以上50 000元以下的罚款

    C. 4 000元以上50 000元以下的罚款

    D. 5 000元以上50 000元以下的罚款

8. 有不依法设置会计账簿的违法行为的,由法定机关限期改正,可以对单位,直接负责的主管人员和其他责任人员处以罚款,这里的法定机关是( )。

    A. 国家财政部　　　　　　　　　　B. 省级以上政府财政部门

    C. 县级以上政府财政部门　　　　　D. 市级以上政府财政部门

二、多选题

1. 某企业将出售废料的收入1万元不纳入企业统一的会计核算,而另设会计账簿进行核算,以解决行政管理部门的福利问题。则该企业及相关人员应承担的法律责任有( )。

    A. 通报批评

    B. 责令其限期改正

    C. 对该企业并处3 000元以上5万元以下的罚款

    D. 对直接负责的主管人员处2 000元以上2万元以下的罚款

2. 下列各项中,属于违反《会计法》行为的有( )。

    A. 隐匿会计档案的行为

    B. 随意变更会计处理方法的行为

    C. 任用不符合条件的人员担任会计主管

D. 伪造会计凭证、会计账簿,编制虚假财务会计报告的行为

3. 下列各项中,属于违反《会计法》规定的有(　　)。

A. 以未经审核的会计凭证为依据登记会计账簿的行为

B. 随意变更会计处理方法的行为

C. 未在规定期限办理纳税申报的行为

D. 未按规定建立并实施单位内部会计监督制度的行为

4. 下列选项中,不属于行政处罚的有(　　)。

A. 责令限期改正　　B. 罚金　　　　　　C. 拘役　　　　　　D. 警告

5. 某公司由于经营不善,亏损已成定局。为了实现公司提出的当年实现利润100万元的目标,公司负责人钟某指使财务部会计人员余某在会计账簿上做一些"技术处理",余某请示财务经理张某后遵照办理。该公司行为尚未构成犯罪,请问该公司及相关人员应承担的法律责任有(　　)。

A. 对公司负责人钟某处以5 000元以上5万元以下的罚款

B. 余某五年内不得从事会计工作

C. 对财务部经理处以3 000元以上5万元以下的罚款

D. 对该公司予以通报的同时,并处5 000元以上10万元以下的罚款

三、判断题

1. 授意、指使、强令会计机构、会计人员及其他人员编制虚假财务会计报告或者隐匿、故意销毁依法应当保存的会计凭证、会计账簿、财务会计报告、尚不构成犯罪的,可以处五千元以上十万元以下的罚款。　　　　　　　　　　　　　　　　　　　(　　)

2. 没收财产是重于罚金的财产刑。　　　　　　　　　　　　　　　　　(　　)

3. 没收违法所得是税收违法的一种行政处罚方式。　　　　　　　　　　(　　)

答案与解析

一、单选题

1. 答案:A

解析:本题考核变造会计凭证的概念。

2. 答案:C

解析:伪造会计凭证是指以虚假的经济业务事项为前提编造不真实的会计凭证。

3. 答案:A

解析:民事责任是平等主体之间违反民事法律规范应当承担的法律责任。

4. 答案:B

解析:对当事人的同一个违法行为不得给予两次以上罚款的行政处罚。

5. 答案:D

解析:对授意、指使、强令会计机构、会计人员及其他人员变造会计凭证的,由县级以上人民政府财政部门对违法行为人处以5 000元以上5万元以下的罚款。

6. 答案：B

解析：对违反《中华人民共和国会计法》的行为实施行政处罚的国家行政机关是县级以上人民政府财政部门。

7. 答案：B

解析：对随意变更会计处理方法的单位,县级以上人民政府财政部门在责令限期改正的同时,有权对单位处 3 000 元以上 50 000 元以下的罚款。

8. 答案：C

解析：有不依法设置会计账簿等会计违法行为尚不构成犯罪的,由县级以上人民政府财政部门责令限期改正,并可对单位及直接责任人员处以罚款。

二、多选题

1. 答案：B、C、D

解析：该企业将出售废料的收入 1 万元不纳入企业统一的会计核算,而另设会计账簿进行核算属于私设会计账簿的行为,情节轻微尚不构成犯罪的由县级以上人民政府财政部门责令限期改正,可以对单位并处 3 000 元以上 5 万元以下的罚款;对其直接负责的主管人员和其他负责人员,可以处 2 000 元以上 2 万元以下的罚款。

2. 答案：A、B、C、D

解析：此题考查违反《会计法》的行为。

3. 答案：A、B、D

解析：未在规定期限办理纳税申报的行为不是违反《会计法》的规定,而是违反《中华人民共和国税收征收管理法》。

4. 答案：B、C、D

解析：《会计法》规定的行政处罚主要有:罚款、责令限期改正等。此外,还有法律、行政法规规定的其他形式。罚金属于刑事责任中的附加刑;拘役属于刑事责任中的主刑;警告属于行政处分。

5. 答案：A、B、C、D

解析：此题考查违反《会计法》应承担的法律责任。

三、判断题

1. 答案：错误

解析：上述行为可以处以 5 000 元以上 5 万元以下罚款。

2. 答案：正确

解析：没收财产主要是适用于危害国家安全罪和破坏社会主义市场经济秩序罪、侵犯财产罪、妨害社会管理秩序罪和贪污贿赂罪中情节较重的犯罪,而罚金适用于情节较轻的贪利性犯罪。二者都属于财产刑。

3. 答案：正确

解析：税收违法的行政处罚方式有:责令期限改正、罚款、没收违法所得、没收非法财物、收缴未用发票和暂停供应发票及停止出口退税权。

第二章

结算法律制度

第一节　现　金　结　算

一、单选题

1. 下项各项中,除经开户银行审查后可予以支付外,单位不能擅自用现金支付的是(　　)。
   A. 向职工个人支付工资、津贴共 1 200 元
   B. 支付向个人收购农副产品的价款 5 000 元
   C. 出差人员王某领取必须随身携带的差旅费 10 000 元
   D. 支付购买办公用品的费用 600 元

2. 下列关于单位现金管理的说法正确的是(　　)。
   A. 没有在银行单独开立账户的附属单位不实行现金管理
   B. 商业找零备用现金不需要核定限额
   C. 边远地区开户单位库存现金限额最多可达到 20 天
   D. 没有在银行单独开立账户的附属单位也要实行现金管理

3. 开户银行根据开户单位日常零星开支所需现金核定其库存现金的最高限额的天数是(　　)天。
   A. 1～3　　　　　　B. 5　　　　　　C. 15　　　　　　D. 3～5

4. 在我国现金在规定的范围内使用,结算起点为(　　)元。
   A. 1 000　　　　　B. 2 000　　　　C. 500　　　　　D. 1 500

5. 关于现金收支的基本要求,下列表述不正确的是(　　)。
   A. 开户单位收入现金一般应于当日送存开户银行
   B. 开户单位支付现金,可以从本单位的现金收入中直接支付
   C. 开户单位对于符合现金使用范围规定,从开户银行提取现金的,应写明用途,由本单位财会部门负责人签字盖章,并经开户银行审查批准
   D. 不准单位之间相互借用现金

6. 下列关于加强货币资金业务岗位管理的叙述中,错误的是(　　)。
   A. 各单位应当建立货币资金业务的岗位责任制,明确相关部门和岗位的职责权限,确保办理货币资金业务的不相容岗位相互分离、制约和监督
   B. 出纳人员不得兼任稽核
   C. 出纳人员可以兼任会计档案保管工作

D. 单位办理货币资金业务,应当配备合格的人员,并根据单位具体情况进行岗位轮换

二、多选题

1. 以下对现金结算描述正确的有( )。
   A. 现金结算主要适用于银行之间的结算
   B. 现金结算主要适用于单位与银行之间的结算
   C. 现金结算主要适用于单位与个人之间的款项收付
   D. 现金结算主要适用于单位之间的转账结算起点金额以下的零星小额收付

2. 以下属于现金结算渠道的有( )。
   A. 付款人委托银行将现金支付给收款人
   B. 付款人直接将现金支付给收款人
   C. 付款人委托非银行金融机构将现金支付给收款人
   D. 付款人委托非金融机构向收款人转账

3. 下列事项中,开户单位可以使用现金的有( )。
   A. 发给公司甲某的 800 元奖金
   B. 支付给公司临时工王某的 2 000 元劳务报酬
   C. 向农民收购农产品的 1 万元收购款
   D. 出差人员出差必须随身携带的 2 000 元差旅费

4. 下列关于现金收支的基本要求,表述正确的有( )。
   A. 不准编造用途套取现金和利用账户替其他单位和个人套取现金
   B. 不准用单位收入的现金按个人储蓄方式存入银行,不准公款私存
   C. 不得"白条抵库"和设置"小金库"
   D. 不得未经批准坐支或未按开户银行核定的坐支范围和限额坐支现金

5. 为了保证现金的安全完整,单位应当按规定对库存现金进行定期和不定期的清查,一般采用实地盘点法。下列对于清查结果的说法中,表述正确的有( )。
   A. 清查的结果应当编制现金盘点报告单
   B. 如果发现挪用现金、白条顶库的情况,应及时予以纠正
   C. 对于超限额留存的现金应及时送存银行
   D. 如果账款不符,应查明原因,及时处理

6. 下列属于现金结算的特点的有( )。
   A. 直接便利   B. 不安全性
   C. 不易宏观控制和管理   D. 费用较低

三、判断题

1. 商业和服务业的找零备用现金要根据营业额确定,并包括在开户单位的库存现金限额内。   ( )
2. 在我国,转账结算起点的调整由开户银行确定,报中国人民银行备案。 ( )

答案与解析

一、单选题

1. 答案：A

解析：根据规定,开户单位可以在下列范围内使用现金：①职工工资、津贴；②个人劳务报酬；③根据国家规定颁发给个人的科学技术、文化艺术、体育等各种奖金；④各种劳保、福利费用以及国家规定的对个人的其他支出；⑤向个人收购农副产品和其他物资的价款；⑥出差人员必须随身携带的差旅费；⑦结算起点以下的零星支出；⑧中国人民银行确定需要支付现金的其他支出。在上述列出的8项中,除⑤、⑥项外,开户单位支付给个人的款项中,支付现金每人一次不得超过1 000元,超过限额部分,应当以支票、银行本票支付。确需全额支付现金的,应经开户银行审查后予以支付。

2. 答案：D

解析：没有在银行单独开立账户的附属单位也要实行现金管理,必须保留的现金,也要核定限额,其限额包括在开户单位的库存现金限额之内。商业和服务行业的找零备用现金也要根据营业额核定定额,但不包括在开户单位的库存现金限额之内。边远地区和交通不便地区的开户单位的库存现金限额,可以多于5天,但不得超过15天的日常零星开支。

3. 答案：C

解析：库存现金限额由开户银行根据各单位的实际情况来核定,一般按单位3～5天的日常零星开支所需确定。边远地区和交通不便地区的开户单位的库存现金限额,可按多于5天,但不得超过15天的日常零星开支的需要确定。

4. 答案：A

解析：根据国务院发布的《现金管理暂行条例》的规定,现金的结算起点定为1 000元。结算起点的调整,由中国人民银行确定,报国务院备案。

5. 答案：B

解析：本题考核现金收支的基本要求。开户单位支付现金,可以从本单位现金库存中支付或者从开户银行提取,不得从本单位的现金收入中直接支付。

6. 答案：C

解析：出纳人员不得兼任稽核、会计档案保管和收入、支出、费用、债权债务账目的登记工作。

二、多选题

1. 答案：C、D

解析：现金结算在我国主要适用于单位与个人之间的款项收付,以及单位之间的转账结算起点金额以下的零星小额收付。

2. 答案：A、B、C

解析：现金结算渠道有：①付款人直接将现金支付给收款人,无须通过银行等中介机构；②付款人委托银行、非银行金融机构或者非金融机构将现金支付给收款人。

3. 答案：A、C、D

解析：除了向个人收购农副产品和其他物资的价款和出差人员必须随身携带的差旅费以外,开户单位支付给个人的款项中,超过使用现金限额部分,应当以支票或者银行本票支付。支付给公司临时工王某的 2 000 元劳务报酬,超过了 1 000 元的结算起点,不可以使用现金支付。

4. 答案：A、B、C、D

解析：本题考核现金管理。

5. 答案：A、B、C、D

解析：本题考核现金清查的结果。

6. 答案：A、B、C

解析：选项 D,使用现金结算各单位虽然可以减少银行的手续费用,但其清点、运送、保管的费用很大。对于整个国家来说,过多的现金结算会增加整个国家印制、保管、运送现金和回收废旧现钞等工作的费用和损失,浪费人力、物力和财力。因此国家实行现金管理,限制现金结算的范围。

三、判断题

1. 答案：错误

解析：商业和服务行业的找零备用现金也要根据营业额核定定额,但不包括在开户单位的库存现金限额之内。

2. 答案：错误

解析：结算起点的调整,由中国人民银行确定,报国务院备案。

第二节　支付结算概述

一、单选题

1. 某单位于 2013 年 10 月 19 日开出一张支票。下列有关支票日期的写法中,符合要求的是(　　　)。

 A. 贰零壹叁年拾月拾玖日   B. 贰零壹叁年壹拾月壹拾玖日

 C. 贰零壹叁年零壹拾月拾玖日 D. 贰零壹叁年零壹拾月壹拾玖日

2. 填写票据金额时,¥10 056.00 应写成(　　　)。

 A. 人民币壹万零伍拾陆元   B. 人民币壹万零伍拾陆元整

 C. 人民币壹万零零伍拾陆元整 D. 人民币一万零五拾六元整

3. 下列各项中,能够批准金融机构进行支付结算的法定机构是(　　　)。

 A. 中国人民银行 B. 银监会   C. 省级人民政府 D. 国务院

4. 下列有关票据出票日期的说法,正确的是(　　　)。

 A. 票据的出票日期必须使用中文大写

 B. 在填写月、日时,月为壹、贰和壹拾的应在其前加“壹”

 C. 在填写月、日时,日为拾壹至拾玖的,应在其前面加“零”

 D. 票据出票日期使用小写填写的,银行也应受理

5. 下列各项中,不属于支付结算时应遵循的原则有(　　)。

    A. 恪守信用,履约付款原则

    B. 谁的钱进谁的账,由谁支配原则

    C. 银行不垫款原则

    D. 自主选择银行开立银行结算账户原则

6. 下列经济事项中属于支付结算行为的是(　　)。

    A. 甲公司用现金向职工发放工资

    B. 乙公司出纳向出差人员支付 2 000 元差旅费

    C. 张三用现金归还李四 400 元借款

    D. 丙公司用转账支票支付施工单位 5 万元工程款

7. 根据《支付结算办法》第二十条规定,(　　)负责制定统一的支付结算制度,组织、协调、管理、监督全国的支付结算工作,调解、处理银行之间的支付结算纠纷。

    A. 中国人民银行总行

    B. 中国人民银行总行及各省、自治区和直辖市分行

    C. 中国人民银行总行及各级分支机构

    D. 中国人民银行总行及各商业银行总行

8. 下列各项中,不符合票据和结算凭证填写要求的是(　　)。

    A. 中文大写金额数字到"角"为止,在"角"之后没有写"整"字

    B. 票据的出票日期使用阿拉伯数字填写

    C. 阿拉伯小写金额数字前填写了人民币符号

    D. 1 月 15 日出票的票据,票据的出票日期栏填写为"零壹月壹拾伍日"

9. 下列关于在中国境内填写票据和结算凭证的表述中,不正确的是(　　)。

    A. 票据和结算凭证的中文大写金额数字应用正楷或行书填写,用繁体字,也应受理

    B. 阿拉伯数字小写金额数字前面,均应填写人民币符号"￥"

    C. 少数民族地区和外国驻华使馆,金额大写必须使用少数民族文字或外国文字

    D. 票据的出票日期必须使用中文大写,使用小写填写的,银行不予受理

10. 依据《支付结算办法》的规定,下列关于支付结算的表述中,正确的是(　　)。

    A. 银行可以在适当范围内为存款人垫付资金

    B. 银行有权支配存款人在银行账户里的资金

    C. 支付结算可以通过任何金融机构进行

    D. 银行在办理支付结算时必须遵循存款人的意志

11. 下列各项关于￥1 025 的中文大写的写法中,正确的是(　　)。

    A. 人民币壹仟零贰拾伍元　　　　　　B. 人民币壹仟零贰拾伍元整

    C. 人民币一千零二十五元　　　　　　D. 人民币一千零二十五元整

12. 票据出票的大写日期未按要求规范填写的,银行可予受理,但由此造成损失的,(　　)承担损失。

    A. 银行　　　　　　B. 出票人　　　　　　C. 收票人　　　　　　D. 付款人

13. 下列关于票据上出票日期的中文大写中,正确的是(　　)。

    A. 一月二日　　　　　　　　　　　　B. 零壹月贰拾玖日

C. 零贰月零拾玖日　　　　　　　　　D. 拾月叁拾日

14. 甲私刻乙公司的财务专用章，假冒乙公司名义签发一张转账支票交给收款人丙，丙将该支票背书转让给丁，丁又背书转让给戊。当戊主张票据权利时，下列表述中正确的是（　　）。

　　A. 甲不承担票据责任　　　　　　　B. 乙公司承担票据责任

　　C. 丙不承担票据责任　　　　　　　D. 丁不承担票据责任

15. 公示催告是一种在票据丧失后向（　　）提出申请，以公告方式通知不确定的利害关系人限期申报权利的方式。

　　A. 公证部门　　　　　　　　　　　B. 公安机关

　　C. 人民法院　　　　　　　　　　　D. 人民银行

二、多选题

1. 下列各项中，表述正确的有（　　）。

　　A. 票据中的中文大写金额数字可以使用繁体字，满足条件的也可以使用少数民族文字或外国文字

　　B. 票据中的中文大写金额数字前应标明"人民币"字样

　　C. 票据的出票日期中文大写不规范银行也可以受理

　　D. 单位和银行在票据上记载的名称可以是全称也可以是简称

2. 下列各项中，属于现金结算特点的有（　　）。

　　A. 直接便利　　　　　　　　　　　B. 不安全性

　　C. 费用较高　　　　　　　　　　　D. 不易于宏观控制和管理

3. 狭义的支付结算是指单位、个人在社会经济活动中使用（　　）等支付手段进行货币给付及其资金清算的行为。

　　A. 现金　　　　　B. 票据　　　　　C. 信用卡　　　　　D. 汇兑

4. 以下属于支付结算的特征的是（　　）。

　　A. 支付结算必须通过中国人民银行批准的金融机构进行

　　B. 支付结算的发生取决于委托人的意志

　　C. 实行统一领导，分级管理

　　D. 支付结算是一种要式行为

5. 单位、个人和银行在办理支付结算时，必须遵循的原则有（　　）。

　　A. 恪守信用，履约付款　　　　　　B. 谁的钱进谁的账，由谁支配

　　C. 银行不垫款　　　　　　　　　　D. 优先保障收款人利益

6. 以下属于支付结算方式的有（　　）

　　A. 信用卡和汇兑　　B. 现金　　C. 委托收款　　　D. 托收承付

7. 支付结算必须使用统一规定的票据和结算凭证，无权对票据和结算凭证进行统一规定的机构有（　　）。

　　A. 财政部　　　　B. 开户银行　　　C. 中国人民银行　　D. 中国银行

8. 下列各项中，属于支付结算时应遵循的原则有（　　）。

　　A. 恪守信用，履约付款原则　　　　B. 谁的钱进谁的账，由谁支配原则

C. 银行不垫款原则   D. 存款信息保密原则

9. 根据《支付结算办法》的规定,下列各项属于银行不予受理的有(　　)。

  A. 更改金额的票据

  B. 出票日期用小写填写的票据

  C. 中文大写金额和阿拉伯数码不一致的票据

  D. 中文大写出票日期未按要求填写的票据

10. 下列符合支付结算凭证填写的要求的有(　　)。

  A. 银行、单位和个人填写的各种票据和结算凭证是办理支付结算和现金收付的重要依据,直接关系到支付结算的准确、及时和安全

  B. 票据和结算凭证是银行、单位和个人凭以记载账务的会计凭证

  C. 票据和结算凭证是记载经济业务和明确经济责任的一种书面证明

  D. 填写票据和结算凭证,必须做到标准化、规范化,要素齐全、数字正确、字迹清晰、不错漏、不潦草,防止涂改

11. 下列表述中,正确的有(　　)。

  A. 填写票据时,中文大写金额可以使用简体的"一、二(两)、三、四、五、六、七、八、九、十、廿、毛、另(或0)"填写

  B. 填写票据时,中文大写金额数字应用正楷或行书填写

  C. 填写票据时,中文大写金额可以使用自造简化字

  D. 填写票据时,中文大写金额数字可以使用繁体字

12. 根据《支付结算办法》的规定,下列各项属于票据保证相对记载事项的有(　　)。

  A. 保证日期   B. 被保证人名称   C. 保证人签章   D. 保证人住所

13. 下列关于填写票据和结算凭证的描述正确的是(　　)。

  A. 中文大写金额数字应用正楷或行书填写,也可使用简化字

  B. 中文大写金额数字到"元"为止的,在"元"之后应写"整"(或"正")字

  C. 中文大写金额数字前无须标明"人民币"字样

  D. 阿拉伯小写金额数字中有"0"的,中文大写应按照汉语语言规律、金额数字构成和防止涂改的要求进行书写

14. ￥1 680.32,不可以写成(　　)。

  A. 人民币壹仟陆佰捌拾元零叁角贰分

  B. 人民币壹仟陆佰捌拾元叁角贰分

  C. 人民币壹仟陆佰捌拾元零叁角贰分正

  D. 人民币一千六百八十元零三角二分

15. 下列选项属于无效票据的为(　　)。

  A. 更改签发日期的票据

  B. 更改收款单位名称的票据

  C. 出票日期使用中文大写,但未按要求规范填写的票据

  D. 更改中文大写金额的票据

三、判断题

1．票据和结算凭证的出票或签发日期可以更改，更改时应由原记载人在更改处签章证明。 （ ）

2．甲公司因购货向乙公司签发了一张商业汇票，出票日期"2月10日"写为"贰月壹拾日"，则该张汇票无效，银行有权不予受理。 （ ）

3．银行在办理结算过程中，必要时可为结算当事人垫付部分款项。 （ ）

4．签发支票可以使用圆珠笔填写。 （ ）

5．票据上签章和其他记载事项应当真实，不得伪造、变造。 （ ）

6．在票据和结算凭证大写金额栏内应该预印固定的"仟、佰、拾、万、仟、佰、拾、元、角、分"字样。 （ ）

7．票据责任是指票据债务人向持票人支付票据金额的责任。它是基于债务人特定的票据行为而应承担的义务，并具有制裁性质。 （ ）

8．所有的票据当事人一定同时出现在某一张票据上。 （ ）

9．支付结算与一般的货币给付及资金清算行为相同。 （ ）

10．￥325.04，应写成人民币叁佰贰拾伍元零肆分。 （ ）

四、案例分析题

1．2013年2月25日，王女士给父亲王老汉开具1万元现金支票一张，用途栏写明"生日快乐"，并注明付款日期为王老汉生日当天。要求：根据上述资料，分析回答下列问题。

（1）关于王女士在支票上的签章，下列说法中正确的有（ ）。

　　A．王女士预留银行的签名

　　B．王女士预留银行的盖章

　　C．王女士所在单位的财务专用章加王女士预留银行的签名

　　D．王女士所在单位的公章加王女士预留银行的盖章

（2）关于王女士在用途栏书写的内容及法律后果，下列说法中正确的是（ ）。

　　A．银行应予拒付，因为用途栏书写不规范

　　B．银行不应拒付，因为用途栏记载事项属于非法定记载事项

　　C．用途栏记载事项属于绝对应记载事项，书写不规范导致该支票无效

　　D．用途栏记载事项属于相对应记载事项，书写不规范并不会导致该支票无效

（3）关于该支票中记载的付款日期，下列说法中正确的是（ ）。

　　A．该支票无效，因为支票不得记载付款日期

　　B．该支票有效，因为支票记载了付款日期不影响支票的效力，该记载无效

　　C．该支票效力待定，因为有待出票人的追认

　　D．该支票有效，因为付款日期属于支票的相对记载事项

（4）关于王老汉向银行提示付款，下列说法中正确的有（ ）。

　　A．王老汉向银行提示付款的最迟期限为2013年3月6日之前

　　B．王老汉向银行提示付款的最迟期限为2013年3月7日之前

C. 王老汉向银行提示付款时应在支票背面收款人处签章

D. 王老汉向银行提示付款时应交验本人身份证

（5）关于王老汉持有的现金支票，下列说法中正确的有（　　）。

A. 王老汉可以委托银行收款

B. 只能由王老汉向银行提示付款，不能委托银行收款

C. 王老汉可以将持有的支票背书转让

D. 超过提示付款期限，付款人和出票人均不承担票据责任

2. 2012年3月1日，国有企业甲公司销售给国有企业乙公司货物，双方协商采取托收承付、验货付款方式办理货款结算。3月4日，运输公司向乙公司发出提货单。乙公司在承付期内未向其开户银行表示拒绝付款。已知3月7日、8日、14日和15日为法定休假日。要求：根据以上资料，分析回答下列问题。

（1）根据支付结算法律制度的规定，下列款项中，可以使用托收承付方式办理结算的有（　　）。

A. 国有企业之间的商品交易款项

B. 国有企业之间代销商品应支付的款项

C. 国有企业之间因商品交易而产生的劳务供应的款项

D. 国有企业之间赊销商品应收取的款项

（2）下列关于托收承付方式结算起点规定的说法中正确的有（　　）。

A. 托收承付结算每笔起点为1万元

B. 托收承付结算每笔起点为2万元

C. 新华书店系统每笔起点为1千元

D. 新华书店系统每笔起点为3千元

（3）关于承付期的起算时间正确的有（　　）。

A. 3月4日　　　　B. 3月5日　　　　C. 3月14日　　　D. 3月1日

（4）关于乙公司开户银行向甲公司划拨货款的日期，下列说法中正确的有（　　）。

A. 3月15日　　　B. 3月14日　　　C. 3月13日　　　D. 3月16日

（5）关于付款人在承付期内未向银行表示拒绝付款的说法中正确的有（　　）。

A. 银行即视为付款人承付

B. 银行即视为付款人拒绝支付

C. 银行应在承付期满的次日上午银行开始营业时，将款项划给收款人

D. 银行拒绝办理结算

答案与解析

一、单选题

1. 答案：D

解析：月为壹、贰和壹拾的，日为壹至玖和壹拾、贰拾、叁拾的，应在其前加"零"；日为拾壹至拾玖的，应在其前加"壹"。

2. 答案：B

解析：阿拉伯金额数字万位或元位是"0"，或者数字中间连续有几个"0"，万位、元位也是"0"，但千位、角位不是"0"时，中文大写金额中可以只写一个"零"字，也可以不写零字。中文大写金额数字写到"元"为止的，在"元"之后应写"整"（或"正"）字。

3. 答案：A

解析：《支付结算办法》第六条规定：银行是支付结算和资金清算的中介机构。未经中国人民银行批准的非银行金融机构和其他单位不得作为中介机构经营支付结算业务。但法律、行政法规另有规定的除外。

4. 答案：A

解析：票据的出票日期必须使用中文大写，为防止变造票据的出票日期，在填写月、日时，月为壹、贰和壹拾的，日为壹至玖和壹拾、贰拾、叁拾的，应在其前加"零"；日为拾壹至拾玖的，应在其前面加"壹"。票据出票日期使用小写填写的，银行不予受理。

5. 答案：D

解析：自主选择银行开立银行结算账户原则是银行结算账户管理的原则。

6. 答案：D

解析：支付结算是指单位、个人在社会经济活动中使用"票据、信用卡和汇兑、托收承付、委托收款等结算方式"进行货币给付及其资金清算的行为。A、B、C均为现金结算。

7. 答案：A

解析：中国人民银行总行负责制定统一的支付结算制度、组织、协调、管理、监督全国的支付结算工作，调解、处理银行之间的支付结算纠纷。

8. 答案：B

解析：票据的出票日期必须使用中文大写。

9. 答案：C

解析：本题考核办理支付结算的基本要求。少数民族地区和外国驻华使领馆根据实际需要，金额大写可以使用少数民族文字或者外国文字记载。

10. 答案：D

解析：选项 A，不符合银行不垫款原则；选项 B，不符合谁的钱进谁的账、由谁支配原则；选项 C，支付结算必须通过中国人民银行批准的金融机构进行。

11. 答案：B

解析：本题考核票据和结算凭证的金额的大写写法。

12. 答案：B

解析：票据的大写出票日期未按要求规范填写的，银行可予受理，但由此造成损失的，由出票人自行承担。

13. 答案：B

解析：为防止变造票据的出票日期，在填写月、日时，月为壹、贰和壹拾的，日为壹至玖和壹拾、贰拾、叁拾的，应在其前加"零"；日为拾壹至拾玖的，应在其前加"壹"。

14. 答案：A

解析：本题考核票据伪造的责任承担。票据伪造行为中，对伪造人而言，由于票据上没有以自己名义所作的签章，因此也不应承担票据责任。但是，如果伪造人的行为给他人造成损害的,必须承担民事责任;构成犯罪的,还应承担刑事责任。本题中,甲公司作为伪造人不承担票据责任,乙公司作为被伪造人由于没有以自己的真实意思在票据上签章,也不承担票据责任,但是丙公司和丁公司的签章是合法有效的,因此应该承担票据责任。

15. 答案:C

解析:公示催告,是指在票据丧失后由失票人向人民法院提出申请,请求人民法院以公告方式通知不确定的利害关系人限期申报权利,逾期未申报者,则由法院通过除权判决宣告所丧失的票据无效的一种制度或程序。

二、多选题

1. 答案:A、B、C

解析:选项D,单位和银行在票据上记载的名称可以是全称也可以是"规范化"简称。

2. 答案:A、B、C、D

解析:上述选项均为现金结算的特点。

3. 答案:B、C、D

解析:支付结算是指单位、个人在社会经济活动中使用"票据、信用卡和汇兑、托收承付、委托收款等结算方式"进行货币给付及其资金清算的行为。

4. 答案:A、B、C、D

解析:支付结算的特征:支付结算必须通过中国人民银行批准的金融机构进行;支付结算的发生取决于委托人的意志;实行统一领导,分级管理;支付结算是一种要式行为;支付结算必须依法进行。

5. 答案:A、B、C

解析:支付结算的基本原则包括:①恪守信用,履约付款原则;②谁的钱进谁的账,由谁支配原则;③银行不垫款原则。所以选项A、B、C正确。

6. 答案:A、C、D

解析:支付结算是指单位、个人在社会经济活动中使用票据、信用卡和汇兑、托收承付、委托收款等结算方式进行货币给付及其资金清算的行为。

7. 答案:A、B、D

解析:单位、个人和银行办理支付结算,必须使用按中国人民银行统一规定印制的票据和结算凭证。

8. 答案:A、B、C

解析:支付结算的基本原则有:恪守信用,履约付款;谁的钱进谁的账,由谁支配;银行不垫款原则。选项D是银行结算账户的管理原则。

9. 答案:A、B、C

解析:选项D,大写日期未按要求规范填写的,银行可予受理,但由此造成损失的,由出票人自行承担。

10. 答案:A、B、C、D

解析:本题考核支付结算凭证填写的要求。

11. 答案:B、D

解析:本题考核办理支付结算的具体要求。

12. 答案：A、B、D

解析：票据保证记载的事项,有绝对记载事项和相对记载事项。其中绝对记载事项包括保证文句和保证人签章两项;相对记载事项包括被保证人的名称、保证日期和保证人住所。

13. 答案：B、D

解析：本题考核办理支付结算的具体要求。选项 A,不可以使用简化字,选项 C,中文大写金额数字前应标明"人民币"字样。

14. 答案：C、D

解析：本题考核支付结算凭证填写的要求。中文大写金额数字有"分"的,"分"后面不写"整"(或"正")字。￥1 680.32,应写成人民币壹仟陆佰捌拾元零叁角贰分,或者写成人民币壹仟陆佰捌拾元叁角贰分。

15. 答案：A、B、D

解析：本题考核票据的无效。票据出票日期使用小写填写的,银行不予受理。大写日期未按要求规范填写的,银行可予受理,但由此造成损失的,由出票人自行承担。

三、判断题

1. 答案：错误

解析：票据和结算凭证的金额、出票或签发日期、收款人名称不得更改,更改的票据无效;更改的结算凭证,银行不予受理。

2. 答案：错误

解析：票据出票日期使用小写填写的,银行不予受理。大写日期未按要求规范填写的,银行可予受理,但由此造成损失的,由出票人自行承担。本题中,大写日期错误,正确应该为"零贰月零壹拾日"。

3. 答案：错误

解析：银行作为办理制度结算的中介机构,负责根据结算当事人的要求办理结算当事人之间的资金转移,即按照付款人的委托将资金支付给付款人指定的收款人,或者按照收款人的委托将归属收款人所有的资金转账到收款人的账户,银行不能在结算过程中为其垫付资金。实质上是当事人与当事人之间的权利与义务关系。

4. 答案：错误

解析：签发支票必须使用钢笔或碳素笔书写。

5. 答案：正确

解析：票据和结算凭证上的签章和其他记载事项应当真实,不得伪造、变造。票据上有伪造、变造签章的,不影响票据上其他当事人真实签章的效力。

6. 答案：错误

解析：在票据和结算凭证大写金额栏内不得预印固定的"仟、佰、拾、万、仟、佰、拾、元、角、分"字样。

7. 答案：错误

解析：票据责任是指票据债务人向持票人支付票据金额的责任。它是基于债务人特定的票据行为而应承担的义务,不具有制裁性质,主要包括付款义务和偿还义务。

8. 答案：错误

解析：本题考核票据的当事人。并非所有的票据当事人一定同时出现在某一张票据上,除基本当事人外,非基本当事人是否存在,完全取决于相应票据行为是否发生。

9. 答案：错误

解析：《支付结算办法》第六条规定："银行是支付结算和资金清算的中介机构。未经中国人民银行批准的非银行金融机构和其他单位不得作为中介机构经营支付结算业务。但法律、行政法规另有规定的除外。"这表明支付结算与一般的货币给付及资金清算行为不同。

10. 答案：正确

解析：本题考核支付结算凭证填写的要求。

四、案例分析题

1.

（1）答案：A、B

解析：支票上出票人的签章,出票人为单位的,为与该单位在银行预留签章一致的财务专用章或公章加其法定代表人或其授权的代理人的签名或盖章。支票的出票人为个人的,为与该个人在银行预留签章一致的签名或盖章。

（2）答案：B

解析：支票的相对记载事项只有两项,即付款地和出票地,因支票是见票即付,因此付款日期是非相对记载事项。而汇票的相对记载事项有三条,即付款地、出票地和付款日期。

（3）答案：B

解析：支票限于见票即付,不得另行记载付款日期。另行记载付款日期的,该记载无效。

（4）答案：B、C、D

解析：向银行提示付款的期限是从出票日起10天,如果付款日是节假日可顺延,支票的提示付款期限为自出票日起10日,到期日与法定休假日顺延。2013年是平年,2月28天,支票的提示付款期是自出票日起10日,从2月25号～3月6号是10天,所以王老汉向银行提示付款的最迟期限为在2013年3月7之前,选项B正确,选项A错误。

（5）答案：B

解析：选项A,用于支取现金的支票仅限于收款人向付款人提示付款。选项C,现金支票不能背书转让。选项D,超过提示付款期限的,付款人可以不予付款;付款人不予付款的,出票人仍应对持票人承担票据责任。

2.

（1）答案：A,C

解析：根据规定,使用托收承付结算方式的收款单位和付款单位,必须是国有企业、供销合作社和经营管理较好,并经开户银行审查同意的城乡集体所有制工业企业。托收承付结算必须是商品交易及因商品交易而产生的劳务供应的款项。代销、寄销、赊销的款项不得办理托收承付结算。

（2）答案：A、C

解析：托收承付结算方式每笔的金额起点为1万元。新华书店系统每笔的金额起点为

1 千元。

（3）答案：B

解析：从购货单位开户银行发出通知的次日算起（承付期内遇法定节假日顺延）。

（4）答案：D

解析：验货付款的承付期限为 10 天。

（5）答案：A、C

解析：从运输部门向付款人发出提货通知的次日算起，付款人在承付期内，未向银行表示拒绝付款，银行即视作承付，在承付期满的次日上午将款项划给收款人。

第三节　银行结算账户

一、单选题

1. 根据《人民币银行结算账户管理办法》的规定，不须经中国人民银行核准，只要备案就可开立的账户是（　　）。

　　A. 基本存款账户　　　　　　　　　B. 临时存款账户

　　C. 一般存款账户　　　　　　　　　D. 专用存款账户

2. 存款人按照法律、行政法规和规章，对其特定用途资金进行专项管理和使用而开立的银行结算账户是（　　）。

　　A. 临时存款账户　　　　　　　　　B. 专用存款账户

　　C. 一般存款账户　　　　　　　　　D. 基本存款账户

3. 规范单位、个人和银行开立、使用结算账户的法律依据是（　　）。

　　A.《票据管理实施条例》　　　　　　B.《人民币银行结算账户管理办法》

　　C.《人民币银行结算账户管理条例》　　D.《支付结算办法》

4. 存款人不得申请开立临时存款账户的情形是（　　）。

　　A. 设立临时机构　　　　　　　　　B. 异地临时经营活动

　　C. 注册验资　　　　　　　　　　　D. 临时借款

5. 一般存款账户不能办理的业务是（　　）。

　　A. 借款转存　　　B. 借款归还　　　C. 现金缴存　　　D. 现金支取

6. 银行开立（　　）实行核准制度，经中国人民银行核准后由开户银行核发开户登记证。

　　A. 一般存款账户　　　　　　　　　B. 个人银行结算账户

　　C. 预算单位开立专用存款账户　　　D. 因注册验资需要开立的临时存款账户

7. 下列存款人中可以申请开立基本存款账户的有（　　）。

　　A. 村民委员会　　　　　　　　　　B. 单位设立的非独立核算的附属机构

　　C. 营级以上军队　　　　　　　　　D. 异地临时机构

8. 根据《人民币银行结算账户管理办法》的规定，自然人因投资、消费、结算等而开立的可办理支付结算业务的存款账户称为（　　）。

　　A. 临时存款账户　　　　　　　　　B. 个人银行结算账户

　　C. 专用存款账户　　　　　　　　　D. 一般存款账户

9. 关于银行结算账户的变更与撤销，下列表述中不正确的是( )。

    A. 存款人更改名称但不更改开户银行及账号，应于 5 个工作日内向开户银行提出变更申请，并出具相关证明

    B. 单位的法定代表人发生变更时，应于 3 个工作日内书面通知开户银行并提供有关证明

    C. 存款人因注销、被吊销营业执照的，应于 5 个工作日内向开户银行提出撤销银行结算账户的申请

    D. 存款人撤销银行结算账户时应最后撤销基本存款账户

10. 存款人的开户资料的变更事项未在规定期限内通知银行的，对于经营性的存款人，给予警告并处以( )的罚款。

    A. 1 000 元   B. 10 000 元

    C. 5 000 元以上 3 万元以下   D. 1 万元以上 3 万元以下

11. 可以办理存款人工资、奖金等现金支取的存款账户是( )。

    A. 基本存款账户   B. 一般存款账户

    C. 临时存款账户   D. 专用存款账户

12. 甲公司因结算需要，向 W 银行申请开立一般存款账户。W 银行为该账户办理付款业务的起始时间是( )。

    A. 正式开立该账户之日起

    B. 向中国人民银行当地分支行备案之日起

    C. 正式开立该账户之日起 3 个工作日后

    D. 向中国人民银行当地分支行备案之日起 5 个工作日后

13. 存款人违反规定将单位款项转入个人银行结算账户的，对于经营性的存款人，给予警告并处以( )的罚款。

    A. 1 000 元   B. 10 000 元

    C. 5 000 元以上 3 万元以下   D. 1 万元以上 3 万元以下

14. 信用卡个人卡的主卡持卡人可以为其配偶及年满( )周岁的亲属申领附属卡，但最多不得超过( )张。

    A. 14 2   B. 16 3   C. 18 3   D. 18 2

15. 根据《人民币银行结算账户管理办法》的规定，下列各项中，符合申请开立临时存款账户条件的是( )。

    A. 办理注册验资   B. 办理基本建设资金

    C. 办理更新改造资金   D. 办理汇兑

16. 临时存款账户有效期为( )。

    A. 最长不超过 2 年   B. 最长不超过 1 年

    C. 最短不得少于 2 年   D. 最短不得少于 1 年

17. ( )是银行结算账户的监督管理部门，负责对银行结算账户的开立、使用、变更和撤销进行检查监督。

    A. 中国人民银行   B. 银行业监督协会

    C. 国务院财政部   D. 中国银行

18. 甲银行在结算账户的使用过程中,违反规定为储蓄账户办理转账结算,应给予的处罚措施是( )。

    A. 警告,并处于 1 000 元以上 3 万元以下的罚款

    B. 警告,并处于 3 000 元以上 3 万元以下的罚款

    C. 警告,并处于 5 000 元以上 3 万元以下的罚款

    D. 警告,并处于 1 万元以上 3 万元以下的罚款

19. 关于个人银行结算账户的使用,下列表达不正确的是( )。

    A. 个人银行结算账户用于办理个人转账收付和现金支取

    B. 个人银行结算账户具有普通转账结算功能

    C. 不能通过个人银行结算账户使用支票等信用工具

    D. 保险理赔款可以转入个人银行结算账户

20. 存款人因附属的非独立核算单位或派出机构发生的收入汇缴或业务支出需要,可以开立( )。

    A. 专用存款账户   B. 临时存款账户

    C. 一般存款账户   D. 基本存款账户

21. 根据《人民币银行结算账户管理办法》的规定,自然人投资、消费、结算等而开立的可办理支付结算业务的存款账户称为( )。

    A. 个人银行结算账户   B. 临时存款账户

    C. 专用存款账户   D. 一般存款账户

22. 单位、个人和银行开立、使用账户应依据的法规是( )。

    A.《中华人民共和国商业银行法》

    B.《中华人民共和国人民银行法》

    C.《中华人民共和国银行业监督管理办法》

    D.《人民币银行结算账户管理办法》

23. 存款人的营业执照注册地与经营地不在同一行政区域(跨省、市、县),并出具注册地中国人民银行分支行的未开立基本存款账户的证明,可以根据需要在异地开立( )。

    A. 一般存款账户   B. 基本存款账户

    C. 专用存款账户   D. 临时存款账户

24. 下列对基本存款账户与临时存款账户在管理上区别的表述中,正确的是( )。

    A. 基本存款账户能支取现金而临时存款账户不能支取现金

    B. 基本存款账户不能向银行借款而临时存款账户可以向银行借款

    C. 基本存款账户没有数量限制而临时存款账户受数量限制

    D. 基本存款账户没有时间限制而临时存款账户实行有效期管理

25. 经营地与注册地不在同一行政区域的存款人,在异地开立基本存款账户的,应出具注册地( )的未开立基本存款账户的证明。

    A. 中国人民银行分支行   B. 财政局

    C. 银监会   D. 账户所在银行

二、多选题

1. 下列专用存款账户中,不得支取现金的账户为（   ）。
   A. 基本建设资金
   B. 单位银行卡账户
   C. 财政预算外资金
   D. 党、团、工会经费

2. 以下属于个人银行结算账户申请开立应向银行出具的证明文件有（   ）。
   A. 中国人民武装警察,应出具武警身份证件
   B. 中国香港、澳门居民,应出具港澳居民往来内地通行证
   C. 中国居民,应出具居民身份证或临时身份证
   D. 中国人民解放军军人,应出具军人身份证件

3. 下列各项中,可以根据统一的支付结算制度,结合本行情况,制定具体管理实施办法,报经中国人民银行总行批准后执行的机构有（   ）。
   A. 政策性银行总行
   B. 政策性银行分行
   C. 商业银行总行
   D. 商业银行分行

4. 下列关于银行结算账户的各项表述中,错误的有（   ）。
   A. 银行结算账户分为基本存款账户、一般存款账户、临时存款账户和储蓄存款账户
   B. 存款人只能选择一家银行的一个营业机构开立一个一般存款账户
   C. 一般存款账户应在基本存款账户开户银行以外的银行营业机构开立
   D. 存款人可以通过一般存款账户办理工资、奖金等现金的支取

5. 专用存款账户开立应向银行出具的证明文件有（   ）。
   A. 主管部门对存款人更新改造资金的批文
   B. 开立基本存款账户规定的证明文件
   C. 基本存款账户开户登记证
   D. 证券公司或证券管理部门对存款人证券交易结算资金开户的证明

6. 根据人民币银行结算账户管理的有关规定,存款人申请开立的下列人民币银行结算账户中,应当报送中国人民银行当地分支行核准的有（   ）。
   A. 预算单位专用存款账户
   B. 临时存款账户(不包括注册验资和增资开立的临时存款账户)
   C. 个人存款账户
   D. 异地一般存款账户

7. 对以下资金的管理,可以申请开立专用存款账户的有（   ）。
   A. 基本建设资金
   B. 更新改造资金
   C. 住房公基金
   D. 单位银行卡备用金

8. 下列关于银行结算账户的表述错误的为（   ）。
   A. 任何单位和个人不得强令存款人到指定银行开立银行结算账户
   B. 银行有权拒绝任何单位或个人查询
   C. 银行不得为任何单位或者个人冻结、扣划款项,不得停止单位、个人存款的正常支付
   D. 存款人均可以开立一个基本存款账户

9. 根据存款人的不同,银行结算账户分为(   )。

    A. 个人银行结算账户   B. 单位银行结算账户

    C. 基本存款账户   D. 本地银行结算账户

10. 存款人的下列行为,中国人民银行可以给予1万元以上3万元以下罚款的有(   )。

    A. 经营性存款人违反规定开立银行结算账户

    B. 经营性存款人违反规定支取现金

    C. 经营性存款人违反规定变造开户登记证

    D. 非经营性存款人违反规定不及时撤销银行结算账户

11. 根据有关规定,银行结算账户的管理应遵守以下(   )原则。

    A. 一个基本存款账户原则   B. 自愿选择原则

    C. 存款保密原则   D. 监督管理原则

12. 以下对存款人开立银行结算账户的表述中,正确的有(   )。

    A. 开立银行结算账户时,银行应与存款人签订银行结算账户管理协议,明确双方的权利与义务

    B. 开立银行结算账户应填写开户申请书,并提交有关证明文件

    C. 银行应建立存款人预留签章卡片,并将签章式样和有关证明文件的原件或复印件留存归档

    D. 银行应将存款人的开户申请书、相关的证明文件进行审查,符合开户条件的应办理开户手续,并履行向中国人民银行当地分支行备案的义务

13. 以下对临时存款账户表述正确的有(   )。

    A. 主要办理存款人临时经营活动发生的资金收付

    B. 是存款人因临时需要并在规定期限内使用开立的银行结算账户

    C. 不得办理适用于专项管理和使用的资金收付

    D. 主要办理临时机构发生的资金收付

14. 根据《人民币银行结算账户管理办法》的规定,下列各项中,属于存款人申请开立存款账户证明文件的有(   )。

    A. 借款合同

    B. 个人的居民身份证

    C. 政府人事部门或编制委员会的批文或登记证书和财政部门同意其开户的证明

    D. 当地工商行政管理机关核发的营业执照正本

15. 根据《人民币银行结算账户管理办法》的规定,开户银行对银行结算账户的管理包括(   )。

    A. 负责所属营业机构银行结算账户开立和使用的管理,纠正违规开立和使用银行结算账户的行为

    B. 明确专人负责银行结算账户的开立、使用和撤销的审查和管理

    C. 对已开立的单位银行结算账户实行年检制度,检查开立的银行结算账户的合规性,核实开户资料的真实性

    D. 对存款人使用银行结算账户的情况进行监督

16. 下列有关银行账户的表述中,正确的有(　　)。

    A. 一个单位只能在一家银行开立一个基本存款账户

    B. 一个单位可以在一家银行开立多个基本存款账户

    C. 现金缴存可以通过一般存款账户办理

    D. 现金支付不能通过一般存款账户办理

17. 银行结算账户的变更主要包括(　　)的变更。

    A. 存款人名称　　　　　　　　　　B. 单位法定代表人

    C. 单位主要负责人　　　　　　　　D. 住址

18. 银行在银行结算账户的使用中,不得有下列行为(　　)。

    A. 为储蓄账户办理转账结算

    B. 超过期限或未向中国人民银行报送账户开立、变更、撤销等资料

    C. 违反规定为存款人支付现金或办理现金存入

    D. 明知或应知是单位资金,而允许以自然人名称开立账户存储

19. 根据人民币银行结算账户管理的有关规定,下列专用存款账户中,不可以支取现金的有(　　)。

    A. 基本建设资金账户　　　　　　　B. 政策性房地产开发资金账户

    C. 证券交易结算资金专用存款账户　D. 信托基金专用存款账户

20. 下列关于个人银行结算账户的表述中,正确的有(　　)。

    A. 单位从其银行结算账户支付给个人银行结算账户的款项,每笔超过 5 万元的, 应向银行提供付款依据

    B. 从单位银行结算账户支付给个人银行结算账户的款项应纳税的,税收代扣单位 付款时,应向其开户银行提供完税证明

    C. 居民申请开立个人银行结算账户的,应出具居民身份证或临时身份证

    D. 储蓄账户仅限于办理现金存取业务,不得办理转账结算

21. 银行结算账户根据开户地的不同,分为(　　)。

    A. 本地银行结算账户　　　　　　　B. 基本存款账户

    C. 异地银行结算账户　　　　　　　D. 一般存款账户

22. 下列存款人中,可以申请开立基本存款账户的有(　　)。

    A. 企业法人　　　　　　　　　　　B. 单位附属独立核算的食堂

    C. 个体工商户　　　　　　　　　　D. 自然人

23. 下列款项中,可以转入个人银行结算账户的是(　　)。

    A. 工资、奖金收入　　　　　　　　B. 稿费

    C. 继承款项　　　　　　　　　　　D. 纳税退款

24. 下列关于银行结算账户的描述中正确的是(　　)。

    A. 存款人尚未清偿其开户银行债务的,不得申请撤销银行结算账户

    B. 存款人撤销银行结算账户,必须与开户银行核对银行结算账户存款余额

    C. 开户银行对已开户一年,但未发生任何业务的账户,应通知存款人自发出通知 15 日内到开户银行办理销户手续

    D. 注销、被吊销营业执照的应向开户银行提出撤销银行结算账户的申请

25. 下列各项中,需要撤销银行结算账户的情形有(　　)。
　　A. 被撤并、解散、宣告破产或关闭的　　B. 注销、被吊销营业执照的
　　C. 因迁址需要变更开户银行的　　D. 单位负责人发生变更的

三、判断题

1. 存款人为从事生产、经营活动纳税人的,申请开立基本存款账户,除出具规定证明外还应出具税务部门颁发的税务登记证。　　(　　)

2. 存款人在开立、撤销银行结算账户过程中,伪造、变造证明文件欺骗银行开立银行结算账户,对于经营性的存款人,给予警告并处以1万元以上3万元以下的罚款;构成犯罪的,移交司法机关依法追究刑事责任(　　)。

3. 在支付结算中,银行遵循不垫款的原则。　　(　　)

4. 银行不得为任何单位或者个人冻结、扣划款项,不得停止单位、个人存款的正常支付,但可以为单位或者个人查询账户情况。　　(　　)

5. 个人银行结算账户是指自然人和法人因投资、消费、结算等而开立的可办理支付结算业务的存款账户。　　(　　)

6. 存款人在同一营业机构撤销银行结算账户后重新开立银行结算账户时,重新开立的银行结算账户可自开立之日起办理付款业务。　　(　　)

7. 与基本存款账户的存款人不在同一地点的附属非独立核算单位,可以申请开立一般存款账户,并须向开户银行出具基本存款账户的存款人同意其附属的非独立核算单位开户的证明。　　(　　)

8. 企业被吊销营业执照,应该向开户银行提出撤销银行结算账户的申请。　　(　　)

9. 单位设立的独立核算的附属机构,可以申请开立基本存款账户。　　(　　)

10. 银行结算账户是指银行为存款人开立的办理资金收付的活期存款账户和定期存款账户。　　(　　)

11. 临时存款账户有效期最长不得超过5年。　　(　　)

四、案例分析题

甲公司成立于2013年5月5日,法定代表人为李某。甲公司财务人员张某持有关资料办理了税务登记并到Q银行开立了基本存款账户。9月25日,甲公司从乙公司购进一批价值100万元的货物,当日签发转账支票方式予以付款。9月30日,乙公司持支票向Q银行请求付款。10月12日,甲公司向P银行申请贷款,P银行审查符合贷款条件后向其发放贷款200万元。要求:根据上述资料,分析回答下列问题。

(1) 下列各项中,属于甲公司到Q银行开立基本存款账户应提供的证明文件有(　　)。
　　A. 财务人员张某的个人身份证　　B. 工商部门颁发的营业执照正本
　　C. 税务部门颁发的税务登记证　　D. 财政部门同意开户的证明

(2) 下列各项中,属于甲公司向乙公司签发支票时必须记载的事项有(　　)。
　　A. 收款人乙公司名称　　B. P银行名称
　　C. 付款人Q银行名称　　D. 出票人甲公司签章

（3）下列关于支票的说法错误的有（　　　）。

A. 甲公司签发支票时必须在 Q 银行实有存款金额 100 万元

B. 甲公司签发支票后，Q 银行应承担绝对无条件付款责任

C. 甲公司签发支票后，Q 银行必须承兑后才承担绝对无条件付款责任

D. 乙公司最迟应于 2013 年 10 月 5 日之前到 Q 银行提示付款

（4）关于甲公司从 P 银行贷款时开立的银行结算账户属于（　　　）。

A. 基本存款账户　　B. 一般存款账户　　C. 专用存款账户　　D. 临时存款账户

答案与解析

一、单选题

1. 答案：C

解析：存款人开立基本存款账户、临时存款账户（因注册验资和增资验资需要开立的除外）和预算单位专用存款账户、QFII 专用存款账户等实行核准制，经中国人民银行核准后由银行核发开户登记证。所以本题选择 C。

2. 案：B

解析：本题考查专用存款账户的概念。专用存款账户是存款人按照法律、行政法规和规章，对其特定用途资金进行专项管理和使用而开立的银行结算账户。

3. 案：B

解析：单位、个人和银行应当按照《人民币银行结算账户管理办法》的规定开立，使用账户，没有开立存款账户的个人不能通过银行办理支付结算。

4. D

解析：本题考核临时存款账户的适用范围。有下列情况的，存款人可以申请开立临时存款账户：①设立临时机构；②异地临时经营活动；③注册验资；④境外（含港澳台地区）机构在境内从事经营活动等。

5. 案：D

解析：一般存款账户用于办理存款人借款转存、借款归还和其他结算的资金收付。该账户可以办理现金缴存，但不得办理现金支取。

6. 案：C

解析：存款人开立基本存款账户、临时存款账户（因注册验资和增资验资的除外）、预算单位开立专用银行存款账户和 QFII 专用存款账户实行核准制，经中国人民银行核准后颁发开户登记证。

7. A

解析：选项 B 应是独立核算的附属机构；选项 C 应是团级（含）以上军队；选项 D 应是外地常设机构。

8. 答案：B

解析：个人银行结算账户是存款人因投资、消费、结算等需要而凭个人身份证件以自然人名称开立银行结算存款账户。

9. 答案：B

解析：单位的法定代表人发生变更时,应于5个工作日内书面通知开户银行并提供有关证明。

10. 答案：A

解析：本题考核存款人的开户资料的变更事项。存款人的开户资料的变更事项未在规定期限内通知银行的,对于经营性的存款人,给予警告并处以1 000元的罚款。

11. 答案：A

解析：存款人日常经营活动的资金收付及其工资、奖金和现金的支取,应通过基本存款账户办理。

12. 答案：C

解析：根据规定,存款人开立单位银行结算账户,自正式开立之日起3个工作日后,方可使用该账户办理付款业务。

13. 答案：C

解析：对于使用过程中违反规定的事项,对经营性存款人处以5 000元以上3万元以下的罚款。

14. 答案：D

解析：个人卡的主卡持卡人可为其配偶及年满18周岁的亲属申领附属卡,附属卡最多不得超过两张,主卡持卡人有权要求注销其附属卡。

15. 答案：A

解析：本题考核临时存款账户的开户要求。

16. 答案：A

解析：临时存款账户的有效期最长不得超过2年。

17. 答案：A

解析：本题考核中国人民银行的管理。中国人民银行是银行结算账户的监督管理部门,负责对银行结算账户的开立、使用、变更和撤销进行监督检查。

18. 答案：C

解析：本题考核银行违反银行账户结算管理制度的处罚。

19. 答案：C

解析：本题考核个人银行结算账户的使用。个人银行结算账户也是可以使用支票等信用工具的。

20. 答案：A

解析：本题考核异地银行结算账户。存款人因附属的非独立核算单位或派出机构发生的收入汇缴或业务支出,可以根据需要开立专用存款账户。

21. 答案：A

解析：本题考核个人银行结算账户的概念。

22. 答案：D

解析：本题考核单位、个人和银行开立、使用账户应依据的法律依据。

23. 答案：B

解析：本题考核异地银行结算账户。营业执照注册地与经营地不在同一行政区域(跨省、市、县），可以在异地开立基本存款账户。

24．答案：D

解析：本题考核基本存款账户和临时存款账户的区别。

25．答案：A

解析：经营地与注册地不在同一行政区域的存款人，在异地开立基本存款账户的，应出具注册地中国人民银行分支行的未开立基本存款账户的证明。

二、多选题

1．答案：B、C

解析：基本建设资金需要支取现金的，应在开户时报中国人民银行当地分支行批准。党、团、工会经费专用存款账户支取现金，应按照国家现金管理的规定办理。

2．答案：A、B、C、D

解析：申请开立个人银行结算账户应向银行出具的证明文件：①中国居民，应出具居民身份证或临时身份证或户口簿或护照。②中国人民解放军军人，应出具军人身份证件。③中国人民武装警察，应出具武警身份证件。④香港、澳门特别行政区居民，应出具港澳居民往来内地通行证；中国台湾地区居民，应出具台湾居民来往大陆通行证或者其他有效旅行证件，居住在境内或境外的中国籍的华侨，可出具中国护照。⑤外国公民，应出具护照。获得在中国永久居留资格的外国人，可出具外国人永久居留证。⑥法律、法规和国家有关文件规定的其他有效证件；银行根据需要还可要求申请人出具户口簿、驾驶执照、护照等到有效证件。⑦军队（武装警察）离退休干部以及在解放军军事院校学习的现役军人，可出具离休干部荣誉证、军官退休证、文职干部退休证或军事院校学员证。⑧外国边民在我国边境地区的银行开立个人银行账户，可出具所在国制发的边民出入境通行证。

3．答案：A、C

解析：政策性银行总行、商业银行总行：充当中介机构的银行可以根据统一的支付结算制度，结合本行情况，制定具体管理实施办法，报经中国人民银行总行批准后执行，并负责组织、管理、协调本行内分支机构之间的支付结算纠纷。

4．答案：A、B、D

解析：选项A，银行结算账户分为基本存款账户、一般存款账户、临时存款账户和专用存款账户；选项B，一般存款账户没有数量限制；选项D，存款人可以通过基本存款账户办理日常经营活动的资金收付，以及存款人的工资、奖金和现金的支取。

5．答案：A、B、C、D

解析：本题考核开立专用存款账户所需的开户证明文件。

6．答案：A、B

解析：根据《人民币银行结算账户管理办法》和《人民币银行结算账户管理办法实施细则》的规定，存款人开立基本存款账户、临时存款账户（因注册验资和增资验资的除外）、预算单位开立专用银行存款账户和QFII专用存款账户实行核准制，经中国人民银行核准办理开户手续。

7．答案：A、B、C、D

解析：对下列资金的管理与使用，存款人可以申请开立专用存款账户：①基本建设资金；②更新改造资金；③财政预算外资金；④粮、棉、油收购资金；⑤证券交易结算资金；⑥期货交易保证金；⑦信托基金；⑧金融机构存放同业资金；⑨政策性房地产开发资金；⑩单位银行卡备用金；⑪党、团、工会设在单位的组织机构经费；⑫社会保障基金；⑬住房基金；⑭其他需要专项管理和使用的资金；⑮收入汇缴资金和业务支出资金。

8. 答案：A、B、C、D

解析：以上 A、B、C 三个选项的说法都太绝对了,注意前提"法律行政法规另有规定的除外";D 选项应为单位存款人而非所有存款人。

9. 答案：A、B

解析：银行结算账户按照存款人不同,分为单位银行结算账户和个人银行结算账户。单位银行结算账户按照用途不同,分为基本存款账户、一般存款账户、专用存款账户、临时存款账户。

10. 答案：A、C

解析：选项 B,经营性存款人违反规定支取现金应处以 5 000 元以上 3 万元以下的罚款。选项 D,非经营性的存款人的罚款一律是 1 000 元。

11. 答案：A、B、C

解析：银行结算账户管理应当遵守的基本原则包括:一个基本账户原则、自主选择银行开立银行结算账户原则、守法合规原则和存款信息保密原则。

12. 答案：A、B、C、D

解析：存款人开立银行结算账户时,应填写开户申请书,并提交有关证明文件。银行应对存款人的开户申请书填写的事项和证明文件的真实性、完整性、合规性进行认真审查。银行与存款人签订银行结算账户管理协议,明确双方的权利和义务。开户申请书填写的事项齐全,符合开立核准类账户条件的,银行应将存款人的开户申请书、相关的证明文件和银行审核意见等开户资料报送中国人民银行当地分支行,经其核准后办理开户手续。银行应建立存款人预留签章卡片,并将签章式样和有关证明文件的原件或复印件留存归档。

13. 答案：A、B、C、D

解析：临时存款账户用于办理临时机构以及存款人临时经营活动发生的资金收付;临时存款账户应根据有关开户证明文件确定的期限或存款人的需要确定其有效期限,最长不得超过 2 年。适用于专项管理和使用的资金收付的是专用存款账户。

14. 答案：A、B、C、D

解析：本题考核申请开立存款账户应提供的证明文件。

15. 答案：A、B、C、D

解析：本题考核开户银行对银行结算账户的管理。

16. 答案：A、C、D

解析：本题考核银行结算账户。存款人只能选择一家金融机构开立一个基本存款账户,不能多头开立基本存款账户。一般存款账户可以办理现金缴存,但是不得办理现金支取。

17. 答案：A、B、C、D

解析：本题考核银行结算账户的变更。银行结算账户的变更是指开户资料发生变更,包括存款人名称、单位法定代表人或主要负责人、住址等发生变更。

18. 答案：A、B、C

解析：本题考核银行结算账户的使用中的违法行为。选项 D 是银行在银行结算账户的"开立"中的违法行为。

19. 答案：C、D

解析：本题考核专用存款账户中可以支取现金的账户范围。根据规定,财政预算外资金、证券交易结算资金、期货交易保证金和信托基金专用存款账户,不得支取现金。因此选C、D项。

20. 答案：A、B、C、D

解析：本题考核个人银行结算账户。

21. 答案：A、C

解析：银行结算账户根据开户地的不同,分为本地银行结算账户和异地银行结算账户。

22. 答案：A、B、C

解析：本题考核基本存款账户申请人范围。凡是具有民事权利能力和民事行为能力,并依法独立享有民事权利和承担民事义务的法人和其他组织,均可开立基本存款账户。另外,有些单位虽然不是法人组织,但具有独立核算资格,有自主办理资金结算的需要,包括非法人企业、外国驻华机构、个体工商户、单位设立的独立核算的附属机构等,也可以开立基本存款账户。

23. 答案：A、B、C、D

解析：下列款项可以转入个人银行结算账户：①工资、奖金收入；②稿费、演出费等劳务收入；③债券、期货、信托等投资的本金和收益；④个人债权或产权转让收益；⑤个人贷款转存；⑥证券交易结算资金和期货交易保证金；⑦继承、赠与款项；⑧保险理赔、保费退还等款项；⑨纳税退还；⑩农、副、矿产品销售收入；⑪其他合法款项。

24. 答案：A、B、D

解析：选项C,开户银行一年内未发生任何业务且未欠开户银行债务的账户,应通知存款人自发出通知 30 日内到开户银行办理销户手续。

25. 答案：A、B、C

解析：本题考核银行结算账户撤销的情形。选项D,属于需要变更银行结算账户的情形。

三、 判断题

1. 答案：正确

解析：本题考核开立基本存款账户所需的开户证明文件。

2. 答案：正确

解析：存款人在开立、撤销银行结算账户过程中有下列行为之一的,对于非经营性的存款人,给予警告并处以 1 000 元的罚款；对于经营性的存款人,给予警告并处以 1 万元以上 3 万元以下的罚款；构成犯罪的,移交司法机关依法追究刑事责任：①违反规定开立银行结算账户；②伪造、变造证明文件欺骗银行开立银行结算账户；③违反规定不及时撤销银行结算账户。

3. 答案：正确

解析：支付结算的基本原则包括：①恪守信用，履约付款原则；②谁的钱进谁的账，由谁支配原则；③银行不垫款原则。

4. 答案：错误

解析：对单位银行结算账户和个人银行结算账户的存款和有关资料，除国家法律、行政法规另有规定外，银行有权拒绝为任何单位或个人查询。

5. 答案：错误

解析：个人银行结算账户是指自然人因投资、消费、结算等而开立的可办理支付结算业务的存款账户，不包括法人。

6. 答案：正确

解析：本题考核银行结算账户。《人民币银行结算账户管理办法实施细则》第二十六条规定，当存款人在同一银行营业机构撤销银行结算账户后重新开立银行结算账户时，重新开立的银行结算账户可自开立之日起办理付款业务。

7. 答案：正确

解析：《人民币银行结算账户管理办法》规定，与基本存款账户的存款人不在同一地点的附属非独立核算单位，可以申请开立一般存款账户，并须向开户银行出具基本存款账户的存款人同意其附属的非独立核算单位开户的证明。

8. 答案：正确

解析：本题考核银行结算账户的撤销。

9. 答案：正确

解析：本题考核基本存款账户的设立资格。

10. 答案：错误

解析：本题考核银行结算账户的概念。银行结算账户仅仅包括活期存款账户，不包括定期存款账户。

11. 答案：错误

解析：本题考核临时存款账户。临时存款账户有效期最长不得超过 2 年。

四、 案例分析题

（1）答案：B、C

解析：企业法人应出具企业法人营业执照正本；非法人企业应出具企业营业执照正本；存款人如为从事生产、经营活动纳税人的，还应出具税务部门颁发的税务登记证。

（2）答案：C、D

解析：支票的绝对记载事项有六项：①表明"支票"的字样；②无条件支付的委托；③确定的金额；④付款人名称；⑤出票日期；⑥出票人签章。其中支票的金额、收款人名称可以由出票人授权补记，未补记前不得背书转让和提示付款。

（3）答案：A、B、C

解析：支票是指由出票人签发的、委托办理支票存款业务的银行在见票时无条件支付确定的金额给收款人或者持票人的票据；支票的出票人签发支票的金额不得超过付款时在付款人处实有的存款金额，禁止签发空头支票；支票的持票人应当自出票日起 10 日内提示付款。

（4）答案：B

解析：一般存款账户是指存款人因借款或者其他结算需要,在基本存款账户开户银行以外的银行营业机构开立的银行结算账户。一般存款账户用于办理存款人借款转存、借款归还和其他结算的资金收付。该账户可以办理现金缴存,但不得办理现金支取。

第四节　票据结算方式

一、单选题

1. 根据《中华人民共和国票据法》的规定,以下有关票据背书的各项表述中,不正确的是（　　）。

    A. 部分转让票据权利的背书无效

    B. 分别转让票据权利的背书无效

    C. 背书附有条件的,所附条件不具有汇票上的效力

    D. 背书人在背书时记载"不得转让"字样的,被背书人再行背书无效

2. 不属于《中华人民共和国票据法》规定的票据是（　　）。

    A. 银行汇票　　　　B. 银行本票　　　　C. 支票　　　　D. 国库券

3. 汇票的保证不得附有条件,如果附有条件,其后果是（　　）。

    A. 视为未保证　　　　　　　　　　B. 汇票的保证无效

    C. 保证人对所附条件承担责任　　　　D. 不影响对汇票的保证责任

4. 适用于在银行开立存款账户的法人以及其他组织之间具有真实的交易关系或债权债务关系的票据结算方式是（　　）。

    A. 委托收款　　　　B. 托收承付　　　　C. 商业汇票　　　　D. 汇兑

5. 甲公司委托开户银行收款时,发现其持有的由乙公司签发金额为 10 万元的转账支票为空头支票。根据《支付结算办法》的规定,甲公司有权要求乙公司支付赔偿金的数额是（　　）元。

    A. 5 000　　　　B. 3 000　　　　C. 2 000　　　　D. 1 000

6. 2013 年 6 月 5 日,A 公司向 B 公司开具一张金额为 5 万元的,见票后 3 个月到期的银行承兑汇票,6 月 10 日 A 公司向其开户银行提示承兑,银行于当日承兑,6 月 11 日 A 公司将票据交付给 B 公司,7 月 10 日 B 公司将该票据背书转让给 C 公司。9 月 12 日,C 公司请求承兑银行付款时,银行以 A 公司账户内只有 5 000 元为由拒绝付款。C 公司遂要求B 公司付款,B 公司于 9 月 15 日向 C 公司付清了全部款项。根据票据法律制度的规定,B 公司向 A 公司行使再追索权的期限为（　　）。

    A. 2013 年 12 月 5 日之前　　　　　B. 2013 年 12 月 15 日之前

    C. 2015 年 6 月 5 日之前　　　　　　D. 2015 年 9 月 10 日之前

7. 下列关于支票的提示付款期限的表述中,正确的是（　　）。

    A. 自出票日起 10 日内　　　　　　B. 自出票日起 20 日内

    C. 自出票日起 30 日内　　　　　　D. 自出票日起 60 日内

8. 出票后定期付款或者见票后定期付款的汇票持票人提示付款的法定期限是（   ）。

   A. 自到期日起 1 个月内   B. 自出票日起 1 个月内

   C. 自到期日起 10 日内   D. 自出票日起 10 日内

9. 商业汇票的付款期限，最长不得超过（   ）。

   A. 3 个月   B. 6 个月   C. 9 个月   D. 12 个月

10. 接受汇票出票人的付款委托，同意承担支付票款义务的人，是指（   ）。

   A. 被背书人   B. 背书人   C. 承兑人   D. 保证人

11. 由出票银行签发的，由其在见票时按照实际结算金额无条件支付给收款人或者持票人的票据是（   ）。

   A. 银行汇票   B. 银行本票   C. 银行承兑汇票   D. 支票

12. 甲公司从异地乙公司购进彩电一批，于 2010 年 4 月 20 日开出了 10 万元的见票后 3 个月付款的银行承兑汇票支付该笔货款，乙公司于 4 月 28 日提示承兑，则乙公司最迟于 2010 年（   ）向承兑人提示付款。

   A. 4 月 28 日   B. 7 月 20 日   C. 7 月 28 日   D. 8 月 8 日

13. 以下关于保证当事人的各项表述中，不正确的是（   ）。

   A. 保证的当事人分为基本保证人与非基本保证人

   B. 已成为票据债务人的，不得再充当票据上的保证人

   C. 商业汇票的债务可以由保证人承担保证责任

   D. 商业汇票的债务人一旦由他人为其提供保证，在保证关系中就被称为被保证人

14. 由出票人签发的，承诺自己在见票时无条件支付确定的金额给收款人或者持票人的票据是（   ）。

   A. 商业汇票   B. 支票   C. 银行本票   D. 银行汇票

15. 甲公司将一张银行汇票背书转让给乙公司，该汇票需加附粘单，甲公司为粘单上的第一记载人，丙公司为甲公司的前手，丁公司为汇票记载的收款人。根据票据法律制度的规定，下列公司中，应当在汇票和粘单的粘接处签章的是（   ）。

   A. 甲公司   B. 乙公司   C. 丙公司   D. 丁公司

16. 根据规定，属于票据基本当事人的是（   ）。

   A. 出票人   B. 背书人   C. 承兑人   D. 保证人

17. 下列选项中，（   ）不属于《票据法》上规定的票据。

   A. 汇票   B. 本票   C. 支票   D. 发票

18. 银行审核支票付款的依据是支票出票人的（   ）。

   A. 支付密码   B. 身份证   C. 支票存根   D. 预留银行签章

19. 根据《支付结算办法》的规定，银行承兑汇票的承兑银行，应当按照一定金额向出票人收取手续费，该金额是（   ）。

   A. 票面金额的万分之一   B. 票面金额的万分之三

   C. 票面金额的万分之五   D. 票面金额的千分之一

20. 甲公司向乙公司购买货物，收到乙公司发来的货物后，向乙公司签发了一张 10 万元的支票用于支付货款。上述行为充分体现了票据的（   ）。

   A. 支付功能   B. 信用功能   C. 结算功能   D. 融资功能

21. 下列关于票据的各项表述中,不符合规定的是(　　)。

　　A. 票据中的中文大写金额数字应用正楷或行书填写

　　B. 票据中的中文大写金额数字前应标明"人民币"字样

　　C. 票据的出票日期使用小写填写的,银行可以受理,但是由此造成损失的,由出票人自行承担

　　D. 票据中的中文大写金额数字到"元"为止的,在"元"之后,应写"整"字

22. 下列关于授权补记说法正确的是(　　)。

　　A. 只有支票可以授权补记

　　B. 可以授权补记的事项只有金额和付款人名称

　　C. 授权补记事项未补记前可以背书转让

　　D. 授权补记事项未补记前可以提示付款

23. 根据支付结算法律制度的规定,签发票据时,可以更改的项目是(　　)。

　　A. 票据金额　　　　　　　　　　B. 合同号码

　　C. 收款人名称　　　　　　　　　D. 出票日期

24. 根据《中华人民共和国票据法》的规定,下列各项中,不属于银行汇票必须记载的事项是(　　)。

　　A. 确定的金额　　　　　　　　　B. 付款人名称

　　C. 收款人名称　　　　　　　　　D. 承兑人名称

25. 下列关于银行汇票的说法中错误的是(　　)。

　　A. 票据可以背书转让,但注明"现金"字样的银行汇票不得背书转让

　　B. 签发现金银行汇票,申请人和收款人必须均为个人

　　C. 银行汇票是出票银行签发的,由其在见票时按照出票金额无条件支付给收款人或者持票人的票据

　　D. 银行汇票的提示付款期限自出票日起1个月

26. 根据《支票结算办法》的规定,银行汇票的提示付款期限是(　　)。

　　A. 自票据到期日起10日内　　　　B. 自票据出票日起10日内

　　C. 自票据出票日起1个月内　　　　D. 自票据到期日起1个月内

27. 下列各项中,不符合《票据法》规定的是(　　)。

　　A. 商业承兑汇票属于商业汇票

　　B. 商业承兑汇票的承兑人是银行以外的付款人

　　C. 银行承兑汇票属于商业汇票

　　D. 银行承兑汇票属于银行汇票

28. 使用时必须具有真实的交易关系或债权债务关系的票据结算方式是(　　)。

　　A. 汇兑　　　　B. 支票　　　　C. 银行本票　　　　D. 商业汇票

29. 付款人承兑汇票,办理承兑手续时,应在汇票上记载事项的(　　)属于相对记载事项。

　　A. 承兑文句　　B. 承兑日期　　C. 承兑人签章　　D. "承兑"字样

30. 依据《票据法》的规定,下列票据中,需要提示承兑的是(　　)。

　　A. 支票　　　　B. 本票　　　　C. 商业汇票　　　　D. 银行汇票

二、多选题

1. 属于银行本票绝对记载事项的有(　　)。
   A. 确定金额
   B. 出票日期
   C. 付款日期
   D. 无条件支付的承诺

2. 甲签发一张汇票给乙,汇票上记载收款人乙、保证人丙等事项。乙在法定时间内向甲提示承兑后将该汇票背书转让给丁。丁又将该汇票背书转让张三。张三在法定期限内向付款人请求付款,未获付款。根据《票据法》的规定,下列各项中,应承担该汇票义务的有(　　)。
   A. 甲
   B. 乙
   C. 丙
   D. 丁

3. 根据《中华人民共和国票据法》的规定,属于银行汇票必须记载的事项有(　　)。
   A. 收款人名称
   B. 承兑人名称
   C. 确定的金额
   D. 付款人名称

4. 根据《支付结算办法》的规定,关于支票的下列说法中,正确的有(　　)。
   A. 转账支票只能用于转账,不得支取现金
   B. 可以签发空头支票
   C. 普通支票既可用于支取现金,也可用于转账
   D. 支票的提示付款期为自出票日起 10 日内

5. 下列情况下取得的票据,享有票据权利的有(　　)。
   A. 张三明知李四偷来一张支票,李四向其转让,张三欣然接受
   B. 甲单位以支票形式向地震灾区某小学捐款,该小学接受该支票
   C. 作为收款人,王五依法接受一张银行本票
   D. 作为最后持票人,刘六持有一张银行汇票且背书连续

6. 根据《支付结算办法》的规定,下列各项中,能够签发商业汇票的有(　　)。
   A. 企业
   B. 事业单位
   C. 机关
   D. 社会团体

7. 根据《票据法》的规定,下列各项中,不会导致商业汇票失效的是(　　)。
   A. 未记载付款日期
   B. 未记载付款地
   C. 未记载出票地
   D. 未记载出票人签章

8. 根据票据法律制度的规定,下列各项中,属于票据丧失后可以采取的补救措施有(　　)。
   A. 挂失止付
   B. 公示催告
   C. 普通诉讼
   D. 仲裁

9. 根据《中华人民共和国票据法》的规定,下列有关银行本票的各项表述中,正确的有(　　)。
   A. 标明"现金"字样的银行本票仍然不得提取现金
   B. 银行本票由出票人签发
   C. 银行本票必须有无条件支付的承诺
   D. 银行本票的提示付款期自出票日起最长不得超过 2 个月

10. A 公司签发一张票据给乙公司抵货款被甲窃取,甲私刻乙公司的财务专用章,假冒乙公司名义背书转让给丙,丙又将该支票背书转让给丁,丁又背书转让给戊。当戊主张票据权利时,下列表述中错误的有(　　)。
    A. 甲不承担票据责任
    B. 乙公司承担票据责任
    C. 丙不承担票据责任
    D. 丁不承担票据责任

11. 不属于支票基本当事人的有（　　　）。

　　A. 背书人　　　　　B. 收款人　　　　　C. 保证人　　　　　D. 出票人

12. 下列各选项中，符合银行汇票结算基本规定的有（　　　）。

　　A. 银行汇票一律记名

　　B. 银行汇票的付款期为 1 个月

　　C. 需要支取现金的，应在汇票中填写"现金"字样

　　D. 银行汇票遗失不得挂失止付

13. 可用于转账的支票有（　　　）。

　　A. 现金支票　　　　　　　　　　　B. 转账支票

　　C. 普通支票　　　　　　　　　　　D. 划线支票

14. 下列关于商业汇票的表述中，不符合法律规定的有（　　　）。

　　A. 商业汇票既可以由银行签发，也可以由企业签发

　　B. 商业汇票的出票人必须具备的条件之一，为出票人必须在银行账户中有足额的资金以保障票款可以按时支付

　　C. 商业汇票的提示承兑期限，为自汇票出票之日起 1 个月内

　　D. 商业汇票的付款期限，为自汇票到期日起 10 日内

15. 支票的种类表述正确的有（　　　）。

　　A. 划线支票只能用于转账　　　　　B. 普通支票可以用于转账

　　C. 现金支票只能用于支取现金　　　　D. 转账支票只能用于转账

16. 下列有关支票的表述中，错误的有（　　　）。

　　A. 支票是有价证券

　　B. 支票的基本当事人不包括付款人

　　C. 支票可以透支

　　D. 划线支票可以用于支取现金，也可用于转账

17. 下列各项中，可以行使票据追索权的当事人有（　　　）。

　　A. 票载收款人

　　B. 代为清偿票据债务的保证人

　　C. 最后被背书人

　　D. 代为清偿票据债务的背书人

18. 下列关于汇票背书的说法中正确的有（　　　）。

　　A. 每一位使用粘单的背书人都应在汇票和粘单的粘接处签章

　　B. 如果背书实质不连续，付款人应拒绝付款

　　C. 超过提示付款期限的汇票不得背书转让

　　D. 背书必须连续

19. 关于票据保证，下列说法中符合《票据法》规定的是（　　　）。

　　A. 保证人必须由票据债务人以外的第三人担当

　　B. 被保证的汇票，如果没有注明保证方式，保证人承担一般保证责任

　　C. 保证不得附有条件，附有条件的，不影响对汇票的保证责任

　　D. 保证人清偿汇票债务后，可以行使持票人对被保证人及其前手的追索权

20. 应于到期日前向承兑人提示承兑的汇票有( )。

    A. 未记载付款日期的汇票   B. 定日付款的汇票

    C. 出票后定期付款的汇票   D. 见票后定期付款的汇票

21. 以下属于票据功能的有( )。

    A. 支付功能   B. 结算功能   C. 流通功能   D. 融资功能

22. 关于商业汇票的背书,说法正确的有( )。

    A. 为了保证粘单的有效性和真实性,第一位使用粘单的背书人必须将粘单粘接在票据上,并且在汇票和粘单的粘接处签章,否则该粘单记载的内容即为无效

    B. 如果背书不连续,付款人可以拒绝向持票人付款,否则付款人自行承担责任

    C. 背书连续主要是指实质上的连续

    D. 如果付款人明知持票人不是真正票据权利人,则不得向持票人付款,否则自行承担责任

23. 下列说法错误的有( )。

    A. 票据的金额可以更改   B. 票据的金额不得更改

    C. 票据的出票日期不得更改   D. 票据的收款人名称可以背书更改

24. 根据规定,下列属于提示承兑汇票的有( )。

    A. 定日付款的汇票   B. 见票后定期付款的汇票

    C. 汇票上记载有"见票即付"的汇票   D. 汇票上没有记载付款日期的汇票

25. 下列选项属于无效票据的为( )。

    A. 更改签发日期的票据

    B. 更改收款单位名称的票据

    C. 出票日期使用中文大写,但未按要求规范填写的票据

    D. 更改中文大写金额的票据

三、 判断题

1. 未填明"现金"字样和代理付款人的银行汇票丧失,可以挂失止付。 ( )

2. 被背书人是指被记名受让票据或接受票据转让的人。 ( )

3. 支票的出票人签发与其预留印鉴相符的支票,为空头支票。 ( )

4. 出票人在付款人处的存款足以支付支票金额时,付款人应当在当日足额付款。 ( )

5. 支票的出票人签发支票的金额不得超过签发时在付款人处实有的存款金额,禁止签发空头支票。 ( )

6. 支票上印有"现金"字样的为现金支票,没有印"现金"字样的即为转账支票。 ( )

7. 承兑是指汇票付款人承诺在汇票到期日支付汇票金额的票据行为。 ( )

8. 票据的背书,是指持票人为将票据权利转让给他人或者将一定的票据权利授予他人行使,而在票据背面或者粘单上记载有关事项并签章的行为。 ( )

9. 票据和结算凭证上的任何事项都不可以更改。 ( )

10. 当付款人对支票拒绝付款或者超过支票付款提示期限的,出票人应向持票人承担付款责任。 ( )

11. 商业汇票背书转让时,背书人只在票据的背面签章而未记载被背书人名称的,可以由被背书人授权补记。 （   ）

12. 收款人和出票日期均是银行本票的必须记载事项。 （   ）

13. 5月15日,甲公司向A厂购买一批原材料,财务部向丙银行提出申请并由丙银行为其签发了一张价值80万元、收款人为A厂的银行汇票。由于物价上涨等因素,该批材料实际计算金额为88万元,A厂按实填写了结算金额并在汇票上签章。A厂在6月10日向丙银行提示付款,被拒绝受理,丙银行拒绝受理A厂的提示付款请求是正确的。 （   ）

14. 存款账户结清时,必须将全部剩余空白支票交回银行注销。 （   ）

15. 持票人向银行提示付款时,必须同时提交银行汇票和解讫通知,缺少任何一联,银行不予受理。 （   ）

16. 在付款人依法足额付款后,只解除付款人的责任,其他汇票债务人的责任不一定同时解除。 （   ）

17. 个人持出票人为单位的支票向开户银行委托收款,将款项转入其个人银行结算账户的,应出具符合规定的有关收款依据。 （   ）

18. 支票可以实现全国范围内互通使用。 （   ）

19. 根据《支付结算办法》的规定,被保证的汇票,保证人应当与被保证人对持票人承担连带责任。 （   ）

20. 支票的提示付款期限自出票之日10日内,异地使用的支票,其提示付款的期限由中国银行另行规定。 （   ）

四、 案例分析题

1. 甲公司为履行与乙公司的买卖合同,签发一张商业汇票,甲公司的开户银行P银行按期对该汇票进行了承兑,汇票收款人为乙公司,乙公司背书给丙公司。丁公司对该汇票提供了保证。要求:根据上述资料,分析回答下列问题。

(1) 关于丙公司按期持票向承兑人行使的权利的说法中正确的有（   ）。

    A. 追索权   B. 付款请求权

    C. 利益返还权   D. 民事权利

(2) 下列对票据权利的说法中,符合规定的有（   ）

    A. 票据权利包括付款请求权和追索权

    B. 票据权利是持票人向票据债务人请求支付票据金额的权利

    C. 付款请求权和追索权的行使没有顺序之分,由当事人自行选择

    D. 追索权是票据权利的第一顺序权利,只有在追索权遭到拒绝后,才能行使付款请求权

(3) 关于丙公司行使付款请求权的说法中正确的有（   ）。

    A. 可向甲公司行使付款请求权   B. 可向乙公司行使付款请求权

    C. 可向丁公司行使付款请求权   D. 可向P银行行使付款请求权

(4) 丙公司被拒绝付款后,可行使追索权的说法中正确的有（   ）。

    A. 可向甲公司行使追索权   B. 可向乙公司行使追索权

    C. 可向丁公司行使追索权   D. 不得行使追索权

（5）下列人员中，行使付款请求权时，对持票人负有付款义务的是（　　）。

  A．商业汇票的承兑人   B．银行本票的出票人

  C．支票的付款人   D．商业汇票的背书人

2．2013 年 11 月 12 日，甲公司向银行申请开具一张银行汇票，收款人为李东，由于李东要求现金，所以申请书上写明"现金"，出票金额是 20 万元，结算金额是 19 万元。要求：根据上述资料，分析回答下列问题。

（1）按《支付结算办法》规定，银行汇票应有如下记载事项（　　）。

  A．表明"银行汇票"的字样   B．无条件支付的承诺

  C．收款人名称   D．代理付款人名称

（2）申请办理银行汇票，（　　）。

  A．甲公司不得在"银行汇票申请书"上填明"现金"字样

  B．银行可以为甲公司签发现金银行汇票

  C．银行可以为甲公司签发转账银行汇票

  D．银行可以先签发银行汇票，再由甲公司按实际结算金额付款

（3）李东收到银行转账汇票后（　　）。

  A．不可以背书转让

  B．可以背书转让，但不得超过 19 万元

  C．应当自出票日起一个月内提示付款

  D．只要提交银行汇票，银行就应当付款

（4）李东收到银行转账汇票后，应审查（　　）。

  A．汇票号码和记载的内容是否一致

  B．收款人是否确为本人

  C．银行汇票是否在提示付款期限内

  D．是否有压数机压印的出票金额，并与大写出票金额一致

（5）银行在（　　）情况下可拒绝付款。

  A．缺少解讫通知

  B．更改了实际结算金额

  C．没有银行汇票，只持有人民法院除权判决书

  D．超过付款期，只持银行汇票和解讫通知

答案与解析

一、单选题

1．答案：D

解析：背书人在汇票上记载"不得转让"字样，其后手再背书转让的，原背书人对后手的被背书人不承担保证责任，其只对直接的被背书人承担责任，票据还是有效的。

2．答案：D

解析：《中华人民共和国票据法》（简称《票据法》）规定的票据包括银行汇票、商业汇票、银行本票和支票。

3. 答案：D

解析：保证不得附有条件。附有条件的，不影响对汇票的保证责任。

4. 答案：C

解析：本题考核商业汇票的概念。商业汇票是出票人签发的，委托付款人在指定日期无条件支付确定的金额给收款人或者持票人的票据。商业汇票分为商业承兑汇票和银行承兑汇票。在银行开立存款账户的法人以及其他组织之间，必须具有真实的交易关系或债权债务关系，才能使用商业汇票。

5. 答案：C

解析：出票人签发空头支票、签章与预留签章不符的支票，使用支付密码地区，支付密码错误的支票，银行应予以退票，并按票面金额5%但不低于1 000元的罚款；持票人有权要求出票人赔偿支票金额2%的赔偿金，100 000×2%＝2 000(元)。

6. 答案：D

解析：本题中，A公司为出票人。B公司向A公司行使再追索权的时限，根据"持票人对商业汇票出票人的权利，自票据到期之日起2年"的规定，应该为2015年9月10日之前。

7. 答案：A

解析：支票的持票人应当自出票日起10日内提示付款。

8. 答案：C

解析：商业汇票的提示付款期限，自汇票到期日起10日内。

9. 答案：B

解析：商业汇票的付款期限最长为6个月。

10. 答案：C

解析：承兑人是指接受汇票出票人的付款委托，同意承担支付票款义务的人。

11. 答案：A

解析：银行汇票是指由出票银行签发的，由其在见票时按照实际结算金额无条件支付给收款人或者持票人的票据。

12. 答案：D

解析：本题考核见票后定期付款汇票的提示付款期间。依据《票据法》的规定，见票后定期付款的商业汇票，自到期日起10日内向承兑人提示付款。乙公司于4月28日提示承兑，则到期日为7月28日，见票后定期付款的商业汇票，自到期日起10日内向承兑人提示付款，则乙公司最晚应于8月8日提示付款。

13. 答案：A

解析：保证人是指为票据债务提供担保的人，由票据债务人以外的其他人担当。保证的当事人为保证人与被保证人。

14. 答案：C

解析：本票是出票人签发的，承诺自己在见票时无条件支付确定的金额给收款人或者持票人的票据。本票包括商业本票和银行本票。

15. 答案：A

解析：本题考核背书转让的规定。根据规定，票据凭证不能满足背书人记载事项的需要，可以加附粘单，粘附于票据凭证上。粘单上的第一记载人，应当在汇票和粘单的粘接处签章，所以答案是A。

16. 答案：A

解析：基本当事人是在票据作成和交付时就已经存在的当事人。包括出票人、付款人和收款人。

17. 答案：D

解析：在我国，《票据法》上的票据包括汇票、银行本票和支票。其中汇票根据出票人不同又分为银行汇票和商业汇票。

18. 答案：D

解析：支票的出票人在票据上的签章，应为其预留银行的签章，该签章是银行审核支票付款的依据。

19. 答案：C

解析：银行承兑汇票的承兑银行，按照票面金额的万分之五向出票人收取手续费。

20. 答案：A

解析：支付功能是指票据可以充当支付工具，代替现金使用。用票据支付可以消除现金携带的不便，克服点钞的麻烦，节省计算现金的时间。

21. 答案：C

解析：票据的出票日期使用小写填写的，银行不予受理。

22. 答案：A

解析：选项B，可以授权补记的事项只有金额和收款人名称；选项C，授权补记事项未补记前不可以背书转让；选项D，授权补记事项未补记前不可以提示付款。

23. 答案：B

解析：票据的金额、出票或签发日期、收款人名称不得更改，更改的票据无效。

24. 答案：D

解析：银行汇票的记载事项包括：①表明"银行汇票"的字样；②无条件支付的承诺；③确定的金额；④付款人名称；⑤收款人名称；⑥出票日期；⑦出票人签章。

25. 答案：C

解析：银行汇票是出票银行签发的，由其在见票时按照实际结算金额无条件支付给收款人或者持票人的票据。

26. 答案：C

解析：银行汇票的提示付款期限为自出票日起一个月内。

27. 答案：D

解析：一定注意，银行承兑汇票属于商业汇票。

28. 答案：D

解析：商业汇票是由出票人签发的，委托付款人在指定日期无条件支付确定金额给收款人或者持票人的票据。在银行开立存款账户的法人以及其他组织之间，必须具有真实的交易关系或债权债务关系的，才能使用商业汇票。故选项D正确。选项A、B、C在单位或个人没有真实的交易关系或债权债务关系时也可使用。

29. 答案：B

解析：应在汇票上记载的事项包括承兑文句、承兑日期和承兑人签章。承兑文句和承兑人签章是绝对记载事项，缺一不可，否则承兑行为无效，承兑日期属于相对记载事项，即使该项内容欠缺,承兑仍然有效,但应以法律的规定作为补充,即以付款人 3 天的承兑考虑时间的最后 1 天为承兑日期。

30. 答案:C

解析:本题考核需要提示承兑的汇票。支票、本票和银行汇票属于见票即付的票据,无须提示承兑;商业汇票需要提示承兑。

二、多选题

1. 答案:A、B、D

解析:签发银行本票必须记载下列事项:①表明"银行本票"的字样;②无条件支付的承诺;③确定的金额;④收款人名称;⑤出票日期;⑥出票人签章。

2. 答案:A、B、C、D

解析:本题考核票据责任的承担。根据规定,甲、乙、丙、丁都是张三的前手,都应当承担票据责任。

3. 答案:A、C、D

解析:签发银行汇票必须记载下列事项:①表明"银行汇票"的字样;②无条件支付的承诺;③确定的金额;④付款人名称;⑤收款人名称;⑥出票日期;⑦出票人签章。

4. 答案:A、C、D

解析:选项 B,根据规定,支票所签发的支票金额不得超过其付款人处实有的存款金额。出票人签发的支票金额超过其付款时在付款人处实有的存款金额的,为空头支票,禁止签发空头支票。

5. 答案:B、C、D

解析:以欺诈、偷盗或者胁迫等手段取得票据,或者"明知"有前列情形出于恶意取得票据的,以及持票人因重大过失取得不符合《票据法》规定的票据的不享有票据权利。所以,选项 A,张三不享有票据权利。

6. 答案:A、B、C、D

解析:商业汇票的出票人,为在银行开立存款账户的法人以及其他组织,与付款人具有真实的委托付款关系,具有支付汇票金额的可靠资金来源。企业、事业单位、机关、社会团体均满足出票人条件。

7. 答案:A、B、C

解析:本题考核商业汇票的必须记载事项。签发商业汇票必须记载下列事项,欠缺记载上述事项之一的,商业汇票无效:①表明"商业承兑汇票"或"银行承兑汇票"的字样;②无条件支付的委托;③确定的金额;④付款人名称;⑤收款人名称;⑥出票日期;⑦出票人签章。A、B、C 都属于相对记载事项。

8. 答案:A、B、C

解析:根据《中华人民共和国票据法》的规定,票据丧失后可以采取"挂失止付、公示催告、普通诉讼"三种形式进行补救。

9. 答案:B、C、D

解析:标明"现金"字样的银行本票可以提取现金。

10. 答案:B、C、D

解析:票据伪造行为中,伪造人甲公司由于没有在票据上以自己的名义签章,因此不应承担票据责任。但是甲公司构成犯罪,应承担刑事责任。乙公司作为被伪造人由于没有以自己的真实意思在票据上签章,也不承担票据责任,但是丙公司和丁公司的签章是合法有效的,因此应该承担票据责任。

11. 答案:A、C

解析:支票的基本当事人包括出票人、付款人和收款人。选项 A、C 不属于支票的基本当事人。

12. 答案:A、B、C

解析:填明"现金"字样和代理付款人的银行汇票丧失,可以由失票人通知付款人或者代理付款人挂失止付。

13. 答案:B、C、D

解析:现金支票只能用于支取现金,不能转账。

14. 答案:A、B、C、D

解析:选项 A,商业汇票只能由企业签发;选项 B,只要有可靠的资金来源无须在银行账户中有足额的资金;选项 C,定日付款、出票后定期付款的商业汇票于到期日前提示承兑,见票后定期付款的商业汇票的提示承兑期限,为自汇票出票之日起 1 个月内;选项 D,商业汇票的提示付款期限,为自汇票到期日起 10 日内。

15. 答案:A、B、C、D

解析:现金支票只能用于支取现金;转账支票只能用于转账;普通支票可以用于支取现金,也可以用于转账;划线支票只能用于转账,不得支取现金。

16. 答案:B、C、D

解析:支票的基本当事人包括出票人、付款人和收款人,选项 B 错误;支票不可以透支,选项 C 错误;划线支票只能用于转账,不能支取现金,选项 D 错误。

17. 答案:A、B、C、D

解析:行使追索权的当事人除票据记载收款人和最后被背书人外,还可能是代为清偿票据债务的保证人、背书人。

18. 答案:C、D

解析:选项 A,并不是每一位使用粘单的背书人都应在汇票和粘单的粘接处签章;选项 B,如果背书形式不连续,付款人应拒绝付款。

19. 答案:A、C、D

解析:保证人应当与被保证人对持票人承担连带责任。

20. 答案:B、C

解析:见票即付的汇票无须提示承兑。定日付款或者出票后定期付款的汇票,持票人应当在汇票到期日前向付款人提示承兑。见票后定期付款的汇票,持票人应当自出票日起 1 个月内向付款人提示承兑。

21. 答案:A、B、D

解析:票据的功能主要有:汇兑功能、支付功能、结算功能、信用功能、融资功能。

22. 答案:A、B、D

解析:选项 C,背书连续主要是指形式上的连续,如果背书在实质上不连续,如有伪造签章等,付款人仍应对持票人付款。但是,如果付款人明知持票人不是真正票据权利人,则不得向持票人付款,否则应自行承担责任。如果背书不连续,付款人可以拒绝向持票人付款,否则付款人自行承担责任。

23. 答案:A、D

解析:本题考核票据记载事项。票据金额、日期、收款人名称不得更改,更改的票据无效;对票据上的其他记载事项,原记载人可以更改,更改时应当由原记载人签章证明。

24. 答案:A、B

解析:见票即付的汇票无须提示承兑。这种汇票主要包括:一是汇票上记载有"见票即付"的汇票;二是汇票上没有记载付款日期,根据法律规定视为见票即付的汇票。

25. 答案:A、B、D

解析:本题考核票据的无效。票据出票日期使用小写填写的,银行不予受理。大写日期未按要求规范填写的,银行可予受理,但由此造成损失的,由出票人自行承担。

三、 判断题

1. 答案:错误

解析:填明"现金"字样和代理付款人的银行汇票丧失,可以挂失止付。未填明"现金"字样的银行汇票不得挂失。

2. 答案:正确

解析:被背书人是指被记名受让票据或接受票据转让的人。

3. 答案:错误

解析:空头支票,是指支票持有人请求付款时,出票人在付款人处实有的可供合法支配的存款不足以支付票据金额的支票。

4. 答案:错误

解析:出票人在付款人处的存款足以支付支票金额时,付款人应当在见票当日足额付款。

5. 答案:错误

解析:支票的出票人签发支票的金额不得超过付款时在付款人处实有的存款金额,禁止签发空头支票。

6. 答案:错误

解析:支票上印有"现金"字样的为现金支票,印有"转账"字样的为转账支票,没有印"现金"和"转账"字样的为普通支票。

7. 答案:正确

解析:承兑是指汇票付款人承诺在汇票到期日支付汇票金额并签章的行为。

8. 答案:正确

解析:本题考核票据背书的概念。

9. 答案:错误

解析:票据和结算凭证的金额、出票或签发日期、收款人名称不得更改,更改的票据无效;更改的结算凭证,银行不予受理。对票据和结算凭证上的其他记载事项,原记载人可以更改,更改时应当由原记载人在更改处签章证明。

10. 答案：正确

解析：超过提示付款期限的,付款人可以不予付款,但出票人仍应当对持票人承担票据责任。

11. 答案：错误

解析：汇票以背书转让或者以背书将一定的汇票权利授予他人行使时,必须记载被背书人名称。背书人未记载被背书人名称,即将票据交付他人的,持票人在票据被背书栏内记载自己的名称与背书人记载具有同等法律效力。

12. 答案：正确

解析：签发银行本票必须记载下列事项：①表明"银行本票"的字样；②无条件支付的承诺；③确定的金额；④收款人名称；⑤出票日期；⑥出票人签章。

13. 答案：正确

解析：未填明实际结算金额和多余金额或实际结算金额超过出票金额的,银行不予受理。

14. 答案：正确

解析：本题考核支票的有关管理规定。

15. 答案：正确

解析：本题考核银行汇票的兑付。

16. 答案：错误

解析：付款人依法足额付款后,全体汇票债务人的责任解除。

17. 答案：正确

解析：有下列情形之一的,个人应出具符合规定的有关收款依据：①个人持出票人为单位的支票向开户银行委托收款,将款项转入其个人银行结算账户的；②个人持申请人为单位的银行汇票和银行本票向开户银行提示付款,将款项转入其个人银行结算账户的。

18. 答案：正确

解析：2007 年 7 月 8 日,中国人民银行宣布,支票可以实现全国范围内互通使用。

19. 答案：正确

解析：本题考核商业汇票的保证。

20. 答案：错误

解析：支票的持票人应当自出票日起 10 日内提示付款,异地使用的支票,其提示付款的期限由中国人民银行另行规定。

四、案例分析题

1.

(1) 答案：B

解析：付款请求权,是指持票人向汇票的承兑人、本票的出票人、支票的付款人出示票据要求付款的权利,是第一顺序权利,又称主要票据权利。所以,丙公司按期持票向承兑人行使的权利为付款请求权,B 项正确。

（2）答案：A、B

解析：付款请求权是第一顺序权利,担负付款请求权付款义务的主要是主债务人;票据追索权是第二顺序权利。

（3）答案：D

解析：P银行是汇票的主债务人,承兑了汇票,就要承担履约付款的责任,持票人首先应该向承兑人进行付款申请。

（4）答案：A、B、C

解析：甲是出票人、乙是背书人、丁是保证人,全部都是票据债务人,持票人在承兑人拒绝付款后,可以向任意票据债务人进行追索。

（5）答案：A、B、C

解析：商业汇票的主债务人就是承兑人,本票的出票人也是付款人,支票的付款人是银行,这三种票据关系人都对持票人有付款义务。商业汇票的背书人只是一种担保责任,只有持票人申请付款被拒绝后,才可以向背书人进行追索。

2.

（1）答案：A、B、C

解析：签发银行汇票必须记载下列事项：①表明"银行汇票"的字样；②无条件支付的承诺；③确定的金额；④付款人名称；⑤收款人名称；⑥出票日期；⑦出票人签章。

（2）答案：A、C

解析：申请人使用银行汇票,应向出票银行填写"银行汇票申请书",填明收款人名称、汇票金额、申请人名称、申请日期等事项并签章,其签章为预留银行印签。申请人或收款人为单位的,不得在"银行汇票申请书"上填明"现金"字样。

（3）答案：B、C

解析：银行汇票可以背书转让,但填明"现金"字样的银行汇票不得背书转让。银行汇票的背书转让以不超过出票金额的实际结算金额为准;银行汇票的提示付款期限自出票日起一个月内。

（4）答案：A、B、C、D

解析：收款人受理银行汇票时,应审查下列事项:银行汇票和解讫通知是否齐全、汇票号码和记载的内容是否一致;收款人是否确为本单位或本人;银行汇票是否在提示付款期限内;必须记载的事项是否齐全;出票人签章是否符合规定,是否有压数机压印的出票金额,并与大写出票金额一致;出票金额、出票日期、收款人名称是否更改,更改的其他记载事项是否由原记载人签章证明。

（5）答案：A、B、D

解析：银行在收到收款人提交的银行汇票时,经过审查发现有下列情况的,将予以拒付：①伪造、变造(凭证、印章、压数机)的银行汇票；②非总行统一印制的全国通用的银行汇票；③超过付款期的银行汇票；④缺汇票联或解讫通知联的银行汇票；⑤汇票背书不完整、不连续的；⑥涂改、更改汇票签发日期、收款人、汇款大写金额；⑦已经银行挂失、止付的现金银行汇票；⑧汇票残损、污染严重无法辨认的。

第五节 银 行 卡

一、单选题

1. 银行向持卡人签发的给予持卡人一定额度,持卡人可在额度内先行消费、后还款的银行卡是(   )。

    A. 单位卡　　　　　B. 借记卡　　　　　C. 银行卡　　　　　D. 信用卡

2. 下列各项中,属于信用卡的持卡人可以使用单位卡的情形是(   )。

    A. 购买价值 8 万元的计算机　　　　　B. 支付 14 万元的劳务费用

    C. 支取现金　　　　　D. 存入销货收入的款项

3. 根据《支付结算办法》的规定,发卡行对贷记卡透支按月记收复利,透支利率为(   ),并根据中国人民银行的此项利率调整而调整。

    A. 日利率万分之一　　　　　B. 日利率万分之二

    C. 日利率万分之三　　　　　D. 日利率万分之五

二、多选题

1. 银行卡的用途有(   )。

    A. 保值增值　　　　　B. 转账结算

    C. 存取现金　　　　　D. 消费信用

2. 银行卡按照发行对象不同所进行的分类有(   )。

    A. 单位卡　　　　　B. 借记卡　　　　　C. 个人卡　　　　　D. 贷记卡

3. 下列关于信用卡的说法,错误的有(   )。

    A. 信用卡可以分为单位卡和个人卡

    B. 一个单位只能开立一个基本存款账户,同样,只能申领一张单位卡

    C. 任何一个合法公民都可以申领个人卡

    D. 信用卡销户时,只能通过转账结清,不得支取现金

4. 信用卡预借现金业务包括以下(   )。

    A. 现金提取　　　B. 现金转账　　　C. 现金充值　　　D. 现金申请

5. 下列银行卡中,属于信用卡的有(   )。

    A. 贷记卡　　　B. 转账卡　　　C. 转让卡　　　D. 准贷记卡

6. 下列关于信用卡的表述中,符合规定的有(   )。

    A. 信用卡按使用对象分为单位卡和个人卡

    B. 单位卡账户的资金一律从其基本存款账户转账存入

    C. 单位卡可以支取现金

    D. 单位卡用于商品交易结算没有金额的限制

三、判断题

1. 借记卡可以在规定的额度内透支消费。　　　　　　　　　　　　　　　　　(   )

2. 发卡银行对准贷记卡和借记卡账户内的存款计付利息。　　　　　（　　）

3. 银行卡的境外卡是由指由境外设立的外资金融机构或外资非金融机构发行的，可以在境内使用的银行卡。　　　　　（　　）

4. 信用卡透支利率下限为日利率万分之五的 0.7 倍。　　　　　（　　）

四、案例分析题

甲公司 2011 年发生下列关于信用卡的业务：①2 月 8 日，向银行交存了备用金，申领信用卡；②甲公司拟将信用卡注销。要求：根据上述资料，分析回答下列问题。

（1）关于该公司申领的信用卡的种类，下列说法中正确的有（　　　）。

　　　A. 准贷记卡　　　　　B. 借记卡　　　　　C. 单位卡　　　　　　D. 贷记卡

（2）关于信用卡资金的来源，下列表述中正确的有（　　　）。

　　　A. 公司可以将资金从基本存款账户中转账存入持有的信用卡

　　　B. 公司持有的信用卡可以交存现金

　　　C. 公司可以将其销货收入的款项存入持有的信用卡

　　　D. 公司可以将资金从一般存款账户中转账存入持有的信用卡

（3）下列情形中，可以办理销户的有（　　　）。

　　　A. 公司要求销户，且已交回信用卡 30 天

　　　B. 3 月 11 日，信用卡丢失并于当日挂失，4 月 12 日要求注销该丢失的信用卡

　　　C. 至 2012 年 12 月 8 日，该公司自用的信用卡未发生过任何交易

　　　D. 至 2013 年 8 月 30 日，该公司自用的信用卡未发生过任何交易

（4）信用卡销户时，下列表述正确的有（　　　）。

　　　A. 单位卡账户余额也可转入一般存款账户

　　　B. 单位卡账户余额应转入基本存款账户

　　　C. 发卡银行应当收回信用卡，有效信用卡无法收回的，应当将其止付

　　　D. 单位卡账户余额也可由单位提取现金

（5）发卡银行给予持卡人一定信用额度，持卡人可以在信用额度内先消费、后还款的信用卡是（　　　）。

　　　A. 普通卡　　　　　B. 附属卡　　　　　C. 贷记卡　　　　　　D. 准贷记卡

答案与解析

一、单选题

1. 答案：D

解析：信用卡是具有信用额度的银行卡，持卡人可在额度内先行消费、后还款。

2. 答案：A

解析：选项 B，单位卡不得用于 10 万元以上的商品交易和劳务供应款项的结算。选项 C，单位卡可以办理商品交易和劳务供应款项的计算，不得支取现金。选项 D，单位卡在使

用过程中,需要向其账户结存资金的,一律从其基本存款账户转账存入,不得交存现金,不得将销货收入的款项存入其账户。

3. 答案:A

解析:选项 B,单位卡不得用于 10 万元以上的商品交易和劳务供应款项的结算。选项 C,单位卡可以办理商品交易和劳务供应款项的计算,不得支取现金。选项 D,单位卡在使用过程中,需要向其账户结存资金的,一律从其基本存款账户转账存入,不得交存现金,不得将销货收入的款项存入其账户。

二、 多选题

1. 答案:B、C、D

解析:银行卡是指经批准由商业银行(含邮政金融机构)向社会发行的具有消费信用、转账结算、存取现金等全部或部分功能的信用支付工具。

2. 答案:A、C

解析:选项 B、D,按照是否给予持卡人授信额度,分为信用卡(贷记卡)和借记卡。

3. 答案:B、C、D

解析:选项 B,单位卡可以申领若干张;选项 C,具有完全民事行为能力的公民可以申请个人卡;选项 D,个人卡账户销户时可以转账结清,也可以支付现金。

4. 答案:A、B、C

解析:信用卡预借现金业务包括现金提取、现金转账和现金充值。

5. 答案:A、D

解析:信用卡按照是否向发卡银行交存备用金分为贷记卡和准贷记卡。

6. 答案:A、B

解析:选项 C,单位卡一律不得支取现金;选项 D,单位信用卡不得用于 10 万元以上的商品交易、劳务供应款项的结算,并一律不得支取现金。

三、 判断题

1. 答案:错误

解析:借记卡是指先存款后消费(或取现)没有透支功能的银行卡。

2. 答案:错误

解析:发卡银行对准贷记卡和借记卡(不含储值卡)账户内的存款,按照中国人民银行规定的同期同档次存款利率及计息办法计付利息。

3. 答案:正确

解析:境外卡是指由境外设立的外资金融机构或外资非金融机构发行的,可以在境内使用的银行卡。

4. 答案:正确

解析:信用卡透支利率下限为日利率万分之五的 0.7 倍。

四、案例分析题

（1）答案：A、C

解析：以单位申领的信用卡，属于单位卡，申领时交存了备用金的，属于准贷记卡。

（2）答案：A

解析：单位卡账户的资金，一律从其基本存款账户转账存入，不得交存现金，不得将销货收入的款项存入单位卡账户。

（3）答案：D

解析：持卡人在还清全部交易款项、透支本息和有关费用后，有下列情形之一的，可申请办理销户：①信用卡有效期满45天后，持卡人不更换新卡的；②信用卡挂失满45天后，没有附属卡又不更换新卡的；③信用卡被列入止付名单，发卡银行已收回其信用卡45天的；④持卡人因故死亡，发卡银行已回收其信用卡45天的；⑤持卡人要求销户或担保人撤销担保，并已交回全部信用卡45天的；⑥信用卡账户两年（含）以上未发生交易的；⑦持卡人违反其他规定，发卡银行认为应该取消资格的。

（4）答案：B、C

解析：发卡银行办理销户，应当收回信用卡。有效卡无法收回的，应当将其止付。销户时，单位卡账户余额转入基本存款账户，不得提取现金；个人卡账户可以转账结清，也可以提取现金。

（5）答案：C

解析：信用卡中的贷记卡，在申领时不需要交存备用金，可以在信用额度内先消费、后还款。

第六节　其他结算方式

一、单选题

1. 汇款银行受理委托人的汇兑委托申请，向汇入银行办理汇款后应向汇款人提供的凭证是（　　）。

  A. 汇兑委托书付款通知书　　　　 B. 汇款回单

  C. 进账单回单　　　　 D. 托收凭证回单

2. 下列关于国内信用证办理和使用要求的表述中，符合支付结算法律制度规定的是（　　）。

  A. 信用证结算方式可以用于转账，也可以支取现金

  B. 开证行应向申请人收取不低于开证金额30％的保证金

  C. 信用证到期不获付款的，议付行可从受益人账户收取议付金额

  D. 申请人交存的保证金和存款账户余额不足支付的，开证行有权拒绝付款

3. 2015年3月1日，甲公司销售给乙公司一批化肥，双方协商采取托收承付验单付款方式办理货款结算。3月4日，运输公司向乙公司发出提货单。3月5日付款人开户银行发出承付通知。乙公司在承付期内未向其开户银行表示拒绝付款。已知3月7日、8日为法

定休假日。则乙公司开户银行向甲公司划拨货款的日期为（　　）。

    A．3月7日　　　　　B．3月9日　　　　　C．3月10日　　　　　D．3月11日

4．下列各项中，说法不正确的是（　　）。

    A．采取托收承付和委托银行收款方式销售货物，为发出货物并办妥托收手续的当天

    B．采取赊销和分期收款方式销售货物，纳税义务发生时间为赊销当天和发出商品当天

    C．纳税人提供应税服务的，为收讫销售款或者取得销售款项凭据的当天；先开具发票的，为开具发票的当天

    D．采用直接收款方式销售货物，不论货物是否发出，纳税义务发生时间均为收到销售款或者取得索取销售款凭证的当天

5．关于国内信用证特征的表述中，不符合法律规定的是（　　）。

    A．国内信用证为不可撤销信用证

    B．受益人可以将国内信用证权利转让给他人

    C．国内信用证结算方式只适用于国内企业商品交易的货款结算

    D．国内信用证只能用于转账结算，不得支取现金

6．国内信用证开证申请的申请人是（　　）。

    A．国内贸易的销货方开户银行　　　　　B．国内贸易的购货方

    C．国内贸易的销货方　　　　　D．国内贸易的购货方开户银行

7．办理现金汇兑必须满足的条件是（　　）。

    A．收款人和汇款人在同一城市　　　　　B．收款人和汇款人均为个人

    C．收款人为个人　　　　　D．汇款人为个人

8．信用证议付适用的情况是（　　）。

    A．申请人为事业单位的信用证　　　　　B．延期付款信用证

    C．不获付款的信用证　　　　　D．受益人为社会团体的信用证

9．汇入银行对于向收款人发出取款通知后无法交付的汇款，应主动办理退汇，期间等待的时间是（　　）。

    A．3个月　　　　　B．2个月　　　　　C．1个月　　　　　D．6个月

10．国内信用证所指的议付行必须是（　　）。

    A．开证行指定的银行　　　　　B．开证银行

    C．开证行指定的受益人开户行　　　　　D．申请人的开户银行

11．下列关于商业汇票背书说法正确的是（　　）。

    A．背书由背书人签章并记载背书日期，背书未记载日期的，视为在汇票到期日前背书；背书人背书时，必须在票据上签章

    B．汇票以背书转让或者以背书将一定的汇票权利授予他人行使时，可以不记载被背书人名称

    C．将汇票金额的一部分转让的背书或将汇票金额分别转让给两人以上的背书，背书有效

    D．超过付款提示期限的汇票，可以背书转让，背书转让的，不再承担汇票责任

12. 根据委托收款的结算规定,以银行为付款人的,银行应在(　　)将款项主动支付给收款人。

　　A. 当日　　　　　B. 次日　　　　　C. 3日内　　　　　D. 5日内

二、多选题

1. 根据《支付结算办法》的规定,签发汇兑凭证必须记载的事项有(　　)。
　　A. 表明"信汇"或"电汇"的字样
　　B. 无条件支付的委托和确定的金额
　　C. 收款人名称、汇款人名称、汇入地点和汇入行名称
　　D. 汇出地点、汇出行名称、委托日期和汇款人签章

2. 以下属于托收承付结算凭证必须记载的事项有(　　)。
　　A. 付款人的税务登记证号　　　　　B. 收款人签章
　　C. 收款人的税务登记证号　　　　　D. 委托日期

3. 托收承付结算方式的承付方式有(　　)。
　　A. 验货承付　　　B. 合同承付　　　C. 验单承付　　　D. 电话承付

4. 根据支付结算法律制度的规定,关于汇兑的下列表述中,错误的有(　　)。
　　A. 汇兑以汇款回单为银行将款项已收入收款人账户的凭据
　　B. 汇兑仅限于在银行开立存款账户的法人及其他组织使用,个人不得使用汇兑结算方式
　　C. 单位可以使用汇兑方式向个人支付款项
　　D. 汇款人和收款人有一方为个人的,即可办理现金汇兑

5. 以下符合采用托收承付结算方式的单位有(　　)。
　　A. 供销合作社　　　　　　　　　　B. 国有企业
　　C. 个体工商户　　　　　　　　　　D. 城乡集体所有制工业企业

6. 汇出银行审查汇兑凭证的内容有(　　)。
　　A. 汇兑凭证填写的各项内容是否齐全、正确
　　B. 汇款人账户内是否有足够支付的余额
　　C. 汇款人的印章是否与预留银行印鉴相符
　　D. 汇出银行经审核无误后,应及时向汇入银行办理汇款,并向汇款人签发汇款回单

7. 下列关于委托收款的注意事项中,表述正确的有(　　)。
　　A. 付款人不可以提出拒绝付款
　　B. 付款人审查有关债务证明后,对收款人委托收取的款项需要拒绝付款的,有权提出拒绝付款
　　C. 收款人收取公用事业费,不需要收付双方事先签订的经济合同,但是需要由付款人向开户银行授权,经开户银行同意,报经中国人民银行当地分支行批准,才可以使用同城特约委托收款
　　D. 收款人收取公用事业费,必须具有收付双方事先签订的经济合同,由付款人向开户银行授权,并经开户银行同意,报经中国人民银行当地分支行批准,可以使用同城特约委托收款

8. 根据规定,汇款人签发汇兑凭证时,必须记载的事项有(　　)。
　　A. 收款人名称　　　　　　　　　　B. 汇款人名称
　　C. 汇入地点、汇入行名称　　　　　D. 汇出地点、汇出行名称

9. 汇出银行审查汇兑凭证的内容有(　　)。
　　A. 汇兑凭证填写的各项内容是否齐全、正确
　　B. 汇款人账户内是否有足够支付的余额
　　C. 汇款人的印章是否与预留银行印鉴相符
　　D. 汇出银行经审核无误后,应及时向汇入银行办理汇款,并向汇款人签发汇款回单

10. 根据规定,签发汇兑凭证必须记载的事项有(　　)。
　　A. 无条件支付的委托　　　　　　　B. 收款人名称
　　C. 委托日期　　　　　　　　　　　D. 汇款人签章

三、判断题

1. 国内信用证结算方式只适用于国内企业之间商品交易产生的货款结算,并且只能用于转账结算,不得支取现金。(　　)

2. 托收承付结算方式下,托收承付结算凭证上必须载明合同名称和号码。(　　)

3. 托收承付结算方式下,付款单位开户银行在承付期满的次日上午可将款项划给收款人。(　　)

4. 采用委托收款方式结算,以单位为付款人的,银行通知付款人后,付款人应于接到通知次日书面通知银行付款。(　　)

5. 托收承付结算下验货承付期从运输部门向购货单位发出提货通知的当日算起。(　　)

6. 托收承付结算方式结算的款项仅限于商品交易款。(　　)

7. 转汇银行不得受理汇款人或汇出银行对汇款的撤销或退汇。(　　)

8. 委托收款结算方式下,其结算款项的划回方式分为邮寄和电报两种,由付款人选用。(　　)

9. 汇兑根据支付方式不同,分为信汇和电汇两种。(　　)

10. 托收承付是指收款人委托银行向付款人收取款项的结算方式。(　　)

答案与解析

一、单选题

1. 答案:B
解析:汇出银行受理汇款人签发的汇兑凭证,经审核无误后,应及时向汇入银行办理汇款,并向汇款人签发汇款回单。

2. 答案:C
解析:本题考核国内信用证。信用证结算方式只适用于国内企业之间商品交易产生的货款结算,并且只能用于转账结算,不得支取现金,选项 A 错误;开证行在决定受理申请人

开证申请,应向申请人收取不低于开证金额 20％的保证金,而并非是 30％,选项 B 错误;信用证到期不获付款的,议付行可从受益人账户收取议付金额,选项 C 正确;申请人交存的保证金和其存款账户余额不足支付的,开证行仍应在规定的付款时间内付款,对不足支付的部分作逾期贷款处理,选项 D 错误。

3. 答案:D

解析:验单付款的承付期为 3 天,从付款人开户银行发出承付通知的次日算起(承付期内遇法定休假日顺延)。即从 3 月 6 日—3 月 8 日是承付期,3 月 7 日、8 日为法定休假日,所以顺延 2 天,3 月 10 日承付期满,在承付期满的次日 3 月 11 日付款。

4. 答案:B

解析:采取赊销和分期收款方式销售货物,为书面合同约定的收款日期的当天,无书面合同或者书面合同没有约定收款日期的,为货物发出的当天。

5. 答案:B

解析:选项 B,国内信用证为不可撤销、不可转让的跟单信用证。

6. 答案:B

解析:国内信用证是开证银行依照申请人(购货方)的申请向受益人(销货方)开出的有一定金额、在一定期限内凭信用证规定的单据支付款项的书面承诺。

7. 答案:B

解析:汇款人和收款人均为个人,需要在汇入银行支取现金的,应在信、电汇凭证的"汇款金额"大写栏,先填写"现金"字样,后填写汇款金额。

8. 答案:B

解析:议付仅限于延期付款信用证。

9. 答案:B

解析:汇入银行对于向收款人发出的取款通知,经过两个月无法交付的汇款,应主动办理退汇。

10. 答案:C

解析:议付行必须是开证行指定的受益人开户行。议付仅限于延期付款信用证。

11. 答案:A

解析:本题考核背书签章和背书日期的记载。背书由背书人签章并记载背书日期。背书未记载日期的,视为在汇票到期日前背书。背书人背书时,必须在票据上签章,A 对。汇票以背书转让或者以背书将一定的汇票权利授予他人行使时,必须记载被背书人名称,B 错。将汇票金额的一部分转让的背书或将汇票金额分别转让给两人以上的背书是无效背书,C 错。被拒绝承兑、被拒绝付款或者超过付款提示期限的汇票,不得背书转让;背书转让的,背书人应当承担汇票责任。D 错。

12. 答案:A

解析:根据委托收款的结算规定,以银行为付款人的,银行应在当日将款项主动支付给收款人。

二、多选题

1. 答案：A、B、C、D

解析：签发汇兑凭证必须记载下列事项：①表明"信汇"或"电汇"的字样；②无条件支付的委托；③确定的金额；④收款人名称；⑤汇款人名称；⑥汇入地点、汇入行名称；⑦汇出地点、汇出行名称；⑧委托日期；⑨汇款人签章。

2. 答案：B、D

解析：托收承付凭证记载事项有：①表明"托收承付"的字样；②确定的金额；③付款人的名称和账号；④收款人的名称和账号；⑤付款人的开户银行名称；⑥收款人的开户银行名称；⑦托收附寄单证张数或册数；⑧合同名称、号码；⑨委托日期；⑩收款人签章。

3. 答案：A、C

解析：购货单位承付货款有验单承付和验货承付两种方式。

4. 答案：A、B、D

解析：收账通知是银行将款项确已收入收款人账户的凭据，A 错误。单位和个人的各种款项的结算，均可使用汇兑结算方式，B 错误。汇款人和收款人均为个人，方可办理现金汇兑，D 错误。

5. 答案：A、B、D

解析：使用托收承付结算方式的收款单位和付款单位，必须是国有企业、供销合作社以及经营管理较好并经开户银行审查同意的城乡集体所有制工业企业。

6. 答案：A、B、C、D

解析：本题考核汇出银行审查汇兑凭证的内容。

7. 答案：B、D

解析：本题考核委托收款的注意事项。委托收款的注意事项包括：①付款人审查有关债务证明后，对收款人委托收取的款项需要拒绝付款的，有权提出拒绝付款。②收款人收取公用事业费，必须具有收付双方事先签订的经济合同，由付款人向开户银行授权，并经开户银行同意，报经中国人民银行当地分支行批准，可以使用同城特约委托收款。

8. 答案：A、B、C、D

解析：见本节多选题 1 题。

9. 答案：A、B、C、D

解析：本题考核汇出银行审查汇兑凭证的内容。

10. 答案：A、B、C、D

解析：见本节多选题 1 题。

三、判断题

1. 答案：正确

解析：略

2. 答案：正确

解析：见本节多选题 2 题。

3. 答案：正确

解析：付款人在承付期内，未向银行表示拒绝付款，银行即视作承付，在承付期满的次日上午将款项划给收款人。

4. 答案：错误

解析：采用委托收款方式结算，以单位为付款人的，银行通知付款人后，付款人应于接到通知"当日"书面通知银行付款。

5. 答案：错误

解析：验货付款的承付期为10天，从运输部门向付款人发出提货通知的次日算起，付款人在承付期内，未向银行表示拒绝付款，银行即视作承付，在承付期满的次日上午将款项划给收款人。

6. 答案：错误

解析：办理托收承付结算的款项，必须是商品交易以及因商品交易而产生的劳务供应的款项。

7. 答案：正确

解析：汇款人对汇出银行已经汇出的款项可以申请退汇。转汇银行不得受理汇款人或汇出银行对汇款的撤销或退汇。

8. 答案：错误

解析：委托收款结算方式下，其结算款项的划回方式分为邮寄和电报两种，由"收款人"选用。

9. 答案：正确

解析：本题考核汇兑的分类。汇兑根据支付方式不同，分为信汇和电汇两种。

10. 答案：错误

解析：委托收款是指收款人委托银行向付款人收取款项的结算方式。

第七节　网上支付

一、单选题

1. 下列关于单纯网上银行的说法错误的是(　　)。

　　A. 没有物理柜台　　　　　　　　　B. 没有营业网点

　　C. 具有分支机构　　　　　　　　　D. 一般只有一个办公地址

2. (　　)是电子支付的一种形式，它是指电子交易的当事人，包括消费者、商户、银行或者支付机构，使用电子支付手段通过信息网络进行的货币支付或资金流转。

　　A. 网上支付　　　　B. 网上银行　　　　C. 第三方支付　　　　D. 电子银行

二、多选题

1. 网上支付的主要方式有(　　)。

　　A. 转账支付　　　　B. 网上银行　　　　C. 第三方支付　　　　D. 手机支付

2. 个人网上银行具体业务功能包括(　　　)。

  A. 账户信息查询   B. 人民币转账业务

  C. 外汇买卖业务   D. B2B 网上支付

3. 网上银行按业务对象分为(　　　)。

  A. 企业网上银行   B. 个人网上银行   C. 零售银行   D. 批发银行

4. 下列关于第三方支付机构及支付账户管理规定的说法正确的是(　　　)。

  A. 支付机构应根据客户身份对同一客户在本机构开立的所有支付账户进行关联管理,并按照要求对个人支付账户进行分类管理

  B. 支付机构办理银行账户与支付账户之间转账业务的,相关银行账户与支付账户应属于同一客户

  C. 因交易取消(撤销)、退货、交易不成功或者投资理财等金融类产品赎回等原因需划回资金的,相应款项应当划回原扣款账户

  D. 支付机构应根据交易验证方式的安全级别,对个人客户使用支付账户余额付款的交易进行限额管理

三、判断题

1. 未经中国人民银行批准,任何非金融机构和个人不得从事或变相从事支付业务。

                                   (　　)

2. B2C 指的是企业与企业之间进行的在线式零售商业活动。   (　　)

3. 第三方支付是指不需要经中国人民银行批准从事第三方支付业务的非银行支付机构。   (　　)

答案与解析

一、单选题

1. 答案:C

  解析:单纯网上银行是完全依赖于互联网的虚拟的电子银行,它没有实际的物理柜台,一般只有一个办公地址,没有分支机构,也没有营业网点,采用互联网等高科技服务手段与客户建立密切的联系,为客户提供全方位的金融服务。

2. A

  解析:网上支付是电子支付的一种形式,它是指电子交易的当事人,包括消费者、商户、银行或者支付机构,使用电子支付手段通过信息网络进行的货币支付或资金流转。网上支付的主要方式有网上银行和第三方支付两种。

二、多选题

1. 答案:B、C

  解析:网上支付的主要方式有网上银行和第三方支付两种。

2．案：A、B、C

解析：本题考核个人网上银行的具体业务功能。根据规定,个人网上银行具体业务功能包括：①账户信息查询；②人民币转账业务；③银证转账业务；④外汇买卖业务；⑤账户管理业务；⑥B2C网上支付。

3 案：A、B

解析：本题考核网上银行的分类。根据规定,网上银行按主要服务对象分为企业网上银行和个人网上银行。

4．案：A、B、C、D

解析：考查第三方支付机构及支付账户管理规定。

三、 判断题

1．答案：正确

解析：根据中国人民银行的有关规定,非金融机构提供支付服务,应当取得《支付业务许可证》,成为支付机构。未经中国人民银行批准,任何非金融机构和个人不得从事或变相从事支付业务。

2．答案：错误

解析：B2C,商业机构对消费者的电子商务,指的是企业与消费者之间进行的在线式零售商业活动。

3．答案：错误

解析：第三方支付是指经中国人民银行批准从事第三方支付业务的非银行支付机构。

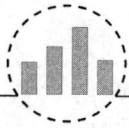

第三章

税收法律制度

第一节 税收概述

一、单选题

1. 企业所得税的税率形式是（　　　）。
   A. 累进税率　　　B. 定额税率　　　C. 比例税率　　　D. 其他税率
2. 下列不属于中央税的是（　　　）。
   A. 消费税　　　　　　　　　　　　B. 资源税
   C. 海关代征的进口环节的增值税　　D. 关税
3. 下列不属于税收特征的是（　　　）。
   A. 固定性　　　B. 无偿性　　　C. 自愿性　　　D. 强制性
4. 下列选项中，不属于资源税类的是（　　　）。
   A. 关税　　　　B. 资源税　　　C. 土地增值税　　D. 城镇土地使用税
5. 区别不同类型税种的主要标志是（　　　）。
   A. 税率　　　　B. 纳税人　　　C. 征税对象　　　D. 纳税期限
6. 我国个人所得税中的工资薪金所得采取的税率形式属于（　　　）。
   A. 比例税率　　　　　　　　　　　B. 超额累进税率
   C. 超率累进税率　　　　　　　　　D. 全额累进税率
7. 下列选项中，说法正确的是（　　　）。
   A. 征税对象的数额未达到起征点的不征税
   B. 征税对象的数额达到起征点的就其超过起征点的部分征税
   C. 免税是对部分应征税款予以免征
   D. 减税是对应征税款全部予以减征
8. 下列各项中属于税法核心要素的是（　　　）。
   A. 征税人　　　B. 纳税义务人　　C. 征税对象　　D. 税率
9. 按照主权国家行使税收的管辖权不同，税法可以分为（　　　）。
   A. 税收基本法和税收普通法　　　　B. 所得税法和流转税法
   C. 国内税法、国际税法和外国税法　D. 中央税法和地方税法
10. 下列各项中，属于税收法律制度中的核心要素的是（　　　）。
    A. 纳税期限　　B. 纳税义务人　　C. 征税人　　　D. 税率

11. 下列公式不正确的是（　　）。

    A. 从价计征计税金额计算公式为：计税金额＝征税对象的数量×计税价格

    B. 从价计征应纳税额计算公式为：应纳税额＝计税金额×适用税率

    C. 从量计征应纳税额的计算公式为：应纳税额＝计税数量×单位适用税额

    D. 复合计税办法，计算公式为：应纳税额＝计税数量×适用税率＋计税金额×单位适用税额

12. 下列税法构成要素中，衡量纳税义务人税收负担轻重与否的重要标志是（　　）。

    A. 计税依据　　　　B. 减税免税　　　　C. 税率　　　　D. 征税对象

二、多选题

1. 下列各项中，属于按照税收的征收管理分工体系分类的有（　　）。

    A. 工商税类　　　　B. 关税类　　　　C. 财产税类　　　　D. 资源税类

2. 在我国现行的下列税种中，不属于财产税类的有（　　）。

    A. 房产税　　　　B. 车船税　　　　C. 资源税　　　　D. 车辆购置税

3. 下列各项中属于税法基本要素的有（　　）。

    A. 征税人　　　　B. 纳税义务人　　　　C. 征税对象　　　　D. 计税依据

4. 下列各项中，属于税收实体法的有（　　）。

    A.《中华人民共和国企业所得税法》　　　　B.《中华人民共和国个人所得税法》

    C.《中华人民共和国海关法》　　　　D.《进出口关税条例》

5. 下列属于税收实体法的有（　　）。

    A.《税收征管法》　　　　B.《增值税暂行条例》

    C.《中华人民共和国企业所得税法》　　　　D.《进出口关税条例》

6. 下列关于税法的说法中，表述正确的有（　　）。

    A. 按照主权国家行使税收管辖权的不同，税法可分为国内税法、国际税法、外国税法等

    B. 国内税法一般是按照属人或属地原则，规定一个国家的内部税收制度

    C. 国际税法是指国家间形成的税收制度，主要包括双边或多边国家间的税收协定

    D. 外国税法是指外国各个国家制定的税收制度

7. 下列税种中属于从价税的为（　　）。

    A. 增值税　　　　B. 消费税　　　　C. 企业所得税　　　　D. 个人所得税

8. 下列各项中，属于税收特征的有（　　）。

    A. 强制性　　　　B. 灵活性　　　　C. 无偿性　　　　D. 固定性

9. 根据税法的功能作用的不同，可以将税法分为（　　）。

    A. 税收行政法规　　　　B. 税收实体法

    C. 税收程序法　　　　D. 国际税法

10. 根据我国税法规定，我国的增值税属于（　　）。

    A. 流转税　　　　B. 工商税　　　　C. 中央税　　　　D. 从价税

11. 税率是税收法律制度中的核心要素，一般分为（　　）。

    A. 比例税率　　　　B. 定额税率　　　　C. 累进税率　　　　D. 单一税率

12. 下列关于起征点与免征额的说法中,正确的有(　　)。

    A. 征税对象的数额达到起征点的就全部数额征税

    B. 征税对象的数额未达到起征点的不征税

    C. 当课税对象小于免征额时,不予征税

    D. 当课税对象大于免征额时,仅对课税对象超过免征额部分征税

13. 计税依据也称计税标准,可以分为(　　)。

    A. 从价计征　　　　B. 从量计征　　　　C. 复合计征　　　　D. 核定计征

14. 下列说法正确的有(　　)。

    A. 税务机关是征税的唯一行政主体

    B. 对未经法定机关和法定程序调整的征收税款,征纳双方均不得随意变动

    C. 税务机关代表国家向纳税人征收税款,只能依法征收,不得随意征收

    D. 税务机关在核定应纳税额时,可以自行决定采用什么样的程序来进行操作

15. 下列属于税收的作用的有(　　)。

    A. 是国际经济交往中维护国家利益的可靠保证

    B. 是国家调控经济运行的重要手段

    C. 是国家组织财政收入的主要形式和工具

    D. 具有维护国家政权的作用

16. 按照税法的功能作用不同可以将其分为(　　)。

    A. 国内税法　　　B. 税收实体法　　　C. 国际税法　　　D. 税收程序法

17. 下列说法中正确的有(　　)。

    A. 中央税是指由中央政府征收和管理使用或者地方政府征税后全部划解中央,由中央所有和支配的税收

    B. 地方税是由地方政府征收、管理和支配的一类税收

    C. 城镇土地使用税、耕地占用税、土地增值税、房产税、车船税、契税等属于中央与地方共享税

    D. 中央与地方共享税是指税收收入由中央和地方政府按比例分享的税收

18. 下列各项中,属于税法的构成要素的有(　　)。

    A. 税率　　　　　B. 纳税环节　　　　C. 法律责任　　　　D. 纳税地点

三、判断题

1. 征税对象的数额达到起征点的就全部数额征税。　　　　　　　　　　　　(　　)

2. 起征点是指税法规定的计税依据,应当征税的数额起点。计税依据数额达不到起征点的不征税,达到起征点的,则对超过起征点的部分征税。　　　　　　　(　　)

3. 税收是国家调控经济运行的唯一手段。　　　　　　　　　　　　　　　(　　)

4. 我国现行的增值税、企业所得税和个人所得税属于从价税。　　　　　　(　　)

5. 个人所得税属于行为税。　　　　　　　　　　　　　　　　　　　　(　　)

6. 税法调整的是有关国家在筹集财政资金方面形成的税收关系。　　　　　(　　)

7. 关税类是国家授权海关对出入关境的货物和物品为征税对象的一类税收,主要是指进出口关税,以及由海关代征的进口环节增值税、消费税和船舶吨税。　　　(　　)

8. 资源税仅是以自然资源为征税对象的税收。 （　　）

9. 税收是一个分配范畴，是国家参与并调节国民收入分配的一种手段，是国家财政收入的主要形式。 （　　）

10. 起征点是指征税对象达到一定数额才开始征税的界限，征税对象的数额达到规定数额的，只对其超过部分的数额征税。 （　　）

11. 复合税是指对征税对象采用从价和从量相结合的计税方法征收的一种税，如我国现行的消费税中对卷烟、黄酒等征收的消费税。 （　　）

答案与解析

一、单选题

1. 答案：C
解析：企业所得税的税率形式是比例税率。

2. 答案：B
解析：选项 B 属于中央与地方共享税。

3. 答案：C
解析：税收具有强制性、无偿性和固定性三个特征。

4. 答案：A
解析：关税属于流转税。

5. 答案：C
解析：区别不同类型税种的主要标志是征税对象。

6. 答案：B
解析：目前我国工资薪金所得税应缴纳的个人所得税执行 3% 至 45% 的七级超额累进税率。

7. 答案：A
解析：征税对象的数额达到起征点的就其全部数额征税，未达到起征点的不征税，因此选项 B 错误；减税是指从应征税额中减征部分税款；免税是指对按规定应征收的税款全部予以免除。

8. 答案：D
解析：税法的构成要素包括：征税人、纳税义务人、征税对象、税目和税率；纳税义务人、征税对象、税率是构成税法的三个最基本要素，其中税率是核心要素。

9. 答案：C
解析：按照主权国家行使税收管辖权不同，可分为国内税法、国际税法和外国税法。

10. 答案：D
解析：本题考核税法基本要素。税率的高低直接体现国家的政策要求，直接关系到国家财政收入的多少和纳税人的负担程度，是税收法律制度中的核心要素。

11. 答案：D
解析：复合计税办法，计算公式为：应纳税额＝计税数量×单位适用税额＋计税金额×适用税率。

12. 答案：C

解析：本题考核税法要素中的税率。计算纳税人应纳税额的尺度是税率，也是衡量税负轻重与否的重要标志。

二、多选题

1. 答案：A、B

解析：按照税收的征收管理分工体系分类，可分为工商税类和关税类。选项 C、D 是按征税对象分类的。

2. 答案：C、D

解析：财产税主要包括房产税、契税、车船税等。

3. 答案：B、C

解析：基本要素包括：纳税义务人、征税对象、税率。

4. 答案：A、B

解析：税收实体法是针对某一个具体税种的立法，即是确定税种的立法。例如《中华人民共和国企业所得税法》《中华人民共和国个人所得税法》都属于税收实体法。选项 A、B 属于税收实体法，选项 C、D 属于税收程序法。

5. 答案：B、C

解析：选项 A、D 属于税收程序法。

6. 答案：A、B、C、D

解析：略。

7. 答案：A、C、D

解析：我国现行的增值税、企业所得税、个人所得税等税种是从价税。消费税既有从价计征的，也有从量计税的，比如啤酒和黄酒；还有复合计征的，如卷烟和白酒。

8. 答案：A、C、D

解析：税收具有强制性、无偿性和固定性三个特征。

9. 答案：B、C

解析：按照税法的功能作用不同，可将税法分为税收实体法和税收程序法。

10. 答案：A、B、D

解析：我国的增值税属于中央地方共享税。

11. 答案：A、B、C

解析：本题考核税法的构成要素。

12. 答案：A、B、C、D

解析：本题考核税法的构成要素。当课税对象小于起征点和免征额时，都不予征税；当课税对象大于起征点和免征额时，起征点制度要对课税对象的全部数额征税，免征额制度仅对课税对象超过免征额部分征税。

13. 答案：A、B、C

解析：本题考核税法的构成要素。计税依据可以分为从价计征、从量计征和复合计征三种类型。

14. 答案：A、B、C

解析：选项 D,税务机关应按法定的标准和程序核定其应纳税额。

15. 答案：A、B、C、D

解析：税收的作用:税收是国家组织财政收入的主要形式和工具;税收是国家调控经济运行的重要手段;税收具有维护国家政权的作用;税收是国际经济交往中维护国家利益的可靠保证。

16. 答案：B、D

解析：按照税法的功能作用的不同,将税法分为税收实体法和税收程序法。按照主权国家行使税收管辖权的不同,税法分为国内税法、国际税法和外国税法。

17. 答案：A、B、D

解析：城镇土地使用税、耕地占用税、土地增值税、房产税、车船税、契税等属于地方税。

18. 答案：A、B、C、D

解析：本题考核税法的构成要素。税法的构成要素一般包括征税人、纳税义务人、征税对象、税目、税率、计税依据、纳税环节、纳税期限、纳税地点、减免税、法律责任等项目。

三、 判断题

1. 答案：正确

解析：征税对象的数额没有达到规定数额的不征税,征税对象的数额达到规定数额的,就其全部数额征税。

2. 答案：错误

解析：计税依据数额达不到起征点的不征税,达到起征点的,则对全部数额征税。

3. 答案：错误

解析：税收是国家调控经济运行的重要手段。

4. 答案：正确

解析：我国的增值税、个人所得税和企业所得税等都采取从价计征形式。

5. 答案：错误

解析：个人所得税属于所得税类。

6. 答案：正确

解析：税法是国家权力机关和行政机关制定的用以调整国家和纳税人之间在税收方面的权利与义务关系的法律规范的总称。

7. 答案：正确

解析：略

8. 答案：错误

解析：资源税是以自然资源和某些社会资源为征税对象的税收。

9. 答案：正确

解析：本题考核税收的概念。

10. 答案：错误

解析：本题考核起征点的概念。起征点是指对征税对象达到一定数额才开始征税的界限。征税对象的数额达到规定数额的,按全部数额征税。

11. 答案：错误

解析：复合税是指对征税对象采用从价和从量相结合的计税方法征收的一种税,如我国现行的消费税中对卷烟、白酒等征收的消费税。

第二节 主要税种

一、单选题

1. 根据《企业所得税法》规定,纳税人在纳税年度发生的经营亏损,可以用下一年度的所得弥补;下一纳税年度的年所得不足弥补的,可以逐年延续弥补,但是延续弥补期最长不得超过( )年。

    A. 5   B. 3   C. 10   D. 2

2. 纳税人进口货物,应当自海关填发海关进口增值税专用缴款书之日起( )日内缴纳税款。

    A. 3   B. 7   C. 10   D. 15

3. 根据我国《增值税暂行条例》的规定,某零售商店 2015 年的销售额为 60 万元(含增值税),则应纳增值税为( )万元。

    A. 1.08   B. 1.8   C. 1.75   D. 10.2

4. 下列表述中不正确的是( )。

    A. 增值税扣缴义务发生时间为纳税人增值税纳税义务发生的当天

    B. 采取赊销和分期收款方式销售货物,纳税义务发生时间为赊销当天和发出商品当天

    C. 纳税人进口货物,纳税义务发生时间为报关进口的当天

    D. 纳税人发生视同销售货物行为,纳税义务发生时间为货物移送的当天

5. 以下说法中不正确的是( )。

    A. 除国家税务总局另有规定外,一经认定为一般纳税人后,不得转为小规模纳税人

    B. 从事货物生产或者提供应税劳务的纳税人,以及以从事货物生产或者提供应税劳务为主,并兼营货物批发或者零售的纳税人,年应征增值税销售额在 80 万元以下的认定为小规模纳税人

    C. 年应税销售额超过小规模纳税人标准的其他个人按小规模纳税人纳税

    D. 对提供应税服务的,年应税服务销售额在 500 万元以下的认定为小规模纳税人

6. 增值税是以销售货物、应税服务、无形资产以及不动产过程中产生的( )作为计税依据而征收的一种流转税。

    A. 销售额   B. 营业额   C. 增值额   D. 收入额

7. 以下项目中计征个人所得税时,允许从总收入中减除费用 800 元的有( )。

    A. 提供安装劳务一次取得收入 80 000 元

    B. 承租、承包所得 50 000 元

    C. 外企中方雇员的工资、薪金所得 12 000 元

    D. 汽车租赁收入 3 000 元

8. 某企业本月购入已缴纳消费税的甲材料 30 000 元用于生产 A 应税消费品。甲材料适用的消费税税率为 20%，本月领用 20 000 元用于生产 A 产品。A 产品不含增值税的售价为 42 000 元，其适用的消费税税率为 30%。则该企业本月应缴纳的消费税税额为（　　）元。

  A. 3 600   B. 6 600   C. 8 600   D. 12 600

9. 某企业 2013 年税前会计利润为 150 万元，其中包括 30 万元通过红十字会向某灾区的捐款，已知该企业适用的企业所得税税率为 25%，则该企业 2013 年应纳税额为（　　）万元。

  A. 30   B. 37.5   C. 40.5   D. 45

10. A 公司为增值税一般纳税人，其本月进口产品 200 000 元，海关征收 34 000 元增值税；向农业生产者购入免税产品 30 000 元；购入原材料 300 000 元，增值税专用发票上注明的增值税税额为 51 000 元。本月销售产品 1 000 000 元，适用的增值税税率为 17%，则该企业本月应缴纳的增值税税额为（　　）元。

  A. 81 100   B. 89 180   C. 81 135   D. 115 100

11. 2013 年 8 月，李某出版小说一本取得稿酬 80 000 元，从中拿出 20 000 元通过国家机关捐赠给受灾地区。李某 8 月份应缴纳的个人所得税是（　　）元。

  A. 8 960   B. 6 272   C. 8 400   D. 6 160

12. 某生产化妆品的企业，2016 年计入成本、费用中的合理的实发工资 540 万元，当年发生的工会经费 15 万元、职工福利费 80 万元、职工教育经费 11 万元，则税前可扣除的职工工会经费、职工福利费、职工教育经费合计为（　　）万元。

  A. 106   B. 97.4   C. 99.9   D. 108.5

13. 王某购买福利彩票支出 500 元，取得中奖收入 15 000 元，其应纳个人所得税为（　　）元。

  A. 2 900   B. 750   C. 3 000   D. 725

14. 根据《消费税暂行条例》的规定，纳税人经营不同税率的应税消费品，其税率运用正确的是（　　）。

  A. 将不同税率消费品组成套装销售，分别核算各自销售额，分别按各自适用税率计算应纳税额

  B. 分别核算不同税率消费品的，从高适用税率计算应纳消费税

  C. 未分别核算不同税率消费品的，从低适用税率计算消费税

  D. 将不同税率消费品组成套装销售，从高适用税率计算应纳税额

15. 某烟草公司 11 月销售自产卷烟 3 000 箱，取得不含增值税的价款 2 000 万元（适用税率 36%，适用税额为每箱 150 元），销售自产雪茄烟 200 箱，取得不含增值税的价款 300 万元（适用税率 36%）。该公司当月应纳消费税为（　　）万元。

  A. 1 273   B. 873   C. 765   D. 828

16. 某企业 2009 年发生亏损 20 万元，2010 年盈利 12 万元，2011 年亏损 1 万元，2012 年盈利 4 万元，2013 年亏损 5 万元，2014 年盈利 2 万元，2015 年盈利 38 万元。则该企业 2009—2015 年总计应缴纳的企业所得税税额为（　　）万元。　（不考虑所得税税率的变化）

  A. 9.5   B. 7.5   C. 8   D. 8.25

17. 根据《企业所得税法》的规定,对国家需要重点扶持的高新技术企业,给予企业所得税税率优惠。优惠税率为( )。

    A. 10%   B. 15%   C. 20%   D. 25%

18. 下列关于纳税义务发生时间的表述,正确的是( )。

    A. 采取赊销和分期收款方式销售货物,纳税义务发生时间为赊销当天和发出商品当天

    B. 委托其他纳税人代销货物,未收到代销清单及货款的,纳税义务发生时间为发出代销货物90天的当天

    C. 采取赊销和分期收款方式销售货物,为书面合同约定的收款当天,无书面合同或者书面合同没有约定收款日期的,为货物发出的当天

    D. 纳税人提供有形动产租赁服务采取预收款方式的,其纳税义务发生时间为提供服务的当天

19. 某外商投资企业2015年取得利润总额为5 000万元,其中营业外收支和投资收益项目已列收支为:通过民政部门向灾区进行公益性捐款100万元,国债利息收入20万元。假设无其他调整事项。根据企业所得税法律制度的规定,该外商投资企业2015年应纳税所得额为( )万元。

    A. 4 980   B. 5 040   C. 5 124   D. 5 080

20. 小张2017年5月取得工资6 000元,则小张本月应缴纳的个人所得税为( )元。(全月应纳税所得额1 500元以下的税率3%;超过1 500元不超过4 500元的税率10%,速算扣除数为105)

    A. 0   B. 125   C. 145   D. 245

21. 根据我国增值税法律制度的规定,某会计师事务所2016年取得的收入为350万元,则应纳增值税为( )万元。

    A. 21   B. 19.81   C. 10.19   D. 10.5

22. 某啤酒厂3月份生产啤酒50吨,当月销售自产啤酒30吨,取得含税收入40 000元,啤酒每吨适用的消费税税额为250元,则其应缴纳的消费税税额为( )元。

    A. 0   B. 12 500   C. 7 500   D. 5 000

23. 以下各项取得的所得中,不应按特许权使用费所得征收个人所得税的是( )。

    A. 稿酬   B. 著作权   C. 非专利技术   D. 专利权

24. 增值税的纳税期限不包括( )。

    A. 1日   B. 7日   C. 1个月   D. 1个季度

25. 下列关于消费税的纳税人的说法正确的是( )。

    A. 甲公司是生产料酒的企业,则甲公司是消费税的纳税人

    B. 乙公司是一家从事国产品牌汽车销售的4S店,则乙公司是消费税的纳税人

    C. 丙公司是一家专门承接烟丝委托加工业务的企业,则丙公司是消费税的纳税人

    D. 丁公司是一家从事外国高档化妆品进口和零售的企业,则丁公司是消费税的纳税人

26. 某酒厂为增值税一般纳税人。4月销售白酒4 000斤,取得销售收入14 040元(含增值税)。已知白酒消费税定额税率为0.5元/斤,比例税率为20%。该酒厂4月应缴纳的

消费税税额为(　　)元。

    A. 6 229.92   B. 5 510   C. 4 400   D. 4 000

27. 张某以120万元的价格出售普通住宅一套,该住宅系3年前以40万元的价格购买,交易过程中支付相关税费等共计8万元(发票为证),则张某应缴纳的个人所得税为(　　)万元。

    A. 0   B. 14.4   C. 16   D. 24

28. 李某的一篇小说在一家日报上连载两个月,第一个月月末报社支付稿酬2 000元;第二个月月末报社支付稿酬5 000元。该作家两个月所获稿酬应缴纳的个人所得税为(　　)元。

    A. 728   B. 784   C. 812   D. 868

29. 某企业2013年度销售收入为272 000元,发生业务招待费5 000元,根据《个人所得税法》的规定,该企业当年可以在税前扣除的业务招待费最高为(　　)元。

    A. 1 360   B. 3 000   C. 3 808   D. 5 000

30. 根据《企业所得税法》的规定,纳税人在我国境内的公益性捐赠支出,可以(　　)。

    A. 在税前全额扣除

    B. 在年度应纳税所得额12%以内的部分准予扣除

    C. 在年度利润总额12%以内的部分准予扣除

    D. 在年度应纳税所得额30%以内的部分准予扣除

31. 带料加工的金银首饰,应按受托方销售的同类金银首饰的销售价格确定计税依据征收消费税。没有同类金银首饰销售价格的,应按照(　　)计算纳税。

    A. 收到的加工费   B. 公允价值

    C. 评估价值   D. 组成计税价格

32. A公司为增值税一般纳税人,其销售钢材一批,含增值税的价格为23 400元,适用的增值税税率为17%。则其增值税销项税额为(　　)元。

    A. 3 400   B. 3 978   C. 2 600   D. 3 042

33. 某化妆品企业将本企业研制的一批新型美白化妆品无偿赠送给老客户试用,该企业无同类产品销售价格,该批美白产品的生产成本为8万元,成本利润率为15%,消费税税率为30%,则该企业应缴纳的增值税是(　　)万元。

    A. 1.56   B. 1.94   C. 2.08   D. 2.23

34. 甲酒厂为增值税一般纳税人,2017年5月销售果木酒,取得不含增值税销售额10万元,同时收取包装物租金0.585万元、优质费2.34万元。已知果木酒消费税税率为10%,增值税税率为17%,甲酒厂当月销售果木酒应缴纳消费税税额的下列计算中,正确的是(　　)。

    A. (10+0.585+2.34)×10%=1.292 5(万元)

    B. (10+0.585)×10%=1.0585(万元)

    C. [10+(0.585+2.34)÷(1+17%)]×10%=1.25(万元)

    D. [10+0.585÷(1+17%)]×10%=1.05(万元)

35. 下列不属于增值税的类型的是(　　)。

    A. 生产型增值税   B. 收益型增值税

    C. 收入型增值税   D. 消费型增值税

36. 甲企业委托乙企业加工化妆品,则消费税的纳税人是(　　)。
    A. 甲企业或乙企业　　　　　　　B. 乙企业
    C. 甲企业和乙企业　　　　　　　D. 甲企业

37. 某作家2017年1月份出版一本书,取得稿酬6 000元,分两次支付。该书2月至4月被某报连载,2月份取得稿费1 000元,3月份取得稿费1 000元,4月份取得稿费1 000元。因该书畅销,5月份出版社增加印数,又取得追加稿酬2 000元。则该作家因本次创作共需缴纳个人所得税(　　)元。
    A. 924　　　　　　B. 1 148　　　　　　C. 1 204　　　　　　D. 1 232

38. 按照现行规定,下列纳税人符合一般纳税人年应税销售额认定标准的有(　　)。
    A. 年应税销售额120万元的从事货物生产的纳税人
    B. 年应税销售额60万元的从事货物零售的纳税人
    C. 年应税销售额50万元的从事货物生产的纳税人
    D. 年应税销售额400万元从事交通运输业的纳税人

39. 下列选项中,说法正确的是(　　)。
    A. 纳税人提供有形动产租赁服务采取预收款方式的,其纳税义务发生时间为收到预收款的当天
    B. 销售应税劳务,纳税义务发生时间为提供劳务的当天
    C. 纳税人以1个月或者1个季度为1个纳税期的,自纳税期满之日起10日内申报纳税
    D. 纳税人进口货物,应当自海关填发税款缴纳书之日起10日内缴纳税款

40. 稿酬所得,适用的个人所得税税率为(　　),并按应纳税额减征(　　)。
    A. 10%　30%　　　B. 20%　20%　　　C. 20%　30%　　　D. 30%　30%

41. 某烟草生产企业是增值税一般纳税人。2017年1月销售甲类卷烟1 000标准条,取得销售收入(含增值税)93 600元。该企业1月应缴纳的消费税税额为(　　)元。(已知甲类卷烟消费税定额税率为0.003元/支,1标准条有200支;比例税率为56%)
    A. 53 016　　　　　B. 44 800　　　　　C. 600　　　　　D. 45 400

42. 某画家2017年8月将其精选的书画作品交由某出版社出版,从出版社取得报酬10万元。该笔报酬在缴纳个人所得税时适用的税目是(　　)。
    A. 工资薪金所得　　　　　　　　B. 劳务报酬所得
    C. 稿酬所得　　　　　　　　　　D. 特许权使用费所得

43. 某外贸进出口公司本月进口100辆小轿车,每辆车关税完税价格为人民币14.3万元,缴纳关税4.1万元。已知小轿车适用的消费税税率为8%。该批进口小轿车应缴纳的消费税税额为(　　)万元。
    A. 76　　　　　　B. 87　　　　　　C. 123　　　　　　D. 160

44. 企业所得税应纳税所得额的计算公式为(　　)。
    A. 应纳税所得额=收入总额+不征税收入-免税收入-各项扣除
       -以前年度亏损
    B. 应纳税所得额=收入总额-不征税收入+免税收入-各项扣除
       -以前年度亏损

C. 应纳税所得额＝收入总额－不征税收入－免税收入－各项扣除
　　　　　　　　　－以前年度亏损

D. 应纳税所得额＝收入总额－不征税收入－免税收入－各项扣除
　　　　　　　　　＋以前年度亏损

45. 依据《个人所得税法》规定,对个人出售有价证券取得的所得,应按照(　　　)征收个人所得税。

    A. 偶然所得　　　　　　　　　　　B. 财产租赁所得

    C. 特许权使用费所得　　　　　　　D. 财产转让所得

46. 小规模纳税人和采用简易办法征税的一般纳税人,适用(　　　)。

    A. 基本税率　　　　B. 低税率　　　　C. 零税率　　　　D. 征收率

47. 按照对外购固定资产价值的处理方式,可以将增值税划分为不同类型,我国从2009年1月1日起实行的增值税属于(　　　)。

    A. 生产型增值税　　　　　　　　　B. 收入型增值税

    C. 支出型增值税　　　　　　　　　D. 消费型增值税

48. 某电器城系一般纳税人,2016年9月销售各类家电产品取得不含税收入300万元,当期取得增值税专用发票上注明的增值税税款为20万元,增值税专用发票已通过认证。则该电器城当期应缴纳的增值税为(　　　)万元。

    A. 19　　　　　　　B. 20　　　　　　　C. 31　　　　　　　D. 51

49. 根据消费税法律制度的规定,下列应税消费品中,实行从价定率与从量定额相结合的复合计税方法的是(　　　)。

    A. 烟丝　　　　　　B. 卷烟　　　　　　C. 摩托车　　　　　D. 木制一次性筷子

50. 除国务院另有规定外,纳税人出口货物,税率为(　　　)。

    A. 0.17　　　　　　B. 0.13　　　　　　C. 0.03　　　　　　D. 0

51. 李某2016年12月取得的下列收入中,免征个人所得税的是(　　　)。

    A. 国债利息收入500元　　　　　　B. 商场购物中奖所得1 000元

    C. 稿酬所得3 000元　　　　　　　D. 房屋租赁所得2 500元

52. 下列收入属于免税收入的是(　　　)。

    A. 国债利息收入　　　　　　　　　B. 租金收入

    C. 转让财产收入　　　　　　　　　D. 接受捐赠收入

53. 增值税一般纳税人购进免税农产品,按照买价乘以一定的扣除率计算进项税额进行抵扣。该扣除率是(　　　)。

    A. 0.07　　　　　　B. 0.1　　　　　　C. 0.13　　　　　　D. 0.17

54. 增值税纳税人销售货物或者提供应税劳务的价格明显偏低并无正当理由的可由(　　　)核定其销售额。

    A. 会计师事务所　　　　　　　　　B. 国家税务总局

    C. 主管税务机关　　　　　　　　　D. 主管财政部门

55. 根据《个人所得税法》规定,下列各项所得中,(　　　)是按比例税率计算缴纳个人所得税。

    A. 工资、薪金所得　　　　　　　　B. 个体工商户的生产经营所得

    C. 劳务报酬所得   D. 保险赔偿所得

56. 某机械公司为增值税一般纳税人,本月为购买货物向运输公司支付运费 6 000 元、装卸费 500 元、保险费 100 元,并取得了运输公司开具的运输业专用发票。根据规定,该机械公司当月准予抵扣的进项税额为(　　)元。

    A. 660   B. 427   C. 455   D. 462

57. 根据《个人所得税法》规定,下列各项所得中,可按应纳税额减征 30% 计算缴纳个人所得税的是(　　)。

    A. 稿酬所得   B. 特许权使用费所得

    C. 财产租赁所得   D. 劳务报酬所得

58. 下列不属于消费税纳税人的是(　　)。

    A. 生产销售卷烟的烟厂

    B. 进口化妆品的企业

    C. 委托加工木质一次性筷子的个体工商户

    D. 生产销售电视机的单位

59. 自 2009 年 1 月 1 日起,年应税销售额超过小规模纳税人标准的其他个人按小规模纳税人纳税;非企业性单位、不经常发生应税行为的企业(　　)。

    A. 不缴纳增值税   B. 可选择按小规模纳税人纳税

    C. 一律按小规模纳税人纳税   D. 参照一般纳税人纳税

60. 某从事商品零售的小规模纳税人,2017 年 1 月份销售商品取得含税收入 10 300 元,当月该企业应纳的增值税是(　　)元。

    A. 412   B. 396.2   C. 309   D. 300

61. 根据《个人所得税法》的规定,下列各项中不属于个人所得税纳税人的是(　　)。

    A. 在中国境内有住所的个人

    B. 在中国境内无住所,但是居住满一年的个人

    C. 在中国境内注册的一人有限责任公司

    D. 外籍个人

62. 下列应税消费品中,在零售环节征收消费税的是(　　)。

    A. 化妆品   B. 成品油   C. 金银首饰   D. 烟

63. 下列不属于消费税税目的是(　　)。

    A. 酒   B. 贵重首饰   C. 鞭炮   D. 保龄球

64. 某小型工业企业为增值税小规模纳税人。2016 年 12 月取得销售收入 8.24 万元(含增值税);购进原材料一批,支付货款 2.06 万元(含增值税)。已知该企业适用的增值税征收率为 3%,该企业当月应缴纳的增值税税额为(　　)万元。

    A. 0.24   B. 0.36   C. 0.48   D. 0.18

65. 我国增值税的低税率为(　　)。

    A. 0.03   B. 0.07   C. 0.13   D. 0.17

66. 下列各项中,准予在企业所得税前扣除的有(　　)。

    A. 增值税   B. 税收滞纳金

    C. 非广告性赞助支出   D. 销售成本

67. 根据《企业所得税法》的规定,小型微利企业实行的企业所得税税率为(　　)。
　　A. 0.1　　　　　B. 0.15　　　　　C. 0.2　　　　　D. 0.25

68. 提供交通运输业服务,适用的增值税税率是(　　)。
　　A. 11%　　　　B. 17%　　　　C. 13%　　　　D. 6%

69. 根据《个人所得税法》的规定,下列个人所得中,应缴纳个人所得税的是(　　)。
　　A. 中奖所得　　B. 退休工资　　C. 保险赔偿　　D. 国债利息

70. 下列不属于消费税税目的是(　　)。
　　A. 小汽车　　　B. 摩托车　　　C. 游艇　　　　D. 飞机

71. 根据增值税的规定,增值税均实行(　　)。
　　A. 比例税率　　B. 定额税率　　C. 累进税率　　D. 超率累进税率

二、多选题

1. 增值税一般纳税人取得的下列发票或凭证中,可据以抵扣进项税额的有(　　)。
　　A. 外购免税农产品的收购发票
　　B. 进口大型设备取得的海关专用缴款书
　　C. 外购原材料支付运费取得的增值税普通发票
　　D. 单位购入小汽车取得的税控机动车销售统一发票

2. 下列收入属于企业所得税免税收入的是(　　)。
　　A. 银行存款利息收入　　　　　　B. 财政拨款收入
　　C. 国债利息收入　　　　　　　　D. 符合条件的居民企业之间的股息收入

3. 根据《企业所得税法》的规定,企业当年发生的某些费用,超过税法规定的扣除标准,允许结转以后纳税年度扣除,下列各项中属于此类费用的有(　　)。
　　A. 广告费　　　B. 业务宣传费　　C. 工会经费　　D. 职工教育经费

4. 根据《个人所得税法》规定,计算应纳税所得额时,下列应税项目可以扣除固定费用的有(　　)。
　　A. 劳务报酬所得 3 000 元　　　　B. 月工资薪金 6 000 元
　　C. 偶然所得 2 000 元　　　　　　D. 财产转让所得 20 000 元

5. 下列选项中,可以选择按小规模纳税人标准纳税的有(　　)。
　　A. 年应税销售额未超过一般纳税人认定标准,但会计核算健全的企业
　　B. 年应税销售额超过小规模纳税人标准的其他个人
　　C. 年应税销售额超过小规模纳税人标准的非企业性单位
　　D. 年应税销售额超过小规模纳税人标准的不经常发生应税行为的企业

6. 根据《企业所得税法》的规定,下列支出项目中,在计算企业所得税应纳税所得额时,不得扣除的有(　　)。
　　A. 税收滞纳金　　　　　　　　　B. 银行按规定加收的罚息
　　C. 被没收财物的损失　　　　　　D. 未经核定的准备金支出

7. 根据《企业所得税法》规定,计算企业所得税应纳税所得额时,下列各项支出,不允许扣除的有(　　)。
　　A. 税收滞纳金

    B. 被没收财物的损失

    C. 法定比例范围内的公益性捐赠支出

    D. 向投资者支付的股息

8. 以下说法中,正确的有( )。

    A. 一项销售行为如果既涉及货物又涉及服务,为混合销售

    B. 兼营是指纳税人的经营范围既包括销售货物和应税劳务,又包括销售服务、无形资产或者不动产

    C. 从事货物的生产、批发或者零售的单位和个体工商户的混合销售行为,按照销售货物缴纳增值税

    D. 其他单位和个体工商户的混合销售行为,按照销售服务缴纳增值税

9. 根据增值税有关规定,下列产品中,适用13%的低税率的有( )。

    A. 农机配件   B. 自来水   C. 饲料   D. 煤炭

10. 增值税的类型有( )。

    A. 收入型增值税   B. 消费型增值税

    C. 消耗型增值税   D. 生产型增值税

11. 根据消费税法律制度的规定,下列应税消费品中,实行从价定率与从量定额相结合的复合计税方法的有( )。

    A. 烟丝   B. 卷烟   C. 白酒   D. 药酒

12. 下列属于企业所得税纳税人的有( )。

    A. 国有企业   B. 集体企业

    C. 个体工商户   D. 股份有限公司

13. 根据《增值税暂行条例》的规定,下列各项中视同销售计算增值税的有( )。

    A. 某企业将外购的一批原材料用于基建工程

    B. 某企业将外购的商品用于职工福利

    C. 某商场为服装厂代销儿童服装

    D. 某企业将外购的商品无偿赠与他人

14. 甲委托乙加工化妆品,则下列说法正确的是( )。

    A. 甲是增值税的纳税义务人   B. 甲是消费税的纳税义务人

    C. 乙是增值税的纳税义务人   D. 乙是消费税的纳税义务人

15. 下列关于增值税纳税义务发生时间的说法正确的为( )。

    A. 采用托收承付和委托银行收款方式销售货物,为办妥托收手续的当天

    B. 采用赊销和分期收款方式销售货物,为合同约定的收款日期的当天

    C. 采用预收货款方式销售货物,为货物发出的当天

    D. 委托其他纳税人代销货物,为收到代销清单或者收到全部或者部分货款的当天

16. 个人所得税的纳税办法,应当按照规定到主管税务机关办理纳税申报的情形有( )。

    A. 年所得12万元以上的

    B. 从中国境内两处或者两处以上取得劳务报酬所得的

    C. 从中国境外取得所得的

    D. 取得应税所得、没有扣缴义务人的

17. 根据消费税法律制度的规定,下列业务应征收消费税的有( )。
   A. 甲卷烟厂将自产卷烟用于馈赠
   B. 乙日化厂将委托加工收回的化妆品直接出售
   C. 丙汽车公司进口了一批高档轿车
   D. 丁首饰加工厂生产了一批金银首饰销售给金店

18. 根据增值税法律制度的规定,下列行为中,应视同销售货物,征收增值税的有( )。
   A. 将自产货物用于非应税项目   B. 将外购货物用于个人消费
   C. 将自产货物无偿赠送他人   D. 将外购货物分配给股东

19. 下列关于增值税纳税人纳税义务发生时间的表述中,正确的有( )。
   A. 委托其他纳税人代销货物,在收到代销清单以前收到货款的,为收到代销单位销售的代销清单的当天
   B. 委托其他纳税人代销货物,在收到代销清单以前收到货款的,为收到货款的当天
   C. 委托其他纳税人代销货物,对发出代销商品超过180天仍未收到代销清单及货款的,为收到代销单位销售的代销清单的当天
   D. 委托其他纳税人代销货物,对发出代销商品超过180天仍未收到代销清单及货款的,为发出代销商品满180天的当天

20. 以下关于个人所得税应纳税额计算的说法中,正确的有( )。
   A. 个人兼职取得的收入按"工资薪金"应税项目缴纳个人所得税
   B. 个人兼职取得的收入按"劳务报酬所得"应税项目缴纳个人所得税
   C. 稿酬适用的实际税率是14%
   D. 利息、股息、红利所得、偶然所得和其他所得,以每次收入额减去必要费用后的余额为应纳税所得额

21. 下列产品中,不应征收消费税的有( )。
   A. 实木复合地板   B. 电动汽车
   C. 网球及球具   D. 高档西服

22. 根据消费税的规定,下列说法中,正确的有( )。
   A. 应税消费品销售额,是纳税人销售应税消费品向购买方收取的全部价款和价外费用
   B. 自产自用应税消费品的,其计算纳税的数量为应税消费品的移送使用数量
   C. 复合计征消费税的应纳税额等于应税销售数量乘以定额税率再加上应税销售额乘以比例税率
   D. 将外购应税消费品和委托加工收回的应税消费品继续生产应税消费品销售的,可以将外购应税消费品和委托加工收回应税消费品已缴纳的消费税给予扣除

23. 下列属于我国个人所得税应税项目的是( )。
   A. 稿酬所得   B. 个体工商户的生产、经营所得
   C. 利息、股息、红利所得   D. 财产租赁所得

24. 根据《个人所得税法》的规定,下列所得中,适用比例税率的有( )。
   A. 劳务报酬所得   B. 稿酬所得

C. 工资、薪金所得　　　　　　　　　　D. 个体工商户生产经营所得

25. 年应税销售额超过小规模纳税人标准的(　　),可按小规模纳税人纳税。

A. 其他个人　　　　　　　　　　　B. 非企业性单位

C. 不经常发生应税行为的企业　　　　D. 个体工商户

26. 下列关于个人所得税税率的表述正确的有(　　)。

A. 工资、薪金所得,适用 3% 至 45% 的超额累进税率

B. 个体工商户、个人独资企业和合伙企业的生产经营所得,以及对企事业单位的承包经营、承租经营所得,适用 5% 至 35% 的超额累进税率

C. 稿酬所得,适用比例税率,税率为 20%,并按应纳税额减征 30%,其实际税率为 14%

D. 特许权使用费所得,股息、红利所得,财产租赁所得,财产转让所得,偶然所得和其他所得,适用比例税率,一般为 20%

27. 下列关于减免税的表述正确的有(　　)。

A. 减税是指从应征税额中减征部分税款

B. 免税是指对按规定应征收的税款全部免除

C. 起征点是指对征税对象达到一定数额才开始征税的界限

D. 免征额指对征税对象总额中免予征税的数额

28. 下列关于增值税纳税义务发生时间的说法中,正确的有(　　)。

A. 采取直接收款方式销售货物,货物未发出的,暂不确认纳税义务发生时间

B. 采取赊销方式销售货物,为按合同约定的收款日期的当天

C. 委托其他纳税人代销货物,为收到代销单位销售的代销清单的当天

D. 纳税人发生视同销售货物中法律规定的特定行为的,为货物移送的当天

29. 下列各项中,属于企业所得税免税收入的有(　　)。

A. 财政拨款

B. 符合规定条件的居民企业之间的股息、红利等权益性投资收益

C. 依法收取并纳入财政管理的行政事业性收费

D. 在中国境内设立机构、场所的非居民企业从居民企业取得与该机构、场所有实际联系的股息、红利等权益性投资收益

30. 根据增值税法律制度的规定,下列企业中,属于增值税小规模纳税人的有(　　)。

A. 会计制度不健全,年应纳税销售额 50 万元的零售企业

B. 会计制度不健全,年应纳税销售额 40 万元的批发企业

C. 会计制度健全,年应纳税销售额 70 万元的生产企业

D. 会计制度健全,年应纳税销售额 80 万元的生产企业

31. 根据消费税法律制度的规定,下列消费品中,属于消费税征税范围的是(　　)。

A. 高档手表　　　　　　　　　　　B. 木制一次性筷子

C. 化妆品　　　　　　　　　　　　D. 高档西服

32. 下列各项中,不得在企业所得税前扣除的有(　　)。

A. 向投资者支付的股息、红利等权益性投资收益款项

B. 税收滞纳金

C. 企业所得税税款

D. 消费税税金

33. 甲公司为一般纳税人,某期外购一批货物 5 000 元,取得增值税专用发票,委托乙公司加工,支付加工费 1 000 元,并取得乙公司开具的增值税专用发票。货物加工好收回后,甲公司将这批货物直接对外销售,开出的增值税专用发票上注明的价款为 8 000 元。根据以上所述,以下各种说法正确的有( )。

A. 甲应当缴纳增值税 340 元　　　　B. 乙应该缴纳增值税 170 元

C. 甲应当缴纳增值税 510 元　　　　D. 乙不需缴纳增值税

34. 根据《消费税暂行条例》规定,我国消费税税目包括( )。

A. 酒　　　　　B. 摩托车　　　　C. 大米　　　　D. 实木地板

35. 根据消费税法律制度的规定,对部分应税消费品实行从量定额和从价定率相结合的复合计税办法。下列各项中,属于实行复合计税办法的消费品有( )。

A. 化妆品　　　B. 烟丝　　　　C. 卷烟　　　　D. 白酒

36. 根据增值税的规定,单位租赁或者承包给其他单位或者个人经营的,以( )为纳税人。

A. 出租人　　　B. 承租人　　　C. 发包人　　　D. 承包人

37. 根据《企业所得税法》的规定,下列各项中,属于免税收入的是( )。

A. 国债利息收入

B. 财政拨款

C. 符合规定条件的居民企业之间的股息、红利等权益性投资收益

D. 接受捐赠的收入

38. 根据《消费税暂行条例》的规定,下列各项中,属于消费税征收范围的有( )。

A. 卷烟　　　　B. 实木地板　　　C. 火车　　　　D. 彩电

39. 下列关于所得税的表述中正确的有( )。

A. 所得税亦称收益税,是指以各种所得额为课税对象的税收

B. 所得税的征税对象不是一般收入,而是总收入减除各种成本费用及其他允许扣除项目以后的应纳税所得额

C. 所得税征税数额受成本、费用、利润高低的影响较小

D. 我国现行税制中属于所得税的税种包括企业所得税和个人所得税

40. 下列各项中,可以被认定为一般纳税人的有( )。

A. 某啤酒生产销售企业年应税销售额为 90 万元

B. 某非企业性单位年应税销售额为 60 万元

C. 自然人张某某的年应纳税销售额为 80 万元

D. 某连锁超市年应税销售额为 100 万元

41. 增值税一般纳税人发生的下列进项税额,不得从销项税额中抵扣的有( )。

A. 非正常损失的在产品、产成品所耗用的购进货物或者应税劳务

B. 集体福利或者个人消费的购进货物或者应税劳务

C. 外购货物所支付的运输费用取得运费发票

D. 购进货物发生非正常损失的部分

42. 下列属于小规模纳税人的是（　　）。

 A. 从事货物生产或提供应税劳务的纳税人,年应税销售额在 50 万元以下的

 B. 从事货物批发零售的纳税人,年应税销售额在 80 万元以下的

 C. 年应税销售超过小规模纳税人标准的个人、非企业型单位

 D. 以从事货物生产或提供应税劳务为主,并兼营货物批发或零售的纳税人,年应税销售额在 50 万元以下的

43. 下列各项中,不准予在企业所得税前扣除的有（　　）。

 A. 企业所得税　　　　　　　　　B. 税收滞纳金

 C. 非广告性赞助支出　　　　　　D. 销售成本

44. 下列各项中,属于企业不征税收入的有（　　）。

 A. 财政拨款

 B. 依法收取并纳入财政管理的行政事业性收费

 C. 政府性基金

 D. 符合规定条件的非营利组织的收入

45. 下列关于消费税的纳税地点的表述中,正确的有（　　）。

 A. 纳税人销售的应税消费品,除国务院财政、税务主管部门另有规定外,应当向纳税人机构所在地或者居住地的主管税务机关申报纳税

 B. 委托个人加工的应税消费品,除受托方为个人外,由受托方向其机构所在地或者居住地主管税务机关申报纳税

 C. 进口的应税消费品,由进口人或者其代理人向报关地海关申报纳税

 D. 纳税人自产自用的应税消费品,除国务院财政、税务主管部门另有规定外,应当向纳税人机构所在地或者居住地的主管税务机关申报纳税

46. 下列关于消费税纳税期限的说法中,正确的有（　　）。

 A. 纳税人不能按固定期限纳税的,可以按次纳税

 B. 纳税人以 1 个季度为 1 个纳税期的,自期满之日起 15 日内申报纳税

 C. 纳税人以 1 日、3 日、5 日、10 日或者 15 日为 1 个纳税期的,自期满之日起 5 日内预缴税款

 D. 纳税人进口应税消费品,应当自海关填发海关进口消费税专用缴款书之日起 15 日内缴纳税款

47. 下列各项中,属于消费税纳税人的有（　　）。

 A. 生产销售小汽车的汽车厂　　　　B. 委托加工实木地板的个体工商户

 C. 进口卷烟的外贸公司　　　　　　D. 委托加工酒的工厂

48. 下列关于增值税小规模纳税人的说法中,正确的有（　　）。

 A. 小规模纳税人增值税征收率为 3%

 B. 年应税销售额超过小规模纳税人标准的非企业性单位、不经常发生应税行为的企业,可选择按小规模纳税人纳税

 C. 从事货物批发或零售的纳税人,年应税销售额在 80 万元以下的为小规模纳税人

D. 从事货物生产或提供应税劳务的纳税人,以及以从事货物生产或提供应税劳务为主,并兼营货物批发或零售的纳税人,年应税销售额在 100 万元以下的为小规模纳税人

49. 下列各项中,属于个人所得税居民纳税人的有(　　)。

A. 在中国境内无住所,居住也不满 1 年的个人

B. 在中国境内无住所且不居住的个人

C. 在中国境内无住所,而在境内居住满 1 年的个人

D. 在中国境内有住所的个人

50. 关于减免税,正确的说法是(　　)。

A. 税法直接规定的长期减免税项目,属于减税和免税具体情况

B. 依法给予的一定期限内的减免税措施,期满之后仍应按规定纳税,属于减免税

C. 制定减免税这种特殊规定,是对按税制规定的税率征税时不能解决的具体问题而采取的一种补充措施

D. 制定减免税这种特殊规定,体现了国家鼓励和支持某些行业或项目发展的税收政策,发挥税收调节经济的作用

51. 根据增值税的规定,纳税人进口下列货物适用于 17% 税率的有(　　)。

A. 化肥　　　　　B. 数码相机　　　　　C. 汽车轮胎　　　　　D. 农膜

52. 下列各项中,不适用低税率 13% 的有(　　)。

A. 摩托车　　　　　B. 农机　　　　　C. 电动自行车　　　　　D. 公交汽车

三、判断题

1. 个人偶然所得以每次收入额为应纳税所得额。　　　　　　　　　　　　　　(　　)

2. 我国自 1979 年开始实行增值税。　　　　　　　　　　　　　　　　　　(　　)

3. A 市甲企业委托 B 市乙企业加工一批应税消费品,该批消费品应缴纳的消费税税款应由乙企业向 B 市税务机关解缴。　　　　　　　　　　　　　　　　　(　　)

4. 个人取得的工资所得按月征收个人所得税,个人取得的劳务报酬所得按年征收个人所得税。　　　　　　　　　　　　　　　　　　　　　　　　　　　　(　　)

5. 在我国境内销售货物、应税服务、无形资产以及不动产的单位和个人为增值税纳税人。　　　　　　　　　　　　　　　　　　　　　　　　　　　　　　(　　)

6. 在中国境内未设立机构、场所的,或者虽设立机构、场所但取得的所得与其所设机构、场所没有实际联系的非居民企业,就其取得的来源于中国境内的所得应缴纳的所得税,实行源泉扣缴,以支付人为扣缴义务人。　　　　　　　　　　　　　　　(　　)

7. 单位和个人进口应税消费品,于报关进口时由海关代征消费税。　　　　　(　　)

8. 增值税的基本税率为 17%。　　　　　　　　　　　　　　　　　　　　(　　)

9. 纳税人在外县(市)销售自产应税消费品的,于应税消费品销售后,向机构所在地或者居住地主管税务机关申报纳税。　　　　　　　　　　　　　　　　　(　　)

10. 对于作者将自己的文字作品手稿原件或复印件公开拍卖(竞价)取得的所得,应按稿酬所得项目征收个人所得税。　　　　　　　　　　　　　　　　　　(　　)

11. 委托个人加工的应税消费品,由受托方向其机构所在地或者居住地主管税务机关申报纳税。　　　　　　　　　　　　　　　　　　　　　　　　　　　(　　)

12. 小规模纳税人应纳税额的计算公式为：应纳税额＝不含税销售额×征收率。
（   ）

13. 金银首饰与其他产品组成成套消费品销售的，应按销售额全额征收消费税。
（   ）

14.《企业所得税法》规定，企业应当自年度终了之日起4个月内，向税务机关报送年度企业所得税申报表，并汇算清缴税款。
（   ）

15. 我国现行的个人所得税实行超额累进税率与比例税率相结合的税率体系。（   ）

16. 消费型增值税允许纳税人在计算增值税时，将外购固定资产的价值一次性全部扣除，可以彻底消除重复征税问题，有利于促进技术进步，它是世界上实行增值税的国家普遍采用的一种类型。
（   ）

17. 中华人民共和国境外（以下简称中国境外）的单位或者个人在中国境内提供应税劳务，在境内未设有经营机构的，以其境内代理人为扣缴义务人；在境内没有代理人的，以购买方为扣缴义务人。
（   ）

18. 为了避免重复征税，应税消费品已纳税款可以扣除，当期准予扣除外购或委托加工的应税消费品的已纳消费税税款，应按当期生产领用数量计算。
（   ）

19. 销售应税劳务，其纳税义务发生时间为提供劳务同时收讫销售额或取得索取销售额的凭据的当天。
（   ）

20. 购进的旅客运输服务、贷款服务、餐饮服务、居民日常服务和娱乐服务不得抵扣进项税额。
（   ）

21. 在开具增值税专用发票的情况下，销售方收取的销项税额，就是购买方支付的进项税额。
（   ）

22. 为了某项公益活动，甲公司向其提供了运输服务，该项行为属于增值税应税服务。
（   ）

23. 根据消费税的规定，应税消费品销售额，是纳税人销售应税消费品向购买方收取的全部价款，不包括价外费用。
（   ）

24. 纳税人自产自用的应税消费品，无须申报纳税。（   ）

25. 根据《个人所得税法》规定，个人取得劳务报酬收入的应纳税所得额一次超过20 000元至60 000元的部分，按照税法规定计算应纳税额后，在按照应纳税额加征五成，超过60 000元的部分，加征十成。
（   ）

26. 根据增值税的规定，非固定业户销售货物、应税劳务、服务、无形资产或者不动产，未向销售地、应税劳务发生地或者应税行为发生地的主管税务机关申报纳税的，由其机构所在地或者居住地的主管税务机关补征税款。
（   ）

27. 消费税采用比例税率、定额税率两种形式，以适应不同应税消费品的实际情况。
（   ）

28. 纳税人发生视同销售货物中法律规定的特定行为的，其纳税义务发生时间为货物移送的当天。
（   ）

29. 对稿酬所得一次收入畸高的，可以实行加成征收。（   ）

30. 个人取得应纳税所得，没有扣缴义务人的或者扣缴义务人未按规定扣缴税款的，均应自行申报缴纳个人所得税。
（   ）

31. 利息、股息、红利所得、偶然所得和其他所得,以每次收入额为个人所得税应纳税所得额。　　　　　　　　　　　　　　　　　　　　　　　　　　　　　　(　　)

32. 从事货物的生产、批发或者零售的单位和个体工商户的混合销售行为,视为销售货物,应当缴纳增值税;其他单位和个体工商户的混合销售行为,视为销售非增值税应税劳务,不缴纳增值税。　　　　　　　　　　　　　　　　　　　　　　　　(　　)

33. 从境外单位或者个人购进服务、无形资产或者不动产,自税务机关或者扣缴义务人取得的解缴税款的完税凭证上注明的增值税额。　　　　　　　　　　　　　　(　　)

34. 应当申请办理一般纳税人资格认定而未申请的,应当按照销售额和增值税税率计算应纳税额,不得抵扣进项税额,也不得使用增值税专用发票。　　　　　　　(　　)

四、案例分析题

1. 某企业为居民企业,2016 年经营业务如下:取得销售收入 5 000 万元,销售成本 2 200 万元,发生销售费用 1 340 万元(其中广告费 900 万元),管理费用 960 万元(其中业务招待费 30 万元),财务费用 120 万元,营业税金及附加 80 万元,营业外收入 140 万元,营业外支出 100 万元(含通过公益性社会团体向贫困山区捐款 60 万元,支付税收滞纳金 12 万元),计入成本、费用中的实发工资总额 300 万元、拨缴职工工会经费 6 万元、发生职工福利费支出 46 万元、职工教育经费 10 万元。要求:根据上述资料,分析回答下列问题(答案保留小数点后 2 位)。

(1) 该企业 2016 年度利润总额为(　　)万元。
　　A. 40　　　　　　　　B. —22　　　　　　　　C. 340　　　　　　　　D. 300

(2) 该企业 2016 年实际发生的广告费支出应调增应纳税所得额(　　)万元。
　　A. 750　　　　　　　B. 150　　　　　　　　C. —150　　　　　　　D. —750

(3) 该企业 2016 年实际发生的业务招待费支出应调增应纳税所得额(　　)万元。
　　A. 25　　　　　　　　B. 18　　　　　　　　C. 5　　　　　　　　　D. 12

(4) 该企业 2016 年实际发生的工资及三项经费支出应调增应纳税所得额(　　)万元。
　　A. 6.5　　　　　　　B. 55.5　　　　　　　　C. 8　　　　　　　　　D. 62

(5) 该企业 2016 实际应缴纳的企业所得税税额为(　　)万元。
　　A. 130.13　　　　　B. 134.93　　　　　　　C. 44.43　　　　　　　D. 96.63

2. 某企业属于小型微利企业。2016 年实现收入总额 500 万元(其中,国债利息收入 100 万元),发生各项成本费用共计 200 万元,其中包括公益性捐赠 50 万元。要求:根据上述资料,分析回答下列问题。

(1) 下列关于国债利息收入的说法中正确的有(　　)。
　　A. 国债利息收入属于免税收入　　　　　　B. 国债利息收入属于不征税收入
　　C. 国债利息收入属于应税收入　　　　　　D. 国债利息收入减半计入应税收入

(2) 下列关于该企业适用税率的说法中正确的有(　　)。
　　A. 25%　　　　　　B. 20%　　　　　　　C. 15%　　　　　　　D. 33%

(3) 下列关于公益性捐赠的说法中正确的有(　　)。
　　A. 准予扣除的公益性捐赠是 50 万元　　　B. 准予扣除的公益性捐赠是 36 万元
　　C. 准予扣除的公益性捐赠是 60 万元　　　D. 准予扣除的公益性捐赠是 48 万元

（4）下列关于该企业的应纳税所得额的说法中正确的有（　　　　）万元。

    A. 300　　　　　　　B. 200　　　　　　　C. 314　　　　　　　D. 214

（5）下列关于该企业的应纳所得税额的说法中正确的有（　　　　）万元。

    A. 62.8　　　　　　B. 53.5　　　　　　C. 42.8　　　　　　D. 32.1

答案与解析

一、单选题

1. 答案：A

解析：现行《企业所得税法》规定，企业纳税年度发生的亏损，准予向以后年度结转，用以后年度的所得弥补，但结转年限最长不得超过 5 年。

2. 答案：D

解析：根据规定，纳税人进口货物，应当自海关填发海关进口增值税专用缴款书之日起 15 日内缴纳税款。

3. 答案：C

解析：由题目知，该商店为小规模纳税人，所以应纳增值税＝60/(1＋3%)×3%＝1.75（万元）。

4. 答案：B

解析：采取赊销和分期收款方式销售货物，为书面合同约定的收款日期的当天，无书面合同或者书面合同没有约定收款日期的，为货物发出的当天。

5. 答案：B

解析：从事货物生产或者提供应税劳务的纳税人，以及以从事货物生产或者提供应税劳务为主，并兼营货物批发或者零售的纳税人，年应征增值税销售额在 50 万元以下的认定为小规模纳税人。

6. 答案：C

解析：增值税的征税对象是增值额。

7. 答案：D

解析：选项 A，应扣除 20% 的费用。选项 B，应按月减除 3 500 元的费用。选项 C，应按月减除 3 500 元的费用。

8. 答案：C

解析：本月应缴纳的消费税税额＝42 000×30%－20 000×20%＝8 600（元）。

9. 答案：C

解析：则该企业 2013 年应纳税额＝[150＋(30－150×12%)]×25%＝40.5（万元）。

10. 答案：A

解析：本月增值税进项税额＝34 000＋30 000×13%＋51 000＝88 900（元），本月增值税销项税额＝1 000 000×17%＝170 000（元），本月应缴纳的增值税税额＝170 000－88 900＝81 100（元）。

11. 答案：B

解析：应纳税所得额＝80 000×(1－20%)＝64 000（元），捐赠可扣除金额＝64 000×

$30\%=19\ 200$(元),应纳税额$=(64\ 000-19\ 200)\times14\%=6\ 272$(元)。

12. 答案：B

解析：工会经费：可扣除额$540\times2\%=10.8$(万元)，实际发生额$=15$万元，超支额$=4.2$万元；职工福利费：可扣除额$540\times14\%=75.6$(万元)，实际发生额$=80$万元，超支额$=4.4$万元；职工教育经费：可扣除额$540\times2.5\%=13.5$(万元)；实际发生额$=11$万元，实际扣除额$=11$万元，超支额$=0$。税前可扣除的职工工会经费、职工福利费、职工教育经费合计$=97.4$万元。

13. 答案：C

解析：应纳税额$=15\ 000\times20\%=3\ 000$(元)。

14. 答案：D

解析：本题考核纳税人经营不同税率应税消费品税率的选择。消费税纳税人兼营不同税率应税消费品，未分别核算各自销售额的，计算应纳税额时从高适用税率。将不同税率应税消费品组成套装销售，无论是否分别核算，均应从高适用税率计算应纳消费税。

15. 答案：B

解析：销售自产卷烟应纳消费税$=3\ 000\times150\div10\ 000+2\ 000\times36\%=765$(万元)；销售自产雪茄烟应纳消费税$=300\times36\%=108$(万元)；合计应纳消费税$=765+108=873$(万元)。(保持单位的一致性，150元$=0.015$万元$=150$元$\div10\ 000$)

16. 答案：C

解析：应纳税所得额$=38-1-5=32$(万元)，企业应纳所得税$=32\times25\%=8$(万元)。(企业纳税年度发生的亏损，准予向以后年度结转，用以后年度的所得弥补，但结转年限最长不得超过五年。)

17. 答案：B

解析：对国家需要重点扶持的高新技术企业，减按15%的税率征收企业所得税。

18. 答案：C

解析：选项A，采取赊销和分期收款方式销售货物，为书面合同约定的收款日期的当天，无书面合同或者书面合同没有约定收款日期的，为货物发出的当天。选项B，对于发出代销商品超过180天仍未收到代销清单及货款的，视同销售实现，一律征收增值税，其纳税义务发生时间为发出代销商品满180天的当天。选项D，纳税人提供有形动产租赁服务采取预收款方式的，其纳税义务发生时间为收到预收款的当天。

19. 答案：A

解析：本题考核应纳税所得额的计算。准予扣除的捐赠限额$=5\ 000\times12\%=600$(万元)>100万元，所以，通过民政部门向灾区捐款100万元可以全部扣除。国债利息收入免交所得税，所以2013年度应纳税所得额$=5\ 000-20=4\ 980$(万元)。公益性捐赠没有超标，不需调增，利润中已经减去这100万元的捐赠支出了，如果不符合扣除条件的，要加上，而不是减去。

20. 答案：C

解析：应纳税所得额$=6\ 000-3\ 500=2\ 500$(元)；$2\ 500\times10\%-105$(速算扣除数)$=145$(元)。

21. 答案：C

解析：会计师事务所属于提供增值税应税服务的纳税人,年应税销售额在 500 万元以下,属于小规模纳税人,应纳税额＝350÷(1＋3％)×3％＝10.19(万元)。

22. 答案：C

解析：啤酒的消费税采用从量计征,其消费税税额＝30×250＝7 500(元)。

23. 答案：A

解析：特许权使用费所得是指个人提供专利权、商标权、著作权、非专利技术以及其他特许权的使用权取得的所得。选项 A 应按照稿酬所得征收个人所得税。

24. 答案：B

解析：增值税的纳税期限分别为 1 日、3 日、5 日、10 日、15 日、1 个月或者 1 个季度。

25. 答案：D

解析：选项 A,料酒并不是应税消费品;选项 B,汽车在生产、委托加工和进口环节缴纳消费税,而非零售环节;选项 C,在委托加工环节,委托方是消费税的纳税人,丙公司是受托方。

26. 答案：C

解析：本题考核消费税的复合计税方式。该酒厂 4 月应缴纳的消费税税额＝14 040÷(1＋17％)×20％＋4 000×0.5＝4 400(元)。

27. 答案：B

解析：本题考核财产转让所得。根据规定,应纳税额＝(收入总额－财产原值－合理费用)×20％,本题中为(120－40－8)×20％＝14.4(万元)。

28. 答案：B

解析：同一作品在报刊上连载取得收入的,以连载完成后取得的所有收入合并为一次,计征个人所得税。该作家两个月所获稿酬应缴纳个人所得税＝7 000×(1－20％)×20％×(1－30％)＝784(元)。

29. 答案：A

解析：企业发生的与经营活动有关的业务招待费支出,按照"发生额的 60％"扣除,但最高不得超过当年"销售(营业)收入的 5‰",5 000×60％＝3 000(元),272 000×5‰＝1 360(元),所以该企业当年可以在税前扣除的业务招待费最高为 1 360 元。

30. 答案：C

解析：企业发生的公益性捐赠支出,在年度利润总额12％以内的部分,准予在计算应纳税所得额时扣除。

31. 答案：D

解析：没有同类金银首饰销售价格的,按照组成计税价格计算纳税。

32. 答案：A

解析：不含税销售额＝23 400÷(1＋17％)＝20 000(元) 增值税销项税额＝20 000×17％＝3 400(元)。

33. 答案：D

解析：将自产产品对外赠送视同销售缴纳增值税,本企业无同类产品销售价,应按组成计税价格确定销售额。应纳税额＝8×(1＋15％)÷(1－30％)×17％＝2.23(万元)。

34. 答案：C

解析：本题考核消费税的计算。纳税人销售应税消费品向购买方收取的全部价款和价外费用构成销售额,但不包括增值税税款。本题中,包装物租金、优质费属于价外费用,在计入销售额时需换算为不含税的价款。则甲酒厂当月销售果木酒应缴纳消费税税额＝$[10+(0.585+2.34)÷(1+17\%)]×10\%=1.25$（万元）。

35. 答案：B

解析：根据税基和购进固定资产的进项税额是否扣除及如何扣除的不同,可将增值税划分为生产型增值税、收入型增值税和消费型增值税三种类型。

36. 答案：D

解析：消费税纳税人是指在中华人民共和国境内（起运地或者所在地在境内）生产、委托加工和进口《消费税暂行条例》规定的消费品的单位和个人,以及国务院确定的销售《消费税暂行条例》规定的消费品的其他单位和个人。甲委托乙加工,是委托方,是消费税的纳税义务人；乙提供了加工劳务,是增值税的纳税义务人。

37. 答案：C

解析：1月份出版获得收入与增加印数追加稿酬合并作为一次；在报纸上连载3个月获得收入合并为一次。出版和增加印数稿酬应纳税所得额＝$(6\,000+2\,000)×(1-20\%)=6\,400$（元）,报纸上连载稿酬应纳税所得额＝$(1\,000+1\,000+1\,000)-800=2\,200$（元）,应纳税额＝$(6\,400+2\,200)×14\%=1\,204$（元）。

38. 答案：A

解析：本题考核增值税一般纳税人认定标准。选项B,非生产型年应税销售额80万元以上才能成为一般纳税人；选项C,年应税销售额50万元以下（包括50万元）的从事货物生产的纳税人属于小规模纳税人；选项D,提供应税服务的年应税销售额500万元以下的属于小规模纳税人。

39. 答案：A

解析：B选项,销售应税劳务,纳税义务发生时间为提供劳务同时收讫销售款或者取得索取销售款的凭据的当天；C选项,纳税人以1个月或者1个季度为1个纳税期的,自纳税期满之日起15日内申报纳税；D选项,纳税人进口货物,应当自海关填发税款缴纳书之日起15日内缴纳税款。

40. 答案：C

解析：根据《个人所得税法》和《个人所得税法实施条例》等规定,稿酬所得,适用比例税率,税率为20\%,并按应纳税额减征30\%,其实际按14\%征收。

41. 答案：D

解析：应纳消费税税额＝$93\,600÷(1+17\%)×56\%+200×1\,000×0.003=44\,800+600=45\,400$（元）。

42. 答案：C

解析：稿酬所得,是指个人因其作品以图书、报刊形式"出版、发表"而取得的收入,作品包括文学作品、书画作品、摄影作品,以及其他作品,稿酬所得强调的是作品的"出版、发表"。

43. 答案：D

解析：本题考核消费税的计算。进口消费税＝（关税完税价格＋关税）÷（1－消费税率)×消费税税率＝(14.3＋4.1)÷(1－8％)×8％×100＝160(万元)。

44. 答案：C

解析：本题考核企业所得税应纳税所得额计算公式。应纳税所得额＝收入总额－不征税收入－免税收入－各项扣除－以前年度亏损。

45. 答案：D

解析：本题考核财产转让的知识点。个人转让有价证券取得的所得属财产转让所得，但目前对股票转让所得暂不征收个人所得税。

46. 答案：D

解析：本题考核增值税的税率。

47. 答案：D

解析：本题考核增值税的分类。

48. 答案：C

解析：本题考核增值税应纳税额。应缴纳的增值税＝300×17％－20＝31(万元)。

49. 答案：B

解析：本题考核消费税的计税方法。目前只有卷烟、白酒实行从价定率与从量定额相结合的复合计税方法。

50. 答案：D

解析：本题考核增值税的税率。纳税人出口货物，税率为零；但是，国务院另有规定的除外。

51. 答案：A

解析：本题考核个人所得税的免税收入。国债利息收入免征个人所得税。选项B、C、D均要按规定缴纳个人所得税。

52. 答案：A

解析：本题考核免税收入的规定。

53. 答案：C

解析：本题考核增值税进项税额的计算。一般纳税人购进免税农产品的进项税额，按买价依照13％的扣除率计算。

54. 答案：C

解析：纳税人销售货物或者提供应税劳务的价格明显偏低并无正当理由的，或者视同销售行为而无销售额的，由主管税务机关核定销售额。

55. 答案：C

解析：选项A、B适用超额累进税率，选项D免征个人所得税。

56. 答案：A

解析：本题考核支付运费准予抵扣进项税额的计算。取得运输增值税专用发票，可按11％抵扣进项税，准予抵扣的进项税额＝6 000×11％＝660(元)。

57. 答案：A

解析：稿酬适用比例税率，税率为20％，并按应纳税额减征30％，其实际税率为14％。

58. 答案：D

解析：本题考核消费税的纳税人。消费税纳税人包括：①生产应税消费品的单位和个人；②进口应税消费品的单位和个人；③委托加工应税消费品的单位和个人。电视机不属于应税消费品，所以选项 D 不属于消费税的纳税人。

59. 答案：B

解析：本题考核增值税的纳税人。年应税销售额超过小规模纳税人标准的其他个人按小规模纳税人纳税；非企业性单位、不经常发生应税行为的企业可选择按小规模纳税人纳税。

60. 答案：D

解析：本题考核增值税的计算。小规模纳税人不得抵扣进项税，按照征收率直接计算增值税。因此，应纳增值税＝10 300÷(1＋3％)×3％＝300(元)。

61. 答案：C

解析：本题考核个人所得税的纳税人。一人有限责任公司注册类型为有限责任公司，所以一人有限责任公司是企业所得税的纳税人，应当依法缴纳企业所得税。

62. 答案：C

解析：金银首饰、铂金首饰、钻石及钻石饰品在零售环节纳税。

63. 答案：D

解析：本题考核消费税的税目。我国消费税税目共有 15 个，即烟,酒,化妆品,贵重首饰及珠宝玉石,鞭炮,焰火,成品油,小汽车,摩托车,高尔夫球及球具,高档手表,游艇,木制一次性筷子,实木地板,电池,涂料。

64. 答案：A

解析：本题考核小规模纳税人增值税的计算。小规模纳税人不能抵扣进项税额,应纳增值税税额＝8.24÷(1＋3％)×3％＝0.24(万元)。

65. 答案：C

解析：本题考核增值税的税率。增值税低税率:13％,11％,6％。

66. 答案：D

解析：本题考核企业所得税准予扣除项目。增值税是价外税,故不在扣除之列。税收滞纳金和非广告性赞助支出,属于税前不得扣除项目。

67. 答案：C

解析：本题考核企业所得税的税率。小型微利企业实行的企业所得税税率为 20％。

68. 答案：A

解析：根据规定,提供交通运输业服务,适用的增值税税率为 11％。

69. 答案：A

解析：本题考核个人所得税的税目范围。中奖所得属于偶然所得,应缴纳个人所得税。

70. 答案：D

解析：见本节单选题 63 题。

71. 答案：A

解析：本题考核增值税的税率。

二、多选题

1. 答案：A、B、D

解析：增值税普通发票不能用于抵扣进项税额。

2. 答案：C、D

解析：选项 A 属于征税收入，选项 B 属于不征税收入。

3. 答案：A、B、D

解析：三项经费中的职工教育经费，以及广告和业务宣传费准予结转以后纳税年度扣除。

4. 答案：A、B

解析：劳务报酬所得 3 000 元可以扣除固定费用 800 元，选项 A 正确；月工资薪金 6 000 元可以扣除固定费用 3 500 元，选项 B 正确；偶然所得 2 000 元，无任何扣除，选项 C 错误；财产转让所得 20 000 元可以扣除财产原值和合理费用，但这两项不是固定费用，选项 D 错误。

5. 答案：A、C、D

解析：选项 B，年应税销售额超过小规模纳税人标准的其他个人，应按照小规模纳税人纳税（而不是可以选择）。

6. 答案：A、C、D

解析：根据规定，在计算企业所得税应纳税所得额时，税收滞纳金、被没收财物的损失、未经核定的准备金支出不得扣除。纳税人逾期归还银行贷款，银行按规定加收的罚息，不属于行政性罚款，允许在税前扣除。

7. 答案：A、B、D

解析：在计算应纳税所得额时，下列支出不得扣除：①向投资者支付的股息、红利等权益性投资收益款项；②企业所得税税款；③税收滞纳金；④罚金、罚款和被没收财物的损失；⑤年度利润总额 12% 以外的公益性捐赠支出；⑥赞助支出，是指企业发生的与生产经营活动无关的各种非广告性质支出；⑦未经核定的准备金支出，是指不符合国务院财政、税务主管部门规定的各项资产减值准备、风险准备等准备金支出；⑧企业之间支付的管理费、企业内营业机构之间支付的租金和特许权使用费，以及非银行企业内营业机构之间支付的利息；⑨与取得收入无关的其他支出。

8. 答案：A、B、C、D

解析：一项销售行为如果既涉及货物又涉及服务，为混合销售。从事货物的生产、批发或者零售的单位和个体工商户的混合销售行为，按照销售货物缴纳增值税；其他单位和个体工商户的混合销售行为，按照销售服务缴纳增值税。兼营是指纳税人的经营范围既包括销售货物和应税劳务，又包括销售服务、无形资产或者不动产。

9. 答案：B、C

解析：选项 A，农机是适用低税率的，农机配件适用基本税率；选项 D，居民用煤炭制品适用低税率，工业用煤炭适用基本税率。

10. 答案：A、B、D

解析：根据税基和购进固定资产的进项额是否扣除及如何扣除的不同，可以将增值税分为：生产型增值税、收入型增值税、消费型增值税。

11. 答案：B、C

解析：现行消费税的征税范围中，只有卷烟、白酒采用复合计征方法。

12. 答案：A、B、D

解析：个体工商户、个人独资企业、合伙企业是自然人性质的特殊主体,不缴纳企业所得税。

13. 答案：C、D

解析：选项 A,外购货物用于非增值税应税项目,进项税额不得抵扣,不视同销售;选项 B,外购货物用于职工福利,进项税额不得抵扣,不视同销售。

14. 答案：B、C

解析：委托加工应税消费品的委托方为消费税纳税人,受托方提供加工劳务为增值税纳税人。

15. 答案：B、C、D

解析：选项 A,采用托收承付和委托银行收款方式销售货物,为发出货物并办妥托收手续的当天。

16. 答案：A、C、D

解析：从中国境内两处或者两处以上取得劳务报酬所得需要自行申报。

17. 答案：A、C

解析：委托方将收回的应税消费品直接出售的,不再缴纳消费税;自 1995 年 1 月 1 日起,金银首饰消费税由生产销售环节征收改为零售环节征收。

18. 答案：A、C、D

解析：将购进的货物作为投资提供给其他单位或者个体工商户、分配给股东或者投资者、无偿赠送其他单位或者个人的视同销售。将外购货物用于个人消费进项税额不得抵扣,所以 B 选项错误。

19. 答案：B、D

解析：委托其他纳税人代销货物,在收到代销清单前已收到全部或部分货款的,其纳税义务发生时间为收到全部或部分货款的当天,选项 B 正确;对于发出代销商品超过 180 天仍未收到代销清单及货款的,其纳税义务发生时间为发出代销商品满 180 天的当天,选项 D 正确。

20. 答案：B、C

解析：个人兼职取得的收入按"劳务报酬所得"应税项目缴纳个人所得税。利息、股息、红利所得、偶然所得和其他所得,以每次收入额为应纳税所得额。

21. 答案：B、C、D

解析：见本节单选题 63 题。

22. 答案：A、B、C、D

解析：本题考核消费税的应纳税额。

23. 答案：A、B、C、D

解析：本题考核个人所得税税目。

24. 答案：A、B

解析：本题考核个人所得税税率。劳务报酬所得、稿酬所得适用 20% 的比例税率;工资、薪金所得适用七级超额累进税率;个体工商户生产经营所得适用五级超额累进税率。

25. 答案：A、B、C

解析：本题考核增值税的纳税人。年应税销售额超过小规模纳税人标准的其他个人按小规模纳税人纳税；非企业性单位、不经常发生应税行为的企业可选择按小规模纳税人纳税。

26. 答案：A、B、C、D

解析：本题考核个人所得税的税率。

27. 答案：A、B、C、D

解析：本题考核减免税的规定。

28. 答案：B、C、D

解析：本题考核增值税的纳税义务发生时间。采取直接收款方式销售货物,不论货物是否发出,均为收到销售额或取得索取销售额的凭据,并将提货单交给买方的当天。

29. 答案：B、D

解析：本题考核企业所得税的免税收入。选项A、C属于不征税收入。

30. 答案：A、B

解析：本题考核小规模纳税人的认定标准。从事货物批发或零售的企业,年应税销售额在80万元以下,一律不得认定为一般纳税人,只能是小规模纳税人。

31. 答案：A、B、C

解析：本题考核消费税的税目。高档西服不属于消费税税目。

32. 答案：A、B、C

解析：本题考核企业所得税的扣除项目。选项D可以作为税金在企业所得税前扣除。

33. 答案：A、B

解析：本题考核增值税的计算。甲应当缴纳增值税＝8 000×17％－5 000×17％－1 000×17％＝340(元)；乙应当缴纳增值税＝1 000×17％＝170(元)。

34. 答案：A、B、D

解析：见本节单选题63题。

35. 答案：C、D

解析：本题考核消费税的计税依据。根据税法规定,目前只有卷烟、白酒实行从量定额和从价定率相结合的复合计税办法。化妆品、烟丝、高档手表均从价计征消费税。

36. 答案：B、D

解析：本题考核增值税纳税人的概念。单位租赁或者承包给其他单位或者个人经营的,以承租人或者承包人为纳税人。

37. 答案：A、C

解析：本题考核企业所得税免税收入的规定。《企业所得税法》规定,收入总额中的下列收入为免税收入：①国债利息收入；②符合规定条件的居民企业之间的股息、红利等权益性投资收益；③在中国境内设立机构、场所的非居民企业从居民企业取得的与该机构、场所有实际联系的股息、红利等权益性投资收益；④符合规定条件的非营利组织的收入。选项B属于不征税收入,选项D属于应征税的收入。

38. 答案：A、B

解析：见本节单选题63题。

39. 答案：A、B、D

解析：选项C,所得税征税数额受成本、费用、利润高低的影响较大。

40. 答案：A、D

解析：本题考核增值税的纳税人。年应税销售额超过小规模纳税人标准的其他个人、非企业性单位、不经常发生应税行为的企业,可选择按小规模纳税人纳税,不得认定为一般纳税人。

41. 答案：A、B、D

解析：选项C,外购货物所支付的运输费用取得运费发票,根据运费结算单据所列的运费金额,按11％的扣除率计算进项税额并准予抵扣。

42. 答案：A、B、D

解析：小规模纳税人的认定标准为:从事货物生产或提供应税劳务的纳税人,以及从事货物生产或提供应税劳务为主,并兼营货物批发或零售的纳税人,年应税销售额在50万元以下的;除上述规定以外的纳税人,年应税销售额在80万元以下的。选项C,年应税销售额超过小规模纳税人标准的其他个人按小规模纳税人标准纳税。年应税销售额超过小规模纳税人标准的非企业性单位、不经常发生应税行为的企业,可选择按小规模纳税人纳税。

43. 答案：A、B、C

解析：本题考核企业所得税的扣除项目。企业所得税、税收滞纳金和非广告性赞助支出,属于税前不得扣除项目。

44. 答案：A、B、C

解析：本题考核不征税收入的规定。选项D属于免税收入。

45. 答案：A、B、C、D

解析：本题考核消费税的纳税地点。

46. 答案：A、B、C、D

解析：本题考核消费税纳税期限。

47. 答案：A、B、C、D

解析：本题考核消费税的纳税人。消费税纳税人包括:生产应税消费品的单位和个人;进口应税消费品的单位和个人;委托加工应税消费品的单位和个人。

48. 答案：A、B、C

解析：选项D,从事货物生产或提供应税劳务的纳税人,以及以从事货物生产或提供应税劳务为主,并兼营货物批发或零售的纳税人,年应税销售额在50万元以下的为小规模纳税人。

49. 答案：C、D

解析：本题考核个人所得税居民纳税人的认定。根据规定,居民纳税人的判定标准有两个:一是在中国境内有住所;二是无住所,但在中国境内居住满一个纳税年度,两个标准只要符合其中之一,即为居民纳税人。

50. 答案：A、B、C、D

解析：本题考核减免税。

51. 答案：B、C

解析：本题考核增值税的税率。选项A、D适用于低税率13％。

52. 答案：A、C、D

解析：本题考核增值税的税率。选项 A、C、D 适用基本税率 17％。

三、判断题

1. 答案：正确

解析：略

2. 答案：正确

解析：我国自 1979 年开始在部分城市试行增值税。

3. 答案：正确

解析：本题考核消费税的征收管理。除受托方为个人外,委托加工的应税消费品,由受托方向所在地主管税务机关解缴税款。

4. 答案：错误

解析：个人取得的工资所得按月征收个人所得税,个人取得的劳务报酬所得按次征收个人所得税。

5. 答案：正确

解析：本题考核增值税纳税人的概念。

6. 答案：正确

解析：在中国境内未设立机构、场所的,或者虽设立机构、场所但取得的所得与其所设机构、场所没有实际联系的非居民企业,以扣缴义务人所在地为纳税地点。

7. 答案：正确

解析：略

8. 答案：正确

解析：基本税率,又称标准税率,我国增值税的基本税率为 17％。

9. 答案：正确

解析：略

10. 答案：错误

解析：作者将自己的文字作品手稿原件或复印件公开拍卖取得的所得,属于提供著作权的使用所得,应按特许权使用费所得计算缴纳个人所得税。

11. 答案：错误

解析：委托个人加工的应税消费品,由委托方向其机构所在地或者居住地主管税务机关申报纳税。

12. 答案：正确

解析：小规模纳税人应纳税额的计算公式:应纳税额＝(不含税)销售额×征收率 3％,公式中的销售额应为不含增值税额、含价外费用的销售额。(不含税)销售额＝含税销售额÷(1＋3％)。

13. 答案：正确

解析：金银首饰与其他产品组成成套消费品销售的,应按销售额全额征收消费税。

14. 答案：错误

解析：企业应当自年度终了之日起 5 个月内,向税务机关报送年度企业所得税申报表,并汇算清缴税款。

15．答案：正确

解析：我国现行税法规定，个人所得税实行超额累进税率和比例税率相结合。

16．答案：正确

解析：本题考核增值税的分类。

17．答案：正确

解析：本题考核增值税的纳税人。

18．答案：正确

解析：本题考核消费税应纳税额。

19．答案：正确

解析：本题考核增值税的纳税义务发生时间。

20．答案：正确

解析：不得抵扣的进项税额包括购进的旅客运输服务、贷款服务、餐饮服务、居民日常服务和娱乐服务。

21．答案：正确

解析：本题考核增值税应纳税额。

22．答案：错误

解析：向其他单位或者个人无偿提供交通运输业和部分现代服务业服务视同提供应税服务，但以公益活动为目的或者以社会公众为对象的除外。

23．答案：错误

解析：本题考核消费税应纳税额。应税消费品销售额，是纳税人销售应税消费品向购买方收取的全部价款和价外费用。

24．答案：错误

解析：纳税人销售应税消费品，以及自产自用的应税消费品，应当向纳税人核算地主管税务机关申报纳税。

25．答案：错误

解析：根据《个人所得税法》规定，个人取得劳务报酬收入的应纳税所得额一次超过20 000元至60 000元的部分，按照税法规定计算应纳税额后，在按照应纳税额加征五成，超过60 000元的部分，加征十成。

26．答案：正确

解析：略

27．答案：正确

解析：本题考核消费税的税率。

28．答案：正确

解析：本题考核增值税的纳税义务发生时间。

29．答案：错误

解析：本题考核个人所得税税率的规定。对劳务报酬所得一次收入畸高的，可以实行加成征收。

30．答案：正确

解析：本题考核自行申报缴纳个人所得税的情形。

31．答案：正确

解析：略

32．答案：错误

解析：从事货物的生产、批发或者零售的单位和个体工商户的混合销售行为，按照销售货物缴纳增值税；其他单位和个体工商户的混合销售行为，按照销售服务缴纳增值税。

33．答案：正确

解析：从境外单位或者个人购进服务、无形资产或者不动产，自税务机关或者扣缴义务人取得的解缴税款的完税凭证上注明的增值税额。

34．答案：正确

解析：本题考核不得抵扣进项税额，也不得使用增值税专用发票的情形。

四、案例分析题

1.

（1）答案：C

解析：年度利润总额＝5 000＋140－2 200－1 340－960－120－80－100＝340（万元）。

（2）答案：B

解析：广告费调增所得额＝900－5 000×15％＝900－750＝150（万元）。

（3）答案：D

解析：业务招待费支出的限额为5 000×5‰＝25（万元）＞30×60％＝18（万元），业务招待费调增所得额＝30－30×60％＝30－18＝12（万元）。

（4）答案：A

解析：工会经费的扣除限额为300×2％＝6（万元），实际拨缴6万元，无须调整；职工福利费扣除限额为300×14％＝42（万元），实际发生46万元，应调增46－42＝4（万元）；职工教育经费的扣除限额为300×2.5％＝7.5（万元），实际发生10万元，应调增10－7.5＝2.5（万元）。三项经费总共调增4＋2.5＝6.5（万元）。

（5）答案：B

解析：①捐赠支出应调增所得额＝60－340×12％＝19.2（万元）。②税收滞纳金不得在企业所得税税前扣除，应计入应纳税所得额。③应纳税所得额＝340＋150＋12＋19.2＋6.5＋12＝539.7（万元）。④2016年该企业实际应缴纳的企业所得税税额＝539.7×25％＝134.925（万元）。

2.

（1）答案：A

解析：免税收入包括国债利息收入，符合条件的居民企业之间的股息、红利收入，在中国境内设立机构、场所的非居民企业从居民企业取得与该机构、场所有实际联系的股息、红利收入，符合条件的非营利组织的收入等。

（2）答案：B

解析：对符合条件的小型微利企业，减按20％的税率征收企业所得税。

（3）答案：B

解析：企业发生的公益性捐赠支出，在年度利润总额12%以内的部分，准予在计算应纳税所得额时扣除。准予扣除的部分＝（500－200）×12%＝36（万元），实际发生50万元，因此以扣除标准为限。

（4）答案：D

解析：应纳税所得额＝500－100－（200－50＋36）＝214（万元）。

（5）答案：C

解析：应纳所得税额＝应纳税所得额×税率＝214×20%＝42.8（万元）。

第三节　税收征收管理

一、单选题

1. 以下不属于纳税人应当办理变更税务登记情形的是（　　）。

　　A. 将注册资本增加一倍

　　B. 将有限责任公司改制为股份有限公司

　　C. 将开户行从工商银行变为招商银行

　　D. 将销售总监由张三改聘为李四

2. 纳税人以电传或传真方式进行纳税申报属于（　　）。

　　A. 直接申报　　　　　　　　　　B. 简易申报

　　C. 数据电文申报　　　　　　　　D. 邮寄申报

3. 企业办理变更税务登记的，税务机关应当自受理之日起（　　）内，审核办理变更税务登记。

　　A. 10 日　　　　　B. 10 个工作日　　　C. 30 个工作日　　　D. 30 日

4. 受托单位按照税务机关核发的代征证书的要求，以税务机关的名义向纳税人征收零散税款的税款征收方式是（　　）。

　　A. 定期定额征收　　B. 委托代征　　　C. 代扣代缴　　　D. 代收代缴

5. 纳税人对主管税务机关确认的征收税款不服，正确的做法是（　　）。

　　A. 申请行政复议，同时向人民法院提起行政诉讼

　　B. 向本级人民政府申请裁决

　　C. 直接向人民法院提起行政诉讼

　　D. 向复议机关申请行政复议，对复议结果不服，再向人民法院提起行政诉讼

6. 根据税收征收管理法律制度的规定，下列关于税务登记的说法错误的是（　　）。

　　A. 从事生产、经营的纳税人领取工商营业执照的，应当自领取工商营业执照之日起30 日内申报办理税务登记

　　B. 纳税人税务登记内容发生变化，应自发生变化之日起30 日内向原税务登记机关申请办理变更

　　C. 纳税人被工商行政管理机关吊销营业执照，应当自营业执照被吊销之日起30 日内，向原税务登记机关申报办理注销登记

　　D. 纳税人到外县临时从事生产经营活动，应当在外出生产经营以前，向主管税务机关申请开具《外出经营活动税收管理证明》

7. 某单位为负有扣缴税款的法定义务人,在支付职工工资时,按《个人所得税法》规定,对超过法定扣除额的工资部分,应( )个人所得税。

    A. 代收代缴   B. 代扣代缴   C. 委托代征   D. 自报核缴

8. 下列各项中,不属于纳税申报方式的是( )。

    A. 直接申报   B. 邮寄申报

    C. 数据电文申报   D. 口头申报

9. 根据《税收征收管理法》的规定,下列各项中,属于税收保全措施的是( )。

    A. 暂扣纳税人营业执照

    B. 书面通知纳税人开户银行从其存款中扣缴税款

    C. 依法拍卖纳税人价值相当于应纳税款的货物,以拍卖所得抵缴税款

    D. 书面通知纳税人开户银行冻结纳税人的金额相当于应纳税款的存款

10. 我国税务机关根据纳税人的生产经营状况对小型无账证的个体工商户可以采取( )征收税款。

    A. 查定征收方式   B. 查验征收方式

    C. 委托代征方式   D. 定期定额征收方式

11. 邮寄申报纳税的申报日期是( )。

    A. 填表日期   B. 寄出地邮戳日期

    C. 收邮地邮戳日期   D. 税务机关收到日期

12. 从事生产、经营的纳税人未办理工商营业执照但经有关部门批准设立的,应当自有关部门批准设立之日起( )日内向主管税务机关办理税务登记手续。

    A. 10   B. 20   C. 15   D. 30

13. 纳税人停业期满未按期复业又不申请延长停业时,税务机关正确的做法是( )。

    A. 要求纳税人办理注销登记

    B. 要求纳税人办理复业登记

    C. 视为纳税人已恢复营业,实施正常的税收征收管理

    D. 要求纳税人办理延长停业登记

14. 以下关于代扣代缴税款征收方式的说法中,不正确的是( )。

    A. 代扣代缴是指按照税法规定,负有扣缴税款义务的法定义务人,在向纳税人支付款项时,从所支付的款项中直接扣收税款的方式

    B. 代扣代缴实质上是接受税务机关委托,依法代收税款的行为

    C. 代扣代缴是指按照税法规定,负有收缴税款义务的法定义务人,在向纳税人收取款项时,依法收取税款的方式

    D. 个人所得税实行的是代扣代缴

15. 以下经济活动不需要使用发票的是( )。

    A. 接受劳务   B. 购销商品   C. 存取现金   D. 提供劳务

16. 因纳税人、扣缴义务人偷税、抗税、骗税等原因而造成未缴或少缴税款的情形,税务机关正确的做法是( )。

    A. 税务机关可以无限期追征   B. 税务机关可以在5年内追征

    C. 税务机关可以在3年内追征   D. 税务机关可以在10年内追征

17. 下列不属于变更税务登记的事项是（　　　）。

    A. 纳税人因经营地的迁移而要改变原主管税务机关

    B. 改变法定代表人

    C. 增减注册资金

    D. 改变开户银行账号

18. 下列各项中,不属于行业发票的有（　　　）。

    A. 商业零售统一发票　　　　　　　B. 商业批发统一发票

    C. 广告费用结算发票　　　　　　　D. 工业企业产品销售统一发票

19. 下列各项中,不符合发票开具要求的是（　　　）。

    A. 按号码顺序填开发票　　　　　　B. 填写发票使用中文

    C. 一次性复写发票的全部联次　　　D. 随意拆本使用发票

20. "纳税人、扣缴义务人自行到税务机关办理纳税申报或者报送代扣代缴、代收代缴报告表"被称为（　　　）。

    A. 直接申报　　B. 邮寄申报　　C. 数据电文申报　　D. 简易申报

21. 纳税人被工商行政管理机关吊销营业执照的,应当自营业执照被吊销之日起（　　　）日内,向原税务登记机关申报办理注销税务登记。

    A. 7　　　　　　B. 10　　　　　　C. 15　　　　　　D. 30

22. 发票的主管机关是（　　　）。

    A. 税务机关　　B. 财政机关　　C. 商务机关　　D. 审计机关

23. 增值税纳税人销售货物或者提供应税劳务的价格明显偏低并无正当理由的可由（　　　）核定其销售额。

    A. 会计师事务所　　　　　　　　　B. 国家税务总局

    C. 主管税务机关　　　　　　　　　D. 主管财政部门

24. 税务机关有根据认为从事生产、经营的纳税人有逃避纳税义务行为的,在规定的纳税期之前,可以采取的措施是（　　　）。

    A. 书面通知纳税人开户银行暂停支付纳税人相当于其应纳税款金额的存款

    B. 责令其限期缴纳应纳税款

    C. 责令纳税人提供纳税担保

    D. 阻止出境

25. 年所得12万元以上的纳税义务人,在年度终了后（　　　）内到主管税务机关办理纳税申报。

    A. 1个月　　　　B. 2个月　　　　C. 3个月　　　　D. 5个月

26. 涉及税务领域的具体行政处罚种类不包括（　　　）。

    A. 停止出口退税权　　　　　　　　B. 监禁

    C. 罚款　　　　　　　　　　　　　D. 没收财产

27. 纳税人办理税务登记后,如发生下列情形之一,应当办理变更税务登记的是（　　　）。

    A. 纳税人发生解散　　　　　　　　B. 纳税人发生破产

    C. 纳税人改变生产经营期限　　　　D. 纳税人发生撤销

28. 下列各项中,不得领购增值税专用发票的有(不考虑特殊情况)（　　　）。

    A. 增值税小规模纳税人

B. 销售货物的增值税一般纳税人

C. 提供加工劳务的增值税一般纳税人

D. 提供修配业务的增值税一般纳税人

29. 根据规定,邮寄申报以下列(　　)日期为实际申报日期。

A. 到达的邮戳日期　　　　　　　　　B. 寄出的邮戳日期

C. 税务机关实际收到的日期　　　　　D. 填制纳税申报表的日期

30. 按照规定不需要在工商行政管理机关办理注销登记的纳税人,应向原税务登记机关申报办理注销税务登记。以下正确的是(　　)。

A. 自有关机关批准或宣告终止之日起 15 日内

B. 自有关机关批准或者宣告终止之日起 30 日内

C. 自有关机关批准或者宣告终止之日起 60 日内

D. 自有关机关批准或者宣告终止之日起 90 日内

31. 纳税人账簿、凭证、财务会计制度比较健全,能够如实反映生产经营成果,正确计算应纳税款的,税务机关应当对其采用的税款征收方式是(　　)。

A. 定期定额征收　B. 查验征收　　　C. 查账征收　　　D. 查定征收

32. 适用于产品零星、税源分散、会计账册不健全,但是能够控制原材料或进销货的纳税人的税款征收方式是(　　)。

A. 查账征收　　　B. 查定征收　　　C. 查验征收　　　D. 定期定额征收

33. 纳税人停业期满未按期复业又不申请延长停业的,税务机关应当视为(　　)。

A. 自动注销税务登记　　　　　　　　B. 已恢复营业

C. 自动延长停业登记　　　　　　　　D. 自动接受罚款处理

34. 下列各项中,不属于发票的是(　　)。

A. 火车票　　　B. 订货单　　　C. 电信业务收据　　D. 电费收据

二、多选题

1. 税收违法的行政处罚方式有(　　)。

A. 罚款　　　　　　　　　　　　　　B. 没收违法所得

C. 责令限期改正　　　　　　　　　　D. 收缴未用发票和暂停供应发票

2. 以下关于税收违法行政处罚的说法中,正确的有(　　)。

A. 税收违法行政处罚是指税务机关依法对公民、法人或其他经济组织违反税收法律、法规或规章,尚未构成犯罪的行为给予的制裁

B. 罚金是税收违法行政处罚的一种手段

C. 税收违法行政处罚是指税务机关依法对公民、法人或其他经济组织违反税收法律、法规或规章,并已构成犯罪的行为给予的制裁

D. 罚款是税收违法行政处罚的一种手段

3. 以下属于直接申报方式的有(　　)。

A. 到巡回征收点申报　　　　　　　　B. 到代征点申报

C. 发送电子邮件申报　　　　　　　　D. 直接到办税服务厅申报

4. 下列各项中,属于专业发票的有(　　)。

A. 邮票　　　　　　　　　　　　　　B. 火车票

C. 广告费用结算发票　　　　　　　　D. 保险凭证

5. 纳税人需要申请办理注销税务登记的情况有(　　)。

A. 解散　　　　　　B. 破产　　　　　　C. 撤销　　　　　　D. 暂停营业

6. 以下关于纳税申报的表述中,正确的有(　　)。

A. 纳税申报是税务机关税收管理信息的主要来源

B. 纳税申报是税务管理的一项重要制度

C. 纳税申报是纳税人、扣缴义务人按照税法规定的期限和内容向税务机关提交有关纳税书面报告的法律行为

D. 纳税申报是纳税人、扣缴义务人履行纳税义务、承担法律责任的主要依据

7. 下列有关发票的表述中,符合《发票管理办法》规定的有(　　)。

A. 经营业务已经发生,营业收入已经确认时,才能开具发票

B. 开具发票应按编号顺序填开,内容真实、全部联次一次性复写或打印

C. 经单位负责人同意,可以代其他单位开具发票

D. 开具的发票存根联应当保存 5 年

8. 在下列情况下,企业需要办理变更登记的有(　　)。

A. 企业改变开户银行

B. 企业改变住所但不改变主管税务机关

C. 企业改变法定代表人

D. 企业被吊销营业执照

9. 税务代理的特点包括(　　)。

A. 有偿性　　　　　　B. 强制性　　　　　　C. 独立性　　　　　　D. 公正性

10. 下列各项中,属于税收违法行政处罚形式的有(　　)。

A. 没收非法财物　　　　　　　　　　B. 责令限期改正

C. 停止出口退税权　　　　　　　　　D. 收缴未用发票和暂停供应发票

11. 属于纳税申报方式的有(　　)。

A. 数据电文申报　　　B. 简易申报　　　C. 邮寄申报　　　D. 直接申报

12. 开具发票时应按顺序填开,并且要求(　　)。

A. 填写项目齐全　　　B. 内容真实　　　C. 字迹清楚　　　D. 逐联填写

13. 下列各项中,属于税务代理的法定业务的有(　　)。

A. 受聘税务顾问　　　　　　　　　　B. 办理增值税发票领购手续

C. 制作涉税文书　　　　　　　　　　D. 提供审计报告

14. 下列选项中,属于税务登记种类的有(　　)。

A. 工商登记　　　　　　　　　　　　B. 变更登记

C. 注销登记　　　　　　　　　　　　D. 纳税金额申报登记

15. 下列关于发票管理办法的规定中错误的有(　　)。

A. 发票分为增值税专用发票、普通发票和行业发票

B. 增值税专用发票由国家税务总局指定的企业印制

C. 国有保险企业的保险凭证属于行业发票

D. 普通发票仅限于增值税小规模纳税人使用

16. 下列属于应办理税务变更登记的情形有(　　)。

    A. 法定代表人变更　　　　　　　　　B. 注册资金增减

    C. 被吊销营业执照　　　　　　　　　D. 银行账号改变

17. 下列属于偷税行为的有(　　)。

    A. 擅自销毁账簿　　　　　　　　　　B. 在账簿上多列支出

    C. 进行虚假的纳税申报　　　　　　　D. 不缴或者少缴应纳税款

18. 下列各项中,属于行业发票的有(　　)。

    A. 商业零售统一发票　　　　　　　　B. 商品房销售发票

    C. 广告费用结算发票　　　　　　　　D. 工业企业产品销售统一发票

19. 根据《中华人民共和国发票管理办法》及《中华人民共和国发票管理办法实施细则》的规定,下列陈述属于税务机关在发票检查中有权采取的措施的有(　　)。

    A. 检查印制、领购、开具、取得和保管发票的情况

    B. 调出发票查验

    C. 查阅、复制与发票有关的凭证、资料

    D. 在查处发票案件时,可以带走与案件有关的资料

20. 普通发票由行业发票和专用发票组成,下列属于专用发票的有(　　)。

    A. 广告费用结算发票　　　　　　　　B. 商业零售统一发票

    C. 商品房销售发票　　　　　　　　　D. 工商企业产品销售统一发票

21. 下列各项中属于需办理注销税务登记的情形有(　　)。

    A. 企业破产终止纳税义务的　　　　　B. 被吊销营业执照的

    C. 企业名称发生改变的　　　　　　　D. 经营地点变动改变税务机关的

22. 下列税款征收的方式中,符合法律规定的有(　　)。

    A. 代扣代缴　　　B. 代收代缴　　　C. 委托代征　　　D. 邮寄申报纳税

23. 下列关于企业所得税的相关说法中,正确的有(　　)。

    A. 企业所得税按纳税年度计算

    B. 企业所得税的纳税年度自公历 1 月 1 日起至 12 月 31 日止

    C. 企业应当自年度终了之日起 5 个月内,向税务机关报送年度企业所得税纳税申报表,并汇算清缴,结清应缴应退税款

    D. 企业所得税分月或者分季预缴

24. 经有关部门批准后,专业发票可以由主管部门(　　)。

    A. 自行印制　　　B. 发放管理　　　C. 自定式样　　　D. 自行负责

25. 根据税收征收管理法律制度的规定,下列各项中,单位和个人在申请领购发票时应向税务机关提供的有(　　)。

    A. 税务登记证件　　　　　　　　　　B. 经办人身份证明

    C. 工商营业执照　　　　　　　　　　D. 财务印章或发票专用章印模

26. 根据税收法律制度规定,下列属于税务代理的业务范围的是(　　)。

    A. 办理纳税申报和扣缴税款报告

    B. 开展税务咨询、受聘税务顾问

    C. 申请税务行政复议或税务行政诉讼

D. 代为办理增值税专用发票领购

三、 判断题

1. 采用数据电文方式进行纳税申报结束后,纳税人不用再向税务机关提供书面材料。
（　　）

2. 按照规定不需要在工商行政管理机关办理注销登记的纳税人,应当自有关机关批准或者宣告终止之日起 30 日内,向原税务登记机关申报办理注销税务登记。 （　　）

3. 纳税人外出经营活动结束,应当向注册所在地税务机关重新办理税务登记。（　　）

4. 纳税人进行税务筹划可由税务代理人代理。 （　　）

5. 增值税专用发票由国务院授权财政部负责监制设计印制。 （　　）

6. 增值税一般纳税人在不能开具专用发票的情况下也可使用普通发票。 （　　）

7. 纳税人对税务机关确认的减税、免税、退税不服,可以申请行政复议,也可以直接向人民法院提起行政诉讼。 （　　）

8. 已开具的发票存根联和发票登记簿,应当保存 5 年,保存期满后可按规定销毁。
（　　）

9. 开具发票应当按照规定的时限,逐栏、逐联顺序填开,并加盖单位财务印章或者发票专用章。 （　　）

10. 使用电子计算机开具发票,必须报主管税务机关批准,并使用税务机关统一监制的机打发票。 （　　）

11. 委托代征收方式适用于规模较小、账证不健全,难以提供完整的纳税资料的小型个体工商业户的税款征收。 （　　）

12. 纳税人享受减税、免税待遇的,在减税、免税期间内可以不办理纳税申报。 （　　）

13. 纳税人采取邮寄方式办理纳税申报的,应当使用统一的纳税申报专递专用信封,并以邮政部门收据作为申报凭据。 （　　）

14. 税收违法刑事处罚拘役的期限为 1 个月以上 6 个月以下。 （　　）

15. 纳税人在停业期间发生纳税义务的,可以暂不办理纳税申报,待复业后一并办理纳税申报。 （　　）

16. 直接申报是纳税人自行到税务机关办理纳税申报。 （　　）

17. 网上申报属于简易申报方式。 （　　）

18. 纳税人对税务机关执行的税收保全措施不服,可以申请行政复议,也可以直接向人民法院提起行政诉讼。 （　　）

19. 对于发生纳税义务,未按照规定的期限办理纳税申报,经税务机关责令限期申报,逾期仍不申报的纳税人,税务机关可采用核定征收方式征收税款。 （　　）

20. 欠缴税款的纳税人或者其法定代表人需要出境的,应当在出境前向税务机关结清应纳税款、滞纳金,或者提供纳税担保。 （　　）

21. 国有金融、保险企业的存贷、汇兑、转账凭证、保险凭证是专用发票。 （　　）

22. 我国税务刑事处罚的主刑包括死刑、无期徒刑、有期徒刑、拘役、罚金。 （　　）

23. 生产规模较小、账册不健全、财务管理和会计核算水平较低、产品零星、税源分散的纳税人适用查定征收方式。 （　　）

24. 专业发票是一种特殊种类的发票,也应该套印发票监制章。 （　　）

25. 非法印制发票,根据《税收征收管理法》规定,情节严重的,应当追究刑事责任。
（　　）

26. 根据增值税的规定,非固定业户销售货物、应税劳务、服务、无形资产或者不动产,未向销售地、应税劳务发生地或者应税行为发生地的主管税务机关申报纳税的,由其机构所在地或者居住地的主管税务机关补征税款。 （　　）

27. 纳税人伪造、变造、隐藏、擅自销毁账簿、会计凭证或在账簿上多列支出或不列、少列收入,或经税务机关通知申报而拒不申报或进行虚假的纳税申报,不缴或少缴应纳税款的,属于骗税行为。 （　　）

28. 纳税人的注册资本发生改变的,应当办理变更登记。 （　　）

29. 发票的记账联由收执方作为付款或收款原始凭证。 （　　）

30. 机打发票又称电脑发票。 （　　）

31. 纳税人外出经营时,应当到税务机关办理停业登记。 （　　）

32. 当事人对税务机关的处罚决定、强制执行措施或者税收保全措施不服的,应当申请行政复议,对行政复议不服的才可以向人民法院起诉。 （　　）

答案与解析

一、单选题

1. 答案：D

解析：纳税人办理税务登记后,如发生下列情形之一,应当办理变更税务登记:改变名称、改变法定代表人、改变经济性质或经济类型、改变住所和经营地点(不涉及主管税务机关变动的)、改变生产经营或经营方式、增减注册资金(资本)、改变隶属关系、改变生产经营期限、改变或增减银行账号、改变生产经营权属以及改变其他税务登记内容。

2. 答案：C

解析：数据电文申报是指经税务机关批准的纳税人经由电子手段、光学手段或类似手段生成、储存或传递的信息,这些手段包括电子数据交换、电子邮件、电报、电传或传真等。

3. 答案：D

解析：根据我国税收法律制度的规定,企业办理变更税务登记的,税务机关应当自受理之日起 30 日内,审核办理变更税务登记。

4. 答案：B

解析：委托征收是指受托单位按照税务机关核发的代征证书的要求,以税务机关的名义向纳税人征收零散税款的一种税款征收方式。

5. 答案：D

解析：纳税人对主管税务机关确认的征收税款不服的,应当先向行政复议机关申请行政复议;对行政复议决定不服的,可以向人民法院提起行政诉讼。

6. 答案：C

解析：纳税人被工商行政管理机关吊销营业执照或者被其他机关予以撤销登记的,应当自营业执照被吊销或者被撤销登记之日起 15 日内,向原税务登记机关申报办理注销登记。

7．答案：B

解析：代扣代缴是指负有扣缴税款义务的法定义务人，负责对纳税人应纳的税款进行代扣代缴的一种方式。

8．答案：D

解析：根据规定，纳税申报的方式主要有直接申报、邮寄申报、数据电文申报、简易申报和其他方式等。

9．答案：D

解析：本题考核税收保全措施的规定。税务机关责令纳税人提供纳税担保而纳税人拒绝提供纳税担保或无力提供纳税担保的情形适用税收保全措失。税收保全措施：①书面通知纳税人开户银行或者其他金融机构冻结纳税人的金额相当于应纳税款的存款；②扣押、查封纳税人的价值相当于应纳税款的商品、货物或者其他财产。

10．答案：D

解析：定期定额征收方式适用于生产经营规模小，又确无建账能力，经主管税务机关审核批准可以不设置账簿或暂缓建账的小型纳税人。

11．答案：B

解析：邮寄申报以寄出地的邮局邮戳日期为实际申报日期。

12．答案：D

解析：从事生产、经营的纳税人未办理工商营业执照但经有关部门批准设立的，应当自有关部门批准设立之日起30日内申报办理税务登记，税务机关核发税务登记证及副本。

13．答案：C

解析：本题考核停业、复业登记。纳税人停业期满未按期复业又不申请延长停业的，税务机关应当视为已恢复营业，实施正常的税收征收管理。

14．答案：C

解析：代扣代缴是指按照税法规定，负有扣缴税款义务的法定义务人，负责对纳税人应纳的税款进行代扣代缴的一种方式。

15．答案：C

解析：发票是指在购销商品、提供或者接受服务以及从事其他经营活动中，开具、收取的收付款书面证明。

16．答案：A

解析：对因纳税人、扣缴义务人和其他当事人偷税、抗税、骗税等原因而造成未缴或少缴税款，或骗取的退税款，税务机关可以无限期追征。

17．答案：A

解析：纳税人需要办理变更税务登记的情形：改变名称、改变法定代表人、改变经济性质或经济类型、改变住所和经营地点（不涉及主管税务机关变动的）、改变生产或经营方式、增减注册资金、改变隶属关系、改变生产经营期限、改变或增减银行账号、改变生产经营权属以及改变其他税务登记内容的。选项A，改变原主管税务机关，需要在原主管税务机关办理注销登记，另外需要办理重新登记。

18. 答案：C

解析：本题考核发票的种类。普通发票由行业发票和专用发票组成。前者适用于某个行业的经营业务,如商业零售统一发票、商业批发统一发票、工业企业产品销售统一发票等;后者仅适用于某一经营项目,如广告费用结算发票、商品房销售发票等。

19. 答案：D

解析：不得拆本使用发票。

20. 答案：A

解析：本题考核直接申报的内容。

21. 答案：C

解析：本题考核注销税务登记的规定。纳税人被工商行政管理机关吊销营业执照的,应当自营业执照被吊销之日起 15 日内,向原税务登记机关申报办理注销税务登记。

22. 答案：A

解析：发票的种类由省级以上税务机关根据社会经济活动的需要确定。

23. 答案：C

解析：纳税人销售货物或者提供应税劳务的价格明显偏低并无正当理由的,或者视同销售行为而无销售额的,由主管税务机关核定销售额。

24. 答案：B

解析：税务机关有根据认为从事生产、经营的纳税人有逃避纳税义务行为的,在规定的纳税期之前,责令限期缴纳税款。在限期内发现纳税人有明显的转移、隐匿其应纳税的商品、货物以及其他财产迹象的,税务机关应责令其提供纳税担保。税务机关责令具有税法规定情形的纳税人提供纳税担保而纳税人拒绝提供纳税担保或无力提供纳税担保的,经县以上税务局(分局)局长批准,税务机关可以采取税收保全措施,选项 A、D 属于税收保全。

25. 答案：C

解析：本题考核个人所得税的征收管理。年所得 12 万元以上的纳税义务人,在年度终了后 3 个月内到主管税务机关办理纳税申报。

26. 答案：B

解析：税务违法行政处罚包括：责令期限改正;罚款;没收财产;收缴未用发票和暂停供应发票;停止出口退税权。

27. 答案：C

解析：本题考核变更税务登记的范围。纳税人办理税务登记后,如发生下列情形之一,应当办理变更税务登记:发生改变名称、改变法定代表人、改变经济性质或经济类型、改变住所和经营地点、改变生产经营方式、改变生产经营期限等。纳税人发生解散、破产、撤销属于注销税务登记的范围。

28. 答案：A

解析：本题考核增值税专用发票的领购。只有经国家税务机关认定为增值税一般纳税人才能领购增值税专用发票,小规模纳税人和法定情形的一般纳税人不得领购使用。

29. 答案：B

解析：本题考核邮寄申报的实际申报日期。根据规定,邮寄申报以寄出的邮戳日期为实际申报日期。

30．答案：A

解析：根据《中华人民共和国税收征收管理法实施细则》规定不需要在工商行政管理机关或者其他机关办理注销登记的,应当自有关机关批准或者宣告终止之日起 15 日内,持有关证件向原税务登记机关申报办理注销税务登记。

31．答案：C

解析：本题考核查账征收的适用范围。

32．答案：B

解析：本题考核查定征收的适用范围。

33．答案：B

解析：见本节单选题 13 题。

34．答案：B

解析：本题考核发票的范围。A、C、D 属于专业发票。

二、多选题

1．答案：A、B、C、D

解析：见本节单选题 26 题。

2．答案：A、D

解析：税收违法行政处罚是指税务机关依法对公民、法人或其他经济组织违反税收法律、法规或规章,尚未构成犯罪的行为给予的制裁,A 选项正确;罚款是税收违法行政处罚的一种手段,D 选项正确;罚金是税收违法刑事处罚的一种手段,选项 B 错误。

3．答案：A、B、D

解析：直接申报可以分为直接到办税服务厅申报、到巡回征收点申报和到代征点申报三种。选项 C 属于数据电文申报方式。

4．答案：A、B、D

解析：专业发票是指国有金融、保险企业的存贷、汇兑、转账凭证,保险凭证;国有邮政、电信企业的邮票、邮单、话务、电报收据,国有铁路、国有航空企业和交通部门、国有公路、水上运输企业的客票、货票等。

5．答案：A、B、C

解析：注销税务登记的适用范围包括:纳税人因经营期限届满而自动解散;企业由于改组、分立、合并等原因而被撤销;企业资不抵债而破产;纳税人住所、经营地址迁移而涉及改变原主管税务机关;纳税人被工商行政管理部门吊销营业执照;以及纳税人依法终止履行纳税义务的其他情形。D 选项如果是定期定额征收方式的纳税人,需办理停业、复业登记。

6．答案：A、B、C、D

解析：纳税申报是指纳税人、扣缴义务人按照税法规定的期限和内容向税务机关提交有关纳税事项书面报告的法律行为,是纳税人履行纳税义务、承担法律责任的主要依据,是税务机关税收管理信息的主要来源和税务管理的一项重要制度。

7．答案：A、B、D

解析：本题考核增值税专用发票的开具要求。任何单位和个人不得转借、转让、代开发票;不得拆本使用发票、不得自行扩大发票的使用范围。所以 C 选项错误。

8. 答案:A、B、C

解析:根据我国税收法律制度的规定,纳税人办理税务登记后发生改变名称、改变法定代表人、改变经济性质或经济类型、改变依据和经营地点(不涉及主管税务机关变动的)、改变生产或经营方式、增减注册资金(资本)、改变隶属关系、改变生产经营期限、改变或增减银行账号、改变生产经营权属以及改变其他税务登记内容的应当办理变更税务登记手续。D 选项应办理注销登记。

9. 答案:A、C、D

解析:税务代理的特点是公正性、自愿性、有偿性、独立性、确定性。

10. 答案:A、B、C、D

解析:税收违法行政处罚形式包括:①没收违法所得、没收非法财物,选项 A 正确;②责令限期改正,选项 B 正确;③停止出口退税权,选项 C 正确;④收缴未用发票和暂停供应发票,选项 D 正确;⑤罚款。

11. 答案:A、B、C、D

解析:根据规定,纳税申报的方式主要有直接申报、邮寄申报、数据电文申报、简易申报和其他方式等。

12. 答案:A、B、C

解析:开具发票时应按号顺序填开,填写项目齐全、内容真实、字迹清楚、全部联次一次性复写或打印、内容完全一致,并在发票联和抵扣联加盖单位财务印章或者发票专用章。

13. 答案:A、C

解析:《税务代理试行办法》规定,税务代理人可以接受纳税人、扣缴义务人的委托从事下列范围内的业务代理:办理税务登记、变更税务登记、办理除增值税发票外的发票领购手续;办理纳税申报和扣缴税款报告;办理缴纳税款和申请退税;制作涉税文书;审查纳税情况;建账建制,办理账务;开展税务咨询、受聘税务顾问;申请税务行政复议或税务行政诉讼;国家税务总局规定的其他业务等。

14. 答案:B、C

解析:税务登记包括开业登记,变更登记,停业、复业登记,注销登记,外出经营报验登记等。

15. 答案:A、C、D

解析:发票分为增值税专用发票、普通发票和专业发票。国有保险企业的保险凭证属于专业发票。增值税一般纳税人在不能开具专用发票的情况下也可以使用普通发票。

16. 答案:A、B、D

解析:本题考核变更税务登记的内容。

17. 答案:A、B、C、D

解析:根据《税收征收管理法》的规定,纳税人伪造、变造、隐匿、擅自销毁账簿、记账凭证,或者在账簿上多列支出或者不列、少列收入,或者经税务机关通知申报而拒不申报或者进行虚假的纳税申报,不缴或者少缴应纳税款的,是偷税。

18. 答案:A、D

解析:本题考核发票的种类。B、C 属于专用发票。

19. 答案：A、B、C

解析：本题考核发票的管理。税务机关在发票管理中有权进行下列检查：①检查印制、领购、开具、取得和保管发票的情况；②调出发票查验；③查阅、复制与发票有关的凭证、资料；④向当事各方询问与发票有关的问题和情况；⑤在查处发票案件时,对与案件有关的情况和资料,可以记录、录音、录像、照相和复制。选项 D,不得带走有关资料。

20. 答案：A、C

解析：本题考核发票的种类。B、D 属于行业发票。

21. 答案：A、B、D

解析：本题考核注销税务登记。需办理注销税务登记的情形包括：纳税人解散、破产、撤销,终止纳税义务的；被撤掉营业执照或被撤销；因住所、经营地点变动,涉及改变税务机关的。选项 C 属于办理变更税务登记的情形。

22. 答案：A、B、C、D

解析：本题考核税款的征收方式。税款的征收方式包括：代扣代缴、代收代缴、委托代征、邮寄申报纳税等。

23. 答案：A、B、C、D

解析：本题考核企业所得税的征收管理。

24. 答案：A、B、C、D

解析：本题考核专业发票的管理。专业发票是一种特殊种类的发票,但不套印发票监制章；它属于发票的管理范围,但经有关部门批准后,由主管部门自定式样,自行印制、发放和管理,自行负责。

25. 答案：A、B、D

解析：本题考核发票的领购。

26. 答案：A、B、C

解析：本题考核税务代理的法定业务范围。选项 D,增值税专用发票的领购事宜必须由纳税人自行办理,注册税务师不得代理。

三、 判断题

1. 答案：错误

解析：采用数据电文方式进行纳税申报或者报送代扣代缴、代收代缴报告表的,还应在申报结束后,在规定的时间内,将电子数据的材料书面报送（邮寄）税务机关,或者按税务机关的要求保存,必要时按税务机关的要求出具。

2. 答案：错误

解析：按照规定不需要在工商行政管理机关或者其他机关办理注册登记的,应当自有关机关批准或者宣告终止之日起 15 日内,持有关证件向原税务登记机关申报办理注销税务登记。

3. 答案：错误

解析：纳税人外出经营活动结束,应当向外出经营地税务机关申报并经纳税机关核实,纳税人结清应纳税款、缴销未使用发票并办理有关手续。

4. 答案：正确

解析：根据规定,纳税人、扣缴义务人可以将下列涉税业务委托税务代理人办理：①办理税务登记、变更税务登记和注销税务登记；②办理除增值税专用发票外的发票领购手续；③办理纳税申报和扣缴税款报告；④办理缴纳税款和申请退税；⑤制作涉税文书；⑥审查纳税情况；⑦建账建制,办理账务；⑧申请税务行政复议或税务行政诉讼；⑨税务咨询,受聘税务顾问；⑩国家税务总局规定的其他业务。

5. 答案：错误

解析：增值税专用发票由国务院税务主管部门确定的企业印制。

6. 答案：正确

解析：略

7. 答案：错误

解析：纳税人、扣缴义务人、纳税担保人同税务机关在纳税上发生争议时,必须先依照税务机关的纳税决定缴纳或者解缴税款及滞纳金或者提供相应的担保,然后可以依法申请行政复议。对行政复议决定不服的,可以依法向人民法院起诉。

8. 答案：正确

解析：略

9. 答案：错误

解析：开具发票应当按照规定的时限、顺序、栏目,全部联次一次性如实开具,并加盖单位财务印章或者发票专用章,不得逐联填开。

10. 答案：正确

解析：略

11. 答案：错误

解析：委托代征是指受托单位按照税务机关核发的代征证书的要求,以税务机关的名义向纳税人征收一些零散税款的一种税款征收方式。这种方式一般适用于小额、零散税源的征收。

12. 答案：错误

解析：纳税人享受减税、免税待遇的,在减税、免税期间也应当按照规定办理纳税申报。

13. 答案：正确

解析：纳税人采取邮寄申报方式办理纳税申报,应当使用统一规定的纳税申报特快专递专用信封,通过邮政部门办理交寄手续,并向邮政部门索取收据作为申报凭证。

14. 答案：正确

解析：拘役是剥夺犯罪分子短期的人身自由的刑罚,由公安机关就近执行;期限为1个月以上6个月以下。

15. 答案：错误

解析：纳税人停业期间发生纳税义务的,应当及时向主管税务机关申报,依法缴纳税款,不能等到复业后办理。

16. 答案：正确

解析：直接申报又称上门申报,是指纳税人、扣缴义务人自行到税务机关办理纳税申报或者报送代扣代缴、代收代缴报告表。

17. 答案：错误

解析：简易申报是指实行定期定额缴纳税款的纳税人，经税务机关批准，通过以缴纳税款凭证代替申报或简并征期的一种纳税方式。

18. 答案：正确

解析：纳税人除了对规定的征税行为：确认纳税主体、征税对象、征税范围、减税、免税、退税、抵扣税款、适用税率、计税依据、纳税环节、纳税期限、纳税地点和税款征收方式等具体行政行为，征收税款、加收滞纳金，扣缴义务人、受税务机关委托的单位和个人作出的代扣代缴、代收代缴、代征行为等不服的，可以向行政复议机关申请行政复议，也可以向人民法院提起行政诉讼。

19. 答案：正确

解析：核定征收适用于：①依照法律、行政法规的规定可以不设置账簿的；②依照法律、行政法规的规定应当设置但未设置账簿的；③擅自销毁账簿或者拒不提供纳税资料的；④虽设置账簿，但账目混乱或者成本资料、收入凭证、费用凭证残缺不全，难以查账的；⑤发生纳税义务，未按照规定的期限办理纳税申报，经税务机关责令限期申报，逾期仍不申报的；⑥申报的计税依据明显偏低，又无正当理由的。

20. 答案：正确

解析：本题考核税款征收。欠缴税款的纳税人或者其法定代表人需要出境的，应当在出境前向税务机关结清应纳税款、滞纳金或者提供担保。未结清税款、滞纳金，又不提供担保的，税务机关可以通知出境管理机关阻止其出境。

21. 答案：错误

解析：本题所述的内容，应该为专业发票。

22. 答案：错误

解析：本题考核税务违法刑事处罚。我国税务刑事处罚的种类依《刑法》规定，目前有五种主刑（包括死刑、无期徒刑、有期徒刑、拘役和管制），三种附加刑（包括罚金、剥夺政治权利和没收财产），具体适用种类由人民法院作出判决。

23. 答案：正确

解析：本题考核税款征收方式。

24. 答案：错误

解析：专业发票是一种特殊种类的发票，但不套印发票监制章。

25. 答案：正确

解析：本题考核税务违法刑事处罚。

26. 答案：正确

解析：根据增值税的规定，非固定业户销售货物、应税劳务、服务、无形资产或者不动产，未向销售地、应税劳务发生地或者应税行为发生地的主管税务机关申报纳税的，由其机构所在地或者居住地的主管税务机关补征税款。

27. 答案：错误

解析：本题考核税收法律责任。纳税人伪造、变造、隐藏、擅自销毁账簿、会计凭证或在账簿上多列支出或不列、少列收入，或经税务机关通知申报而拒不申报或进行虚假的纳税申报，不缴或少缴应纳税款的，属于偷税行为。

28. 答案：正确

解析：本题考核税务登记的变更登记。

29．答案：错误

解析：本题考核发票。发票的发票联，由收执方作为付款或收款原始凭证。

30．答案：正确

解析：机打发票又称电脑发票，是指企业在经营活动中按照税务机关批准的发票式样，利用计算机填开并使用其附设的打印机打印出票面内容的发票。

31．答案：错误

解析：从事生产、经营的纳税人到外县（市）临时从事生产、经营活动的，应当持税务登记证副本和所在地税务机关填开的外出经营活动税收管理证明，向营业地税务机关报验登记，接受税务管理。

32．答案：错误

解析：当事人对税务机关的处罚决定、强制执行措施或者税收保全措施不服的，可以依法申请行政复议，也可以向人民法院起诉。

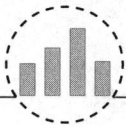

第四章

财政法律制度

第一节　预算法律制度

一、单选题

1. 下列不属于县级以上地方各级人民代表大会的预算管理职权的是（　　）。
   A. 改变或者撤销全国人民代表大会常务委员会关于预算、决算的不适当的决议
   B. 撤销本级政府关于预算、决算的不适当的决定和命令
   C. 审查本级总预算草案及本级总预算执行情况的报告
   D. 批准本级预算和本级预算执行情况的报告

2. 对本级各部门、各单位和下级政府的预算执行、决算实施审计监督的部门是（　　）。
   A. 各级政府财政部门　　　　　　　　B. 各级政府
   C. 各级政府审计部门　　　　　　　　D. 上一级政府财政部门

3. 《预算法》规定,中央预算的调整方案必须提请（　　）审查和批准。
   A. 全国人民代表大会　　　　　　　　B. 全国人民代表大会常务委员会
   C. 国务院　　　　　　　　　　　　　D. 财政部

4. 国家预算收入的最主要的部分是（　　）。
   A. 行政事业性收费收入　　　　　　　B. 税收收入
   C. 国有资源(资产)有偿使用收入　　　D. 转移性收入

5. 下列各项中,乡、民族乡、镇政府编制本级决算草案,提请（　　）审查和批准。
   A. 本级人民代表大会　　　　　　　　B. 本级人民代表大会常务委员会
   C. 本级财政部门　　　　　　　　　　D. 本级审计部门

6. 国家预算既是保障国家机器运转的物质条件,又是政府实施各项社会经济政策的有效保证,体现的是国家预算的（　　）。
   A. 制约作用　　　　　　　　　　　　B. 反映监督作用
   C. 财力保证作用　　　　　　　　　　D. 调节作用

7. 根据我国《预算法》的规定,不属于国务院财政部门预算管理职权的是（　　）。
   A. 具体编制中央预算、决算草案　　　B. 具体组织中央和地方预算的执行
   C. 审查和批准中央预算的调整方案　　D. 具体编制中央预算的调整方案

8. 下列对中央和地方预算、决算进行监督的机关是（　　）。
   A. 地方各级人大及其常委会　　　　　B. 财政部

C. 全国人大及其常委会　　　　　　　　D. 全国人大常委会

9. 上海市预算属于（　　）预算。

    A. 中央　　　　　　　B. 省级　　　　　C. 地市级　　　　　D. 县市级

10. 地方各级政府预算由（　　）审查和批准。

    A. 上级人民政府　　　　　　　　　　B. 本级人民政府

    C. 本级人民代表大会　　　　　　　　D. 本级人民代表大会常委会

11. 下列各项中，不属于《预算法》规定的各部门预算职权的是（　　）。

    A. 编制本部门预算、决算草案

    B. 组织和监督本部门预算的执行

    C. 定期向本级政府财政部门报告预算的执行情况

    D. 定期向本级政府和上一级政府财政部门报告本部门总预算的执行情况

12. 《中华人民共和国预算法实施条例》自（　　）开始实施。

    A. 1995 年 11 月 22 日　　　　　　B. 1993 年 10 月 22 日

    C. 2000 年 10 月 22 日　　　　　　D. 1990 年 10 月 22 日

13. 下列关于预算的审批，说法错误的是（　　）。

    A. 中央预算由全国人民代表大会审查和批准

    B. 地方各级政府预算由本级人民代表大会审查和批准

    C. 中央预算和地方各级政府预算均由全国人民代表大会审查和批准

    D. 各级政府预算批准后，必须依法向相应的国家机关备案

14. 我国国家预算年度是指（　　）。

    A. 自公历 12 月 31 日起，至次年 12 月 31 日止

    B. 自公历 1 月 1 日起，至次年 1 月 1 日止

    C. 自公历 1 月 1 日起，至 12 月 31 日止

    D. 自公历 6 月 30 日起，至 12 月 31 日止

15. 调整国家进行预算资金的筹措、分配、使用和管理过程中发生的经济关系的法律规范的总称是（　　）。

    A. 财政法律制度　　　　　　　　　　B. 预算法律制度

    C. 税收法律制度　　　　　　　　　　D. 金融法律制度

16. 财政贴息支出属于我国《预算法》规定的预算支出范围的是（　　）。

    A. 其他支出　　　　　　　　　　　　B. 行政管理费支出

    C. 国防支出　　　　　　　　　　　　D. 经济建设支出

17. 设区的市预算属于（　　）。

    A. 省级预算　　　B. 地市级预算　　　C. 县市级预算　　　D. 乡镇级预算

18. 下列关于《预算法》规定的预算调整的说法中，错误的是（　　）。

    A. 违反规定作出调整预算决定的，本级政府财政部门应当责令其改变或者撤销

    B. 预算调整实际上是在执行中因特殊情况需要增加支出或者减少收入，使原批准的收支平衡的预算的总支出超过总收入，或者使原批准的预算中举借债务的数额增加的部分变更

    C. 县级以上各级政府预算的调整方案必须提请本级人大常务委员会审查和批准

D. 各部门、各单位的预算支出,必须按照本级政府财政部门批复的预算科目和数额执行,不得挪用;确需作出调整的,必须经本级政府财政部门同意

19. 各级政府财政部门应当自本级人大会批准本级政府预算之日起( )日内,批复本级各部门预算。

A. 15 B. 25 C. 30 D. 90

二、多选题

1. 下列有关预算的审批、执行、调整等,表述正确的是( )。
   A. 中央预算由全国人民代表大会审查和批准
   B. 地方各级政府预算由上级人民代表大会审查和批准
   C. 各级预算由本级政府组织执行,具体工作由本级政府财政部门负责
   D. 乡、民族乡、镇政府预算的调整方案必须提请本级人民代表大会审查和批准。

2. 下列国家预算中有关中央预算表述正确的是( )。
   A. 由中央各部门(含直属单位)的预算组成
   B. 中央预算包括地方向中央上缴的收入数额
   C. 中央预算包括中央对地方返还或者给予补助的数额
   D. 中央预算不包括军队和政党组织的预算

3. 下列有关预决算管理的监督表述正确的是( )。
   A. 全国人民代表大会及其常务委员会对中央和地方预算、决算进行监督
   B. 县级以上地方各级人民代表大会及其常务委员会对本级和下级政府预算、决算进行监督
   C. 乡、民族乡、镇人民代表大会对本级预算、决算进行监督
   D. 各级政府审计部门对本级各部门、各单位和下级政府的预算执行、决算实行审计监督

4. 我国《预算法》规定的预算支出形式包括( )。
   A. 经济建设支出
   B. 教育、科学、文化、卫生、体育等事业发展支出
   C. 国家管理费用支出
   D. 国防支出

5. 下列关于全国人民代表大会预算管理的职权表述正确的是( )。
   A. 审查中央和地方预算草案及中央和地方预算执行情况的报告
   B. 审查和批准中央预算的调整方案
   C. 撤销国务院制定的同宪法、法律相抵触的关于预算、决算的行政法规、决定和命令
   D. 改变或者撤销全国人民代表大会常务委员会关于预算、决算的不适当的决议

6. 关于我国的预算法律制度,下列说法正确的有( )。
   A. 预算法律制度由《预算法》及《预算法实施条例》构成
   B. 《预算法》在财政法的体系中处于核心地位
   C. 现行的《预算法》为第十二届全国人民代表大会常务委员会第十次会议通过

D. 我国的《预算法实施条例》自 1995 年 11 月 2 日起实施

7. 关于预算调整原因的叙述中,正确的有(　　)。

A. 原批准的预算在执行中因特殊情况需要增加支出

B. 原批准的预算中举借债务的数额变更的部分

C. 原批准的预算在执行中因特殊情况需要减少收入

D. 原批准的收支平衡的预算的总支出超过总收入

8. 关于预算调整原因的叙述中,正确的有(　　)。

A. 需要增加或者减少预算总支出

B. 需要调入预算稳定调节基金

C. 需要调减预算安排的重点支出数额

D. 需要增加举借债务数额

9. 我国国家预算体系中县市级预算包括(　　)。

A. 县预算　　　　B. 自治县预算　　　C. 设区的市预算　　D. 市辖区预算

10. 下列表述正确的有(　　)。

A. 由国务院财政部门编制的中央决算草案,经国务院审定后,由国务院提请全国
人大批准

B. 由国务院财政部门编制的中央决算草案,经国务院审定后,由国务院提请全国
人大常委会审批

C. 由县级以上地方各级政府财政部门编制的本级决算草案,经本级政府审定后,
由本级人大常委会审批

D. 由乡级政府编制的决算草案,由本级人大审批

11. 下列(　　)属于全国人民代表大会常务委员会的预算管理职权。

A. 监督中央和地方预算的执行

B. 审查和批准中央预算的调整方案

C. 撤销国务院制定的同宪法、法律相抵触的关于预算、决算的行政法规、决定和命令

D. 撤销省、自治区、直辖市人民代表大会及其常务委员会制定的同宪法、法律和行
政法规相抵触的关于预算、决算的地方性法规和决议

12. 下列关于部门预算的说法中正确的是(　　)。

A. 部门预算是市场经济国家财政预算管理的基本组织形式

B. 部门预算从基层单位开始预算的编制

C. “部门”本身有严格的资质要求

D. 部门预算是一项综合预算

13. 地方各级政府预算的编制内容包括(　　)。

A. 本级预算收入和支出　　　　　　B. 返还或补助下级的支出

C. 上解下级的支出　　　　　　　　D. 下级上解的收入

14. 下列关于预算调整方案的审查和批准表述正确的有(　　)。

A. 中央预算的调整方案必须提请全国人民代表大会常务委员会审查和批准

B. 县级以上地方各级政府预算的调整方案必须提请本级人民代表大会常务委员
会审查和批准

  C. 乡、民族乡、镇政府预算的调整方案必须提请本级人民代表大会常务委员会审查和批准

  D. 乡、民族乡、镇政府预算的调整方案必须提请本级人民代表大会审查和批准

15. 下列关于预算的调整,说法正确的有(　　)。

  A. 县级以上预算的调整方案必须提请本级人民代表大会常务委员会审查和批准

  B. 预算调整方案由各级全国人民代表大会常务委员会负责具体编制

  C. 接受上级返还或者补助的地方政府,应当按照上级政府规定的用途使用款项,不得擅自改变用途

  D. 政府有关部门以及本级预算安排的资金拨付给下级政府有关部门的专款,必须经过上级政府财政部门同意并办理预算划转手续

16. 根据我国《预算法》的规定,属于全国人民代表大会预算职权的有(　　)。

  A. 审查中央和地方预算草案及中央和地方预算执行情况的报告

  B. 批准中央预算和中央预算执行情况的报告

  C. 审查和批准中央预算的调整方案

  D. 改变或者撤销全国人民代表大会常务委员会关于预算、决算的不适当的决议

17. 下列各项中,对预决算监督的分类说法正确的是(　　)。

  A. 按照时间先后,可以分为事前监督、事中监督和事后监督

  B. 按照监督的内容,可以分为对预算编制的监督、对预算执行的监督、对预算调整的监督、对决算的监督

  C. 各级国家权力机关即各级人民代表大会及其常委会对预算、决算进行的监督属于按照监督的主体分类

  D. 各级政府对下一级政府预算执行的监督属于按照监督的主体分类

18. 乡、民族乡、镇的人民代表大会的职权包括(　　)。

  A. 审查本级预算及本级预算执行情况的报告

  B. 监督本级预算的执行

  C. 审查和批准本级预算的调整方案和决算

  D. 撤销本级政府关于预算、决算的不适当的决定和命令

三、判断题

  1. 国务院财政部门编制中央决算草案后,提请全国人民代表大会常务委员会审查和批准。 (　　)

  2. 地方各级政府预算中的本级各部门是指与本级政府财政部门直接和间接发生预算缴款、拨款关系的地方国家机关、政党组织和社会团体。 (　　)

  3. 预算组织程序包括预算收支范围、预算编制、预算执行、预算调整,决算和监督等。 (　　)

  4. 国民经济和社会发展计划、财政中长期计划以及有关的财政经济政策是各级政府、各部门和各单位编制年度预算草案的依据。 (　　)

  5. 预算一经批准,不得进行调整。 (　　)

  6. 我国实行一级政府一级预算。 (　　)

7. 预算草案是指各级政府、各部门、各单位编制的已经法定程序审查和批准的预算收支计划。 （　　）

8.《预算法实施条例》是我国财政法规范性文件体系中的一部至为重要的法律,其宗旨是强化预算的分配和监督职能,健全国家对预算的管理,健全国家宏观调控,保障经济和社会的健康发展。 （　　）

9. 我国预算支出的最主要部分是国家管理费用支出。 （　　）

10. 国家预算是国民经济的综合反映,预算收入反映国民经济发展规模和经济效益水平,预算支出反映各项建设事业发展的基本情况。 （　　）

11. 预算组织程序包括预算收支范围、预算编制、预算执行、预算调整,决算和监督等。 （　　）

12. 国家预算及其执行情况必须完全公开,为人民所了解并置于人民的监督之下。 （　　）

13. 国家预算是指经法定程序批准的、国家在一定期间内预定的财政收支计划,是国家进行财政分配的依据和宏观调控的重要手段。 （　　）

14. 提出中央预算预备费用方案是国务院财政部门的职权。 （　　）

答案与解析

一、单选题

1. 答案：A

解析：选项 A,只能改变或者撤销本级人民代表大会常务委员会关于预算、决算的不适当的决议。

2. 答案：C

解析：各级政府审计部门应当依照《审计法》以及有关法律、行政法规的规定,对本级预算执行情况,对本级各部门、下级政府的预算执行和决算实行审计监督。

3. 答案：B

解析：本题考核预算的调整方案的审批。

4. 答案：B

解析：税收收入是国家预算收入的最主要的部分。

5. 答案：A

解析：乡、民族乡、镇政府编制本级决算草案,提请本级人民代表大会审查和批准。

6. 答案：C

解析：本题考查国家预算的作用。

7. 答案：C

解析：选项 C,属于全国人民代表大会常务委员会的职权。

8. 答案：C

解析：全国人民代表大会及其常务委员会对中央和地方预算、决算进行监督。此处考核的是预决算的监督,而非预算管理职权中人大常委会对预算执行的监督权。

9. 答案：B

解析：本题考察预算的级次划分。

10. 答案：C

解析：本题考核预算的审批。

11. 答案：D

解析：各部门预算职权包括：编制本部门预算、决算草案；组织和监督本部门预算的执行；定期向本级政府财政部门报告预算的执行情况。

12. 答案：A

解析：本题考核《预算法实施条例》的实施时间。我国的《预算法实施条例》自 1995 年 11 月 22 日起实施。

13. 答案：C

解析：本题考核预算的审批。根据规定，地方各级政府预算由本级人民代表大会审查和批准。

14. 答案：C

解析：本题考核我国预算年度。我国国家预算年度自公历 1 月 1 日起至 12 月 31 日止。

15. 答案：B

解析：本题考核预算法律制度的概念。预算法律制度是指国家经过法定程序制定的，用以调整国家预算关系的法律、行政法规和相关规章制度。

16. 答案：A

解析：本题考核预算支出的形式。我国《预算法》规定的预算支出形式包括：①经济建设支出；②教育、科学、文化、卫生、体育等事业发展支出；③国家管理费用支出；④国防支出，包括国防费、国防科研事业费、民兵建设费等；⑤各项补贴支出，包括粮油补贴、农业生产资料价差补贴等；⑥其他支出，包括对外援助支出、财政贴息支出、国家物资储备支出、少数民族地区补助费等。

17. 答案：B

解析：我国国家预算共分为五级，包括：中央预算；省级（省、自治区、直辖市）预算；地市级（设区的市、自治州）预算；县市级（县、自治县、不设区的市、市辖区）预算；乡镇级（乡、民族乡、镇）预算。

18. 答案：A

解析：本题考核预算调整的规定。违反规定作出调整预算决定的，本级人民代表大会、本级人民代表大会常务委员会或者上级政府应当责令其改变或者撤销。

19. 答案：C

解析：本题考核预算审批的相关内容。根据规定，各级政府财政部门应当自本级人大会批准本级政府预算之日起 30 日内，批复本级各部门预算。各部门应当自本级政府财政部门批复本部门决算之日起 15 日内向所属各单位批复决算。

二、 多选题

1. 答案：A、C、D

解析：地方各级政府预算由本级人民代表大会审查和批准,所以选项 B 错误。

2. 答案：A、B、C

解析：中央预算是指中央政府预算,由中央各部门(含直属单位)的预算组成。中央预算包括地方向中央上缴的收入数额和中央对地方返还或者给予补助的数额。其中,中央各部门是指与财政部直接发生预算缴款、拨款关系的国家机关、军队、政党组织和社会团体;直属单位是指与财政部直接发生预算缴款、拨款关系的企业和事业单位。

3. 答案：A、B、C、D

解析：本题考核预决算的监督。

4. 答案：A、B、C、D

解析：本题考核预算支出的形式。预算支出按用途划分为：①经济建设支出;②科、教、文、卫、体等事业发展支出;③国家管理费用支出;④国防支出;⑤各项补贴支出;⑥其他支出。

5. 答案：A、D

解析：全国人民代表大会的职权包括：①审查中央和地方预算草案及中央和地方预算执行情况的报告;②批准中央预算和中央预算执行情况的报告;③改变或者撤销全国人民代表大会常务委员会关于预算、决算的不适当的决议。全国人民代表大会常务委员会负责：①监督中央和地方预算的执行;②审查和批准中央预算的调整方案;③审查和批准中央决算;④撤销国务院制定的同宪法、法律相抵触的关于预算、决算的行政法规、决定和命令;⑤撤销省、自治区、直辖市人民代表及其常务委员会制定的同宪法、法律和行政法规相抵触的关于预算、决算的地方性法规和决议。

6. 答案：B、C

解析：选项 A,预算法律制度由《预算法》《预算法实施条例》以及其他跟预算有关的法规制度构成;选项 D,我国的《预算法实施条例》1995 年 11 月 2 日制定,自 1995 年 11 月 22 日起实施。

7. 答案：A、C、D

解析：选项 B,原批准的预算中举借债务的数额增加的部分才需要调整,而不是变更的部分。

8. 答案：A、B、C、D

解析：经全国人民代表大会批准的中央预算和经地方各级人民代表大会批准的地方各级预算,在执行中出现上述选项中情况之一的,应当进行预算调整。

9. 答案：A、B、D

解析：选项 C,设区的市预算属于地市级预算。

10. 答案：B、C、D

解析：选项 A,由国务院财政部门编制的中央决算草案,经国务院审定后,由国务院提请全国人大常委会审批。

11. 答案：A、B、C、D

解析：见本节多选题 5 题。

12. 答案：A、B、C、D

解析：各部门预算由本部门所属各单位预算组成。单位预算是指列入部门预算的国家机关、社会团体和其他单位的收支预算。部门单位预算是总预算的基础,由各预算部门和单位编制。部门预算是市场经济国家财政预算管理的基本组织形式。部门预算是一项综合预算。

13. 答案:A、B、D

解析:本题考核地方各级预算草案的编制内容。选项C应该是上解上级的支出。

14. 答案:A、B、D

解析:本题考核预算的审批。

15. 答案:A、C

解析:本题考核预算的调整。选项B,根据规定,预算调整方案由政府财政部门负责具体编制。选项D,政府有关部门以及本级预算安排的资金拨付给下级政府有关部门的专款,必须经过本级政府财政部门同意并办理预算划转手续。

16. 答案:A、B、D

解析:本题考核全国人民代表大会的预算职权。选项C是全国人民代表大会常务委员会的职权之一。

17. 答案:A、B、C、D

解析:本题考核预决算的监督。

18. 答案:A、B、C、D

解析:本题考核乡、民族乡、镇的人民代表大会的职权。

三、 判断题

1. 答案:错误

解析:国务院财政部门编制中央决算草案,报国务院审定后,由国务院提请全国人民代表大会常务委员会审查和批准。

2. 答案:错误

解析:地方各级政府预算中的本级各部门是指与本级政府财政部门直接发生预算缴款、拨款关系的地方国家机关、政党组织和社会团体。

3. 答案:错误

解析:预算组织程序包括预算编制、审查、执行、调整。

4. 答案:错误

解析:本题考核预算的编制。国民经济和社会发展计划、财政中长期计划以及有关的财政经济政策是各级政府编制年度预算草案的依据。

5. 答案:错误

解析:中央预算的调整方案必须提请全国人民代表大会常务委员会审查和批准。县级以上地方各级政府预算的调整方案必须提请本级人民代表大会常务委员会审查和批准。乡、民族乡、镇政府预算的调整方案必须提请本级人民代表大会审查和批准。未经批准,不得调整预算。

6. 答案:正确

解析:本题考核国家预算的级次划分。

7. 答案:错误

解析：本题考核预算草案的概念。预算草案是指各级政府、各部门、各单位编制的未经法定程序审查和批准的预算收支计划。

8. 答案：错误

解析：本题考核《预算法》的制定宗旨。《预算法》是我国财政法规范性文件体系中的一部至为重要的法律，其宗旨是强化预算的分配和监督职能，健全国家对预算的管理，健全国家宏观调控，保障经济和社会的健康发展。

9. 答案：错误

解析：本题考核我国预算支出的内容。经济建设支出是预算支出的主要部分。

10. 答案：正确

解析：本题考核国家预算的作用。

11. 答案：错误

解析：预算组织程序包括预算编制、审查、执行、调整。

12. 答案：错误

解析：本题考核国家预算的原则。国家预算及其执行情况必须采取一定形式公开，为人民所了解并置于人民的监督之下。

13. 答案：正确

解析：本题考核国家预算的概念。

14. 答案：正确

解析：本题考核预算管理的职权。

第二节　政府采购法律制度

一、单选题

1. 根据《政府采购法》的规定，对于具有特殊性，只能从有限范围的供应商处采购的货物，其适用的政府采购方式是（　　）。

　　A. 公开招标方式　　　　　　　　　B. 邀请招标方式

　　C. 竞争性谈判方式　　　　　　　　D. 单一来源方式

2. 与过去分散的采购体制相比较，实行统一集中的政府采购使采购规模得到扩大，有助于形成政府采购买方市场，这体现了政府采购的（　　）功能。

　　A. 节约财政支出　　　　　　　　　B. 强化宏观调控

　　C. 活跃市场经济　　　　　　　　　D. 保护民族产业

3. 中央预算的政府采购项目，其集中采购目录由（　　）确定并公布。

　　A. 财政部　　　　　　　　　　　　B. 国务院

　　C. 全国人民代表大会　　　　　　　D. 全国人民代表大会常务委员会

4. 下列不属于政府采购对象范围的是（　　）。

　　A. 人员　　　　B. 工程　　　　C. 货物　　　　D. 服务

5. 政府采购当事人的范围不包括（　　）。

　　A. 采购人　　　　　　　　　　　　B. 供应商

　　C. 政府采购监督管理机构　　　　　D. 采购代理机构

6. 无权确定并公布政府集中采购目录和采购限额标准的是（　　）。

    A. 采购代理公司　　　　　　　　B. 省级政府授权机构

    C. 国务院　　　　　　　　　　　D. 省级政府

7. 下列各项中,属于政府采购中有关"政府采购主体不能无故将希望参加采购的供应商排斥在外"的规定所体现的原则是（　　）。

    A. 公开透明原则　　　　　　　　B. 公平竞争原则

    C. 公正原则　　　　　　　　　　D. 诚实信用原则

8. 下列不属于我国政府采购的功能的是（　　）。

    A. 推进反腐倡廉　　　　　　　　B. 强化宏观调控

    C. 保护民族产业　　　　　　　　D. 提高财政收入

9. 下列各项中,（　　）不属于政府采购主体范围。

    A. 行政机关　　　　B. 党务机关　　　　C. 事业单位　　　　D. 企业

10. 采用公开招标方式进行政府采购的,自招标文件开始发出之日起至投标人提交投标文件截止之日止,不得少于（　　）日。

    A. 10　　　　　　　　B. 20　　　　　　　　C. 30　　　　　　　　D. 60

11. 下列各项关于政府采购方式的表述中,属于询价方式的是（　　）。

    A. 采购人或其委托的政府采购代理机构以投标邀请书的方式邀请三家或三家以上特定的供应商参与投标的采购方式

    B. 采购人向三家以上潜在的供应商发出询价单,对各供应商一次性报出的价格进行分析比较,按照符合采购需求、质量和服务相等且报价最低的原则确定中标供应商的采购方式

    C. 采购人或其委托的政府采购机构以招标公告的方式邀请不特定的供应商参加投资竞争,从中择优选择中标供应商的采购方式

    D. 采购人或其委托的政府采购代理机构通过与多家供应商采购事宜进行谈判,经分析比较后从中确定中标供应商的采购方式

12. 由财政部门或另由一个专门负责的部门负责本级政府所有采购的模式是（　　）。

    A. 集中分散结合采购　　　　　　B. 集中采购

    C. 分散采购　　　　　　　　　　D. 统一采购

二、多选题

1. 下列体现政府采购中"公开透明原则"的有（　　）。

    A. 政府采购当事人在政府采购活动中,本着诚实、守信的态度履行各自的权利和义务

    B. 政府采购要按照事先约定的条件和程序进行,对所有供应商一视同仁

    C. 政府采购的招标信息要公开

    D. 政府采购的中标结果要公开

2. 下列各项中,属于政府采购供应商应具备的条件的有（　　）。

    A. 具有独立承担民事责任的能力

    B. 有依法缴纳税收和社会保障资金的良好记录

  C. 具有履行合同所必需的设备和专业技术能力

  D. 具有良好的商业信誉和健全的财务会计制度

 3. 下列属于政府采购监督检查的主要内容的有（ ）。

  A. 政府采购人员的职业素质

  B. 采购范围和采购方式的执行情况

  C. 有关政府采购的法律、法规的执行情况

  D. 政府采购人员的专业技能

 4. 根据政府采购法律制度的规定，下列情形中，采购人可以采用竞争性谈判方式采购的有（ ）。

  A. 采用招标方式所需时间不能满足用户紧急需要的

  B. 不能事先计算出价格总额的

  C. 采用公开招标方式的费用占政府采购项目总价值的比例过大的

  D. 技术复杂或者性质特殊，不能确定详细规格或者具体要求的

 5. 符合（ ）情形之一的货物或服务，可以采用单一来源方式采购。

  A. 只能从唯一供应商处采购的

  B. 发生了不可预见的紧急情况不能从其他供应商处采购的

  C. 必须保证原有采购项目一致性或者服务配套的要求，需要继续从原供应商处添购，且添购资金总额不超过原合同采购金额百分之十的

  D. 某供应商在政府采购活动中，一直质优价廉，讲究信誉的

 6. 下列货物或者服务，可以采用邀请招标方式采购的有（ ）。

  A. 具有特殊性，只能从有限范围的供应商处采购的

  B. 技术复杂或者性质特殊，不能确定详细规格或者具体要求的

  C. 采购的货物规格、标准统一、现货货源充足且价格变化幅度小

  D. 采用公开招标方式的费用占政府采购项目总价值的比例过大的

 7. 为赢得政府采购的订单，供应商应（ ），为市场经济注入生机和活力。

  A. 积极提高产品质量   B. 降低生产成本

  C. 改善售后服务   D. 增强企业的竞争力

 8. 下列各项中，属于政府采购当事人中采购人的有（ ）。

  A. 中华人民共和国水利部   B. 中国科学院

  C. 中国红十字会   D. 中国铁路总公司

 9. 下列情形中，体现政府采购功能中的"节约财政支出，提高采购资金的使用效益"功能的有（ ）。

  A. 优先采购国产的货物

  B. 通过规范化的政府采购以避免暗箱操作

  C. 实行政府集中采购

  D. 将采购资金直接拨付给供应商，减少了资金流通环节

 10. 下列关于实行分散采购的优点，说法正确的有（ ）。

  A. 灵活性   B. 降低采购成本

  C. 取得规模效益   D. 满足采购及时性

11. 政府采购资金为财政性资金是指（　　　）。
   A. 财政资金相配套的单位自筹资金　　B. 单位向银行的贷款资金
   C. 预算内资金　　　　　　　　　　　D. 预算外资金

12. 下列各项中,（　　　）属于政府采购供应商的权利。
   A. 平等地获得政府采购信息的权利
   B. 平等地取得政府采购供应商资格的权利
   C. 自主、平等地签订政府采购合同的权利
   D. 自主、平等地参加政府采购竞争的权利

13. 下列各项中,（　　　）属于政府采购代理机构的义务。
   A. 依法开展代理采购活动并提供良好服务
   B. 依法发布采购信息
   C. 依法接受监督管理
   D. 不得向采购人行贿或者采取其他不正当手段谋取非法利益

14. 下列情形中,体现政府采购功能中的"推进反腐倡廉"功能的有（　　　）。
   A. 通过各个职能部门的监督杜绝各种权钱交易的现象出现
   B. 通过对采购地区的选择以平衡地区间的经济发展
   C. 在竞标过程中执行严密、透明的"优胜劣汰"机制
   D. 制止政府采购中幕后交易、暗箱操作

15. 政府采购是指各级（　　　）,使用财政性资金采购依法制定的集中采购目录以内的或采购限额标准以上的货物、工程和服务的行为。
   A. 国家机关　　　　　　　　　　　　B. 事业单位
   C. 国有企业　　　　　　　　　　　　D. 团体组织

三、 判断题

1. 政府采购中的集中采购根据集中程度不同可以分为全国集中采购和地区集中采购两类。　　　　　　　　　　　　　　　　　　　　　　　　　　　　　（　　　）

2. 北京市人民医院不是政府采购的采购人。　　　　　　　　　　　　　（　　　）

3. 政府采购方式中,不要求供应商为 3 家以上的方式是邀请招标。　　　（　　　）

4. 不能事先计算出价格总额的项目,可以采用询价方式采购。　　　　　（　　　）

5. 政府采购中,通过对采购地区的选择以平衡地区间的经济发展是"活跃市场经济"功能的体现。　　　　　　　　　　　　　　　　　　　　　　　　　　　（　　　）

6. 采用公开招标方式采购的,自招标文件开始发出之日起至投标人提交投标文件截止之日止,不得少于 20 日。　　　　　　　　　　　　　　　　　　　　（　　　）

7. 建立健全内部监督管理制度包括诸多方面的内容,最核心的问题就是在集中采购机构内部形成一种相互制衡的约束机制。　　　　　　　　　　　　　　　（　　　）

8. 集中采购机构的资格,必须由国务院有关部门或省级人民政府有关部门认定。
　　　　　　　　　　　　　　　　　　　　　　　　　　　　　　　　（　　　）

9. 政府采购在竞标过程中执行严密、透明的"优胜劣汰"机制,极大地调动供应商参与政府采购的积极性是"强化宏观调控"功能的体现。　　　　　　　　　　（　　　）

10. 政府采购的采购人依据事先规定的评标或确定成交的标准,确定中标或成交供应商后,应当公开结果。 ( )

答案与解析

一、单选题

1. 答案:B

解析:邀请招标是指招标采购单位依法从符合相应资格条件的供应商中随机邀请三家(含三家)以上供应商,并以投标邀请书的方式,邀请其参加投标的方式。符合下列情形之一的货物或者服务,可以依照法律采用邀请招标方式采购:①具有特殊性,只能从有限范围的供应商处采购的;②采用公开招标方式的费用占政府采购项目总价值的比例过大的。

2. 答案:A

解析:本题考核的是政府采购的知识点。与过去分散的采购体制相比较,实行统一集中的政府采购使采购规模得到扩大,有助于形成政府采购买方市场,这体现了政府采购的节约财政支出,提高采购资金的使用效益。

3. 答案:B

解析:中央预算的政府采购项目,其集中采购目录由国务院确定并公布。

4. 答案:A

解析:政府采购的对象包括货物、工程和服务。

5. 答案:C

解析:政府采购当事人是指在政府采购活动中,享有权利和承担义务的各类主体,包括采购人、供应商和采购代理机构等。

6. 答案:A

解析:《政府采购法》规定,政府采购限额标准的制定实行分级管理。属于中央预算的政府采购项目、限额标准,由国务院确定并公布;属于地方预算的政府采购项目、限额标准,由省、自治区、直辖市人民政府或者其授权的机构确定并公布。

7. 答案:B

解析:公平竞争原则要求竞争必须公平,不能设置妨碍充分竞争的不正当条件。公平竞争是指政府采购的竞争是有序竞争,要公平地对待每一个供应商,不能有歧视某些潜在的符合条件的供应商参与政府采购活动的现象,而且采购信息要在政府采购监督管理部门指定的媒体上公平地披露。

8. 答案:D

解析:本题考核政府采购的功能。政府采购的功能包括:节约财政支出、提高采购资金的使用效益;强化宏观调控;活跃市场经济;推进反腐倡廉;保护民族产业。

9. 答案:D

解析:采购人是依法进行政府采购的国家机关、事业单位和团体组织。国家机关是指各级国家权力机关、行政机关、司法机关、党务机关等。

10．答案：B

解析：本题考核公开招标文件的期限。根据规定,采用公开招标方式进行政府采购的,自招标文件开始发出之日起至投标人提交投标文件截止之日止,不得少于 20 日。

11．答案：B

解析：本题考核询价方式。询价采购是指采购人向有关供应商发出询价单让其报价,在报价基础上进行比较并确定最优供应商的一种采购方式。

12．答案：B

解析：本题考核政府采购的执行模式。

二、 多选题

1．答案：C、D

解析：本题考核政府采购的原则。选项 A 为诚实信用原则,选项 B 为公正原则。

2．答案：A、B、C、D

解析：本题考核政府采购供应商应具备的条件。

3．答案：A、B、C、D

解析：监督检查的主要内容包括：①有关政府采购的法律、行政法规和规章的执行情况；②采购范围、采购方式和采购程序的执行情况；③政府采购人员的职业素质和专业技能。

4．答案：A、B、D

解析：本题考核政府采购方式。选项 C 适用邀请招标方式。

5．答案：A、B、C

解析：符合下列情形之一的货物或者服务,可以依法采用单一来源方式采购：①只能从唯一供应商处采购的；②发生了不可预见的紧急情况,无法从其他供应商处采购的；③必须保证原有采购项目一致性或者服务配套的要求,需要继续从原供应商处添购,且添购资金总额不超过原合同采购金额10％的。

6．答案：A、D

解析：本题考核邀请招标的内容。选项 B 适用竞争性谈判方式,选项 C 适用询价方式。

7．答案：A、B、C、D

解析：本题考核政府采购活跃市场经济的功能。

8．答案：A、B、C

解析：采购人是指依法进行政府采购的国家机关、事业单位、团体组织。国有企业不属于政府采购当事人。

9．答案：C、D

解析：选项 A 体现的是“保护民族产业”功能；选项 B 体现的是“推进反腐倡廉”功能。

10．答案：A、D

解析：本题考核分散采购。失去了规模效应、加大了采购成本是实行分散采购的缺点。

11．答案：A、C、D

解析：本题考核政府采购的资金范围。财政性资金是指预算内资金、预算外资金,以及与财政资金相配套的单位自筹资金的总和。

12．答案：A、B、C、D

解析：本题考核政府采购供应商的权利。

13．答案：A、B、C、D

解析：本题考核政府采购代理机构的义务。

14．答案：A、D

解析：本题考核政府采购的功能。选项 B 的表述体现的是"强化宏观调控"功能；选项 C 的表述体现的是"活跃市场经济"功能。

15．答案：A、B、D

解析：本题考查政府采购的概念，《政府采购法》对此有明确规定。

三、判断题

1．答案：错误

解析：按照集中程度不同，集中采购可分为政府集中采购和部门集中采购两类。

2．答案：错误

解析：采购人是依法利用国家财政性资金和政府借款购买货物、工程或服务的国家机关、事业单位和团体组织。北京市人民医院属于政府采购的采购人。

3．答案：错误

解析：邀请招标方式是指采购人或其委托的政府采购代理机构以投标邀请书的方式，邀请三家或三家以上特定的供应商参与投标的采购方式。

4．答案：错误

解析：不能事先计算出价格总额的项目，可以采用竞争性谈判方式采购。

5．答案：错误

解析：政府采购中，通过对采购地区的选择以平衡地区间的经济发展是"强化宏观调控"功能的体现。

6．答案：正确

解析：本题考核政府采购方式中公开招标方式的程序。

7．答案：正确

解析：本题考核集中采购机构的内部监督。

8．答案：错误

解析：集中采购机构是进行政府集中采购的法定代理机构，由设区的市、自治州以上人民政府根据本级政府采购项目组织集中采购的需要设立。

9．答案：错误

解析：本题考核政府采购的功能。本题所叙述的情况体现的是"活跃市场经济"功能。

10．答案：正确

解析：本题考核政府采购程序。采购人或集中采购机构依据事先规定的评标或确定成交的标准，确定中标或成交供应商，向其发送中标或成交通知书，并在财政部指定的媒体上公告中标或成交结果。

第三节　国库集中收付制度

一、单选题

1. 用于财政直接支付和与国库单一账户支出清算的账户是(　　)。
   A. 国库单一账户
   B. 财政部门零余额账户
   C. 特殊专户
   D. 预算单位零余额账户

2. 下列各项中,代表政府设置国库单一账户体系的是(　　)。
   A. 中国人民银行
   B. 国有商业银行
   C. 政府机关
   D. 财政部门

3. 属于财政收入直接缴库方式的是(　　)。
   A. 缴款单位直接将应缴收入缴入财政部门零余额账户
   B. 缴款单位直接将应缴收入缴入预算单位临时账户
   C. 缴款单位直接将应缴收入缴入预算单位零余额账户
   D. 缴款单位直接将应缴收入缴入预算单位预算外资金专户

4. 财政资金支出按照不同的支付主体分别实行财政直接支付和财政授权支付。实行财政直接支付的支出不包括(　　)。
   A. 工资支出　　　B. 工程采购支出　　　C. 服务采购支出　　　D. 零星支出

5. 财政直接支付各单位的预算内资金是通过(　　)进行核算支付的。
   A. 单位零余额账户
   B. 基本存款账户
   C. 临时存款账户
   D. 财政零余额账户

6. 直接缴库的税收收入,由纳税人或税务代理人提出纳税申报,经征收机关审核无误后,由纳税人通过开户银行,将税款缴入(　　)。
   A. 国库单一账户
   B. 预算单位零余额账户
   C. 特设专户
   D. 预算外资金财政专户

7. 下列银行账户中,不构成国库单一账户体系的是(　　)。
   A. 预算单位在商业银行为本单位开设的基本账户
   B. 财政部门在商业银行为预算单位开设的零余额账户
   C. 财政部门按资金使用性质在商业银行开设的零余额账
   D. 财政部门在中国人民银行开设的国库单一账户

8. 财政部门在商业银行为预算单位开设的零余额账户,用于(　　)。
   A. 财政授权支付和清算
   B. 财政直接支付和与国库单一账户支出清算
   C. 记录、核算和反映纳入预算管理的财政收入和财政支出活动
   D. 记录、核算和反映预算外资金的收入支出活动

二、多选题

1. 下列关于集中汇缴程序适用对象的表述中,不正确的有(　　)。

A. 集中汇缴程序适用于小额零散税收

B. 集中汇缴程序适用于直接缴库的税收收入

C. 集中汇缴程序适用于非税收入中的现金缴款

D. 集中汇缴程序适用于直接缴库的非税收入

2. 下列各项中,属于财政收入收缴方式的有( )。

A. 直接缴库   B. 间接缴库   C. 授权汇缴   D. 集中汇缴

3. 关于国库集中收付制度,下列说法正确的是( )。

A. 大大提高了财政资金收付管理的规范性和安全性

B. 所有的财政性资金均纳入国库单一账户体系收缴、支付和管理

C. 财政部门代表政府设置国库单一账户体系

D. 能有效地防止利用财政资金谋取私利等腐败现象的发生

4. 下列关于财政直接支付的表述中,正确的有( )。

A. 由中国人民银行向代理银行签发支付指令

B. 由财政部门向中国人民银行和代理银行签发支付指令

C. 代理银行根据财政部门支付指令通过国库单一账户体系将资金直接支付到收款人账户

D. 财政部门根据支付指令通过国库单一账户体系将资金直接支付到收款人账户

5. 下列各项关于预算单位使用零余额账户的情形中,不正确的有( )。

A. 通过零余额账户向下级单位账户划拨资金用于支付下级单位的日常办公支出

B. 通过零余额账户借款给下级单位

C. 通过零余额账户借款给上级单位

D. 通过零余额账户向上级单位账户划拨资金用于支付上级单位的日常办公支出

6. 采取财政直接支付方式的有( )。

A. 工程采购支出   B. 零星支出

C. 物品和服务采购支出   D. 工资支出

7. 国库集中收付制度包括( )。

A. 国库集中支付制度   B. 预算法律制度

C. 政府采购法律制度   D. 收入收缴管理制度

三、判断题

1. 在国库单一账户体系内专门设置预算外资金专户,主要是考虑目前预算外资金来源较复杂,还有相当规模的财政性资金未纳入预算管理,难于一下子全部纳入国库单一账户,仍需要设置财政专户进行管理。

2. "财政零余额账户"经过批准可以提取现金。   ( )

3. 直接缴库方式,是由预算单位或缴款人按规定,直接将收入缴入国库单一账户,属预算外资金的,应该通过特设专户过渡。   ( )

答案与解析

一、单选题

1. 答案：B

解析：本题考核国库单一账户体系。财政部门零余额账户用于财政直接支付和与国库单一账户资金清算；预算单位零余额账户用于财政授权支付和清算。

2. 答案：D

解析：国库集中收付制度是指由财政部门代表政府设置国库单一账户体系，所有的财政性资金均纳入国库单一账户体系收缴、支付和管理的制度。

3. 答案：D

解析：直接缴库是指由缴款单位或缴款人按有关法律、法规规定，直接将应缴收入缴入国库单一账户或预算外资金财政专户。

4. 答案：D

解析：财政直接支付的支出包括财政统一发放的工资支出、工程采购和物品、服务采购等购买支出的集中采购部分和转移支出；财政授权支付的支出包括暂未实行财政直接支付的专项支出和公用支出中的零星支出及小额现金的提取。

5. 答案：D

解析：本题考核预算内资金的核算账户。根据规定，财政直接支付各单位的预算内资金是通过"财政零余额账户"进行核算支付的。该账户不得提取现金。

6. 答案：A

解析：本题考核财政收入收缴方式。

7. 答案：A

解析：国库单一账户体系的构成包括国库单一账户、财政零余额账户、预算单位零余额账户、预算外资金专户、特设专户。

8. 答案：A

解析：本题考核国库单一账户体系的构成。

二、多选题

1. 答案：B、D

解析：集中汇缴程序适用对象是：①小额零散税收和法律另有规定的应缴收入，由征收机关在收缴收入的当日汇总缴入国库单一账户，选项A正确；②非税收入中的现金缴款，比照本程序统缴入国库单一账户或预算外资金财政专户，选项C正确；选项B、D适用于直接缴库程序，所以B、D符合题意。

2. 答案：A、D

解析：财政收入收缴方式包括直接缴库和集中汇缴两种方式。

3. 答案：A、B、C、D

解析：国库集中收付制度一般也称为国库单一账户制度，包括国库集中支付制度和收入收缴管理制度,是指由财政部门代表政府设置国库单一账户体系,所有的财政性资金均纳入国库单一账户体系收缴、支付和管理的制度。国库集中收付制度的实施大大提高了财政资金收付管理的规范性、安全性、有效性,增加了透明度,同时,还能有效地防止利用财政资金谋取私利等腐败现象的发生。

4. 答案:B、C

解析:财政直接支付是由财政部门向中国人民银行和代理银行签发支付指令,代理银行根据支付指令通过国库单一账户体系直接将财政资金支付到收款人或用款单位账户。

5. 答案:A、B、C、D

解析:本题考核预算单位零余额账户的用途。预算单位零余额账户不得违反规定向本单位其他账户和上级主管单位、所属下级单位账户划拨资金。

6. 答案:A、C、D

解析:财政直接支付方式适用范围:包括工资支出、工程采购支出、物品和服务采购支出。

7. 答案:A、D

解析:国库集中收付制度包括国库集中支付制度和收入收缴管理制度。

三、 判断题

1. 答案:正确

解析:本题考核国库单一账户体系的构成。

2. 答案:错误

解析:本题考核财政零余额账户。财政直接支付各单位的预算内资金就是通过"财政零余额账户"进行核算支付的,该账户不得提取现金。

3. 答案:错误

解析:本题考核财政收入收缴方式。直接缴库方式,是由预算单位或缴款人按规定,直接将收入缴入国库单一账户,属预算外资金的,直接缴入预算外资金财政专户,不再设立各类过渡性账户。

第五章

会计职业道德

第一节　会计职业道德概述

一、单选题

1. 下列各项中,不属于会计职业道德特征的是(　　)。
   A. 职业性　　　　　B. 重要性　　　　　C. 实践性　　　　　D. 继承性

2. 会计人员的下列行为中,属于违反会计法律制度的是(　　)。
   A. 会计人员小王上班经常迟到早退
   B. 会计人员李某沉溺于赌博,不爱钻研业务
   C. 会计人员张某挪用公款炒股
   D. 会计机构负责人赵某满足于记账算账,不利用大量而丰富的会计信息参与本单位经营管理

3. 以下关于会计职业道德与会计法律制度的关系表述中,不正确的是(　　)。
   A. 违反会计法律制度,一定违反职业道德
   B. 违反会计职业道德,一定违反会计法律制度
   C. 两者在内容上相互借鉴,互相吸收
   D. 两者在作用上相互补充、相互协调

4. 下列各项中,属于职业道德作用的是(　　)。
   A. 促进职业活动的健康进行　　　　　B. 实现战略目标的重要保证
   C. 提高社会公众道德水平　　　　　D. 调整社会公众外在行为

5. 会计法律是以会计人员享有的权利和义务为标准来判定其行为是否合法,而会计职业道德是以善恶为标准来判定人民的行为是否违背道德规范,这体现了两者(　　)。
   A. 保障机制不同　　　　　B. 性质不同
   C. 评价标准不同　　　　　D. 作用范围不同

6. 属于会计职业活动中应当遵循的、体现会计职业特征的、调整会计职业关系的职业行为准则和规范的是(　　)。
   A. 医生职业道德　　　　　B. 会计职业道德
   C. 律师职业道德　　　　　D. 教师职业道德

7. 会计法律制度通过(　　)强制执行,具有很强的他律性。
   A. 财政部门　　B. 会计行业组织　　C. 国家机器　　D. 金融机构

8. 在我国,组织和推动会计职业道德建设,并对相关工作依法行政的机构是(   )。

    A. 工商行政管理部门   B. 财政部门

    C. 会计行业组织   D. 其他机构

9. 现实社会中,道德准则和法律准则是(   )。

    A. 相互联系的   B. 相互排斥的   C. 相互制约的   D. 完全等同的

10. 会计职业道德出自于会计人员的职业生活和职业实践,日积月累,约定俗成;会计法律制度是通过一定的程序由国家立法部门或行政管理部门制定、颁布和修改的,其表现形式是具体的、明确的、正式形成文字的成文条例。这说明(   )。

    A. 两者的性质不同   B. 两者的作用范围不同

    C. 两者的表现形式不同   D. 两者实施的保障机制不同

11. 下列关于会计职业道德的表述中,正确的是(   )。

    A. 相对于会计法律制度而言,会计职业道德是对会计从业人员行为最低限度的要求

    B. 会计职业道德对会计人员具有很强的自律性

    C. 会计职业道德具有强制性

    D. 会计职业道德在时间和空间上对会计人员的影响没有会计法律制度广泛持久

12. 会计职业道德与会计法律制度的主要区别不包括(   )。

    A. 实施保障机制不同   B. 性质不同

    C. 表现形式不同   D. 目标不同

13. 下列关于会计职业道德表述正确的是(   )。

    A. 相对于会计法律制度而言,会计职业道德是对会计从业人员行为的最低限度的要求

    B. 会计职业道德对会计人员大多是非强制执行的,具有很强的自律性

    C. 会计职业道德不要求会计人员有太强的自律性

    D. 会计职业道德均为不成文规定,会计法律制度均为成文规定

14. 在会计职业活动中,如果发生道德冲突时要坚持原则,把(   )利益放在第一位。

    A. 个人利益   B. 社会公众   C. 客户   D. 业主

15. "对认真执行本法,忠于职守,坚持原则,作出显著成绩的会计人员,给予精神的或者物质的奖励",作出这一规定的会计法律规范是(   )。

    A.《会计法》   B.《会计基础工作规范》

    C.《注册会计师法》   D.《会计人员继续教育规定》

16. 不宜由会计法律制度进行规范的行为,可通过会计职业道德规范来实现,这体现出会计职业道德与会计法律制度(   )。

    A. 在作用上相互补充   B. 在内容上相互借鉴、相互吸收

    C. 在性质上的不同   D. 在表现形式上不同

17. 我国(   )规定:"会计人员应当遵守职业道德,提高业务素质"。

    A.《中华人民共和国注册会计师法》   B.《中华人民共和国会计法》

    C.《中华人民共和国统计法》   D.《中华人民共和国审计法》

二、多选题

1. 下列关于会计职业道德的表述中,正确的有( )。
   A. 会计职业道德是指在会计职业活动中应当遵循的、体现会计职业特征的、调整会计职业关系的职业行为准则和规范
   B. 会计职业道德不允许通过损害国家和社会公众利益而获取违法利益,但允许个人和各经济主体获取合法的自身利益
   C. 在会计职业活动中,发生道德冲突时要坚持准则,把社会公众利益放在第一位
   D. 会计职业道德不具有强制性

2. 下列各项中,体现会计职业道德特征的有( )。
   A. 会计人员自身必须廉洁　　　　　B. 具有一定的强制性
   C. 具有一定的他律性　　　　　　　D. 较多关注公众利益

3. 下列关于会计职业道德和会计法律制度二者关系的观点中,正确的有( )。
   A. 两者在实施过程中相互作用
   B. 会计法律制度是会计职业道德的最低要求
   C. 违反会计法律制度一定违反会计职业道德
   D. 违反会计职业道德也一定违反会计法律制度

4. 以下属于职业道德特征的有( )。
   A. 实践性　　　　B. 职业性　　　　C. 多样性　　　　D. 继承性

5. 以下关于会计职业道德的描述中,不正确的有( )。
   A. 会计职业道德涵盖了人与人、人与社会、人与自然之间的关系
   B. 会计职业道德与会计法律制度两者在性质上一样
   C. 会计职业道德规范的全部内容归纳起来就是廉洁自律与强化服务
   D. 会计职业道德不调整会计人员的外在行为

6. 下列关于会计职业道德的说法中正确的是( )。
   A. 会计职业道德并不都代表统治者的意志,很多来自于职业习惯和约定俗成
   B. 会计职业道德不仅要求调整会计人员的外在行为,还要求调整会计人员内在的精神世界
   C. 会计职业道德源自会计人员的职业生活和职业实践,日积月累
   D. 会计职业道德既有国家法律的相应要求,又需要会计人员自觉地遵守

7. 下列关于会计职业道德和会计法律制度关系的观点中,正确的有( )。
   A. 两者在内容上相互借鉴、相互吸收
   B. 会计法律制度是会计职业道德的最低要求
   C. 违反会计法律制度一定违反会计职业道德
   D. 违反会计职业道德也一定违反会计法律制度

8. 会计法律制度与会计职业道德之间的联系包括( )。
   A. 调整对象相同　　　　　　　　　B. 作用上相互补充
   C. 内容上相互借鉴　　　　　　　　D. 目标相同

9. 会计职业道德警示教育的目的和作用有( )。

    A. 从典型案例中得到警示和启发　　　　B. 提高法律道德观念

    C. 学会用法律手段处理会计事物　　　　D. 提高辨别是非的能力

10. 下列表述中,( )属于社会公德的内容。

    A. 文明礼貌　　　B. 保护环境　　　C. 遵纪守法　　　D. 爱护公物

11. 下列有关会计职业道德与会计法律制度的表述中,正确的有( )。

    A. 会计职业道德是会计法律制度正常运行的社会和思想基础

    B. 会计法律制度是促进会计职业道德规范形成和遵守的重要保障

    C. 会计职业道德与会计法律制度有着不同的目标、不同的职责、调整着不同的对象

    D. 会计职业道德规范是柔性规范,缺乏强制力,需要会计法律制度等刚性规范来支持

12. 会计职业道德是在会计职业活动中应当遵循的、体现会计职业特征、调整会计职业关系的职业行为准则和规范,其含义包括( )。

    A. 是调整会计职业活动利益关系的手段

    B. 具有相对的稳定性

    C. 具有广泛的社会性

    D. 具有一定的强制性和较多关注公众利益

13. 下列各项中,属于职业道德作用的有( )。

    A. 促进职业活动的有序进行

    B. 杜绝违法行为的发生

    C. 对社会道德风尚会产生积极的影响

    D. 促进该行业的经济发展

三、判断题

1. 会计人员违背了会计职业道德,就会受到法律的制裁。　　　　　　　　( )

2. 当单位利益与社会公共利益发生冲突时,会计人员应首先考虑单位利益,然后再考虑社会公众利益。　　　　　　　　　　　　　　　　　　　　　　　　　( )

3. 职业道德是人们在从事各种特定的职业活动中应遵循的道德规范和行为准则的总和。　　　　　　　　　　　　　　　　　　　　　　　　　　　　　　　( )

4. 会计职业道德对社会经济秩序没有影响。　　　　　　　　　　　　　　( )

5. 会计职业道德与会计法律制度具有相同的调整对象,但是承担着不同的职责。

    　　　　　　　　　　　　　　　　　　　　　　　　　　　　　　　( )

6. 当国家利益、集体利益与单位、部门以及个人利益发生冲突时,会计人员应该首先考虑单位、部门的利益。　　　　　　　　　　　　　　　　　　　　　　( )

7. 会计职业道德与会计法律制度在作用上相互补充、相互协调。　　　　( )

8. 会计职业道德的各种规定是会计职业关系得以维系的最基本条件,是对会计从业人员行为的最低限度的要求。　　　　　　　　　　　　　　　　　　　　( )

9. 会计职业道德是指在会计职业活动中应当遵循的、体现会计职业特征的、调整会计

职业关系的职业行为准则和规范。　　　　　　　　　　　　　　　（　　）

10．违反会计职业道德必将受到法律的制裁。　　　　　　　　　　（　　）

答案与解析

一、单选题

1．答案：B

答案解析：职业道德是道德在职业实践活动中的具体体现，除了具备道德的一般特征之外，还具备职业性、实践性、继承性和多样性的特征。

2．答案：C

解析：选项 A、D 虽然违反会计职业道德关于爱岗敬业和参与管理的要求，但并不违法。选项 B，赌博虽然违法，但违反的并非会计法律制度。选项 C，挪用公款既违背职业道德关于廉洁自律的规定，又违反会计法律制度。

3．答案：B

解析：会计法律制度是对会计人员的最低要求，因此违反会计法律制度，一定违反职业道德。

4．答案：A

解析：职业道德的作用包括促进职业活动的有序进行和对社会道德风尚会产生积极的影响。

5．答案：C

解析：法律以权利和义务为标准，道德以善恶为标准，两者标准不同。

6．答案：B

解析：会计职业道德是在会计职业活动中应当遵循的、体现会计职业特征的、调整会计职业关系的职业行为准则和规范。

7．答案：C

解析：本题考核会计法律制度的性质。会计法律制度通过国家机器强制执行，具有很强的他律性。

8．答案：B

解析：财政部门组织和推动会计职业道德建设，依法行政，探索会计职业道德建设的有效途径和实现形式。

9．答案：A

解析：本题考核道德准则和法律准则的关系。法律和道德是相互联系、相互补充的。

10．答案：C

解析：本题考核会计职业道德与会计法律制度的区别。

11．答案：B

解析：选项 A，会计法律制度是对会计从业人员行为最低限度的要求；选项 C，会计法律制度具有强制性；选项 D，会计职业道德在时间和空间上，对会计人员的影响要比会计法律制度广泛、持久。

12. 答案：D

解析：会计职业道德与会计法律制度的主要区别:性质不同、作用范围不同、表现形式不同、实施保障机制不同。

13. 答案：B

解析：本题考核会计职业道德与会计法律制度的区别。选项 A,会计法律制度是会计职业道德的最低要求;选项 C,会计职业道德具有很强的自律性;选项 D,会计职业道德的表现形式既有明确的成文规定,也有不成文的规范。

14. 答案：B

解析：本题考核会计职业道德的相关规定。在会计职业活动中,如果发生道德冲突时要坚持原则,把社会公众利益放在第一位。

15. 答案：A

解析：本题考核会计职业道德的检查与奖惩。《会计法》规定:"对认真执行本法,忠于职守,坚持原则,作出显著成绩的会计人员,给予精神的或者物质的奖励。"

16. 答案：A

解析：本题考核会计职业道德与会计法律制度的联系。

17. 答案：B

解析：本题考核会计职业道德与会计法律制度的内容。

二、多选题

1. 答案：A、B、C

解析：本题考核会计职业道德。选项 D 表述错误,会计职业道德具有一定的强制性。

2. 答案：B、D

解析：会计职业道德特征有如下特征:①具有一定的强制性;②较多关注公众利益。

3. 答案：A、B、C

解析：会计法律制度是会计职业道德的最低要求,违反会计法律制度一定违反会计职业道德,违反会计职业道德不一定违反会计法律制度。

4. 答案：A、B、C、D

解析：职业道德具有以下特征:职业性、实践线、继承性、多样性。

5. 答案：A、B、C、D

解析：A 选项指道德的涵盖内容;B 选项两者的性质是不同的,一个是自律性,一个是他律性;C 选项会计职业道德规范的内容有八条;D 选项道德既注重外在行为又注重内在世界。

6. 答案：A、B、C、D

解析：本题考核会计职业道德。

7. 答案：A、B、C

解析：本题考核会计职业道德与会计法律制度的关系。会计职业道德是会计法律制度正常运行的社会和思想基础。由于会计法律制度是会计职业道德的最低要求,因此违反会计法律制度一定违反会计职业道德,故选项 C 正确;违反会计法律制度一定违反会计职业道德,违反会计职业道德不一定违反会计法律制度,故选项 D 错误。

8. 答案：A、B、C、D

解析：本题考核会计职业道德与会计法律制度的联系。会计职业道德和会计法律制度有着共同的目标、相同的调整对象、承担着同样的职责，两者联系密切；两者在作用上相互补充、相互协调，在内容上相互借鉴、相互吸收。

9. 答案：A、B、D

解析：本题考核会计职业道德警示教育。选项 C 属于会计职业道德法制教育。

10. 答案：A、B、C、D

解析：本题考核社会公德。社会公德倡导文明礼貌、助人为乐、爱护公物、保护环境、遵纪守法。

11. 答案：A、B、D

解析：选项 C，会计职业道德与会计法律制度有着共同的目标、相同的调整对象、承担着同样的责任，两者联系密切。

12. 答案：A、B、C

解析：本题考核会计职业道德的含义。会计职业道德的含义包括调整会计职业活动利益关系的手段、具有相对的稳定性和广泛的社会性。选项 D，属于会计职业道德的特征。

13. 答案：A、C

解析：本题考核职业道德的作用。一是促进职业活动的有序进行；二是对社会道德风尚会产生积极的影响。

三、 判断题

1. 答案：错误

解析：会计人员违背了会计法律制度，就会受到法律的制裁。

2. 答案：错误

解析：当单位利益与社会公共利益发生冲突时，会计人员应首先考虑社会公众利益，而不是单位利益。

3. 答案：正确

解析：狭义的职业道德是指在一定职业活动中应遵循的、体现一定职业特征的、调整一定职业关系的职业行为准则和规范。

4. 答案：错误

解析：本题考核会计职业道德。会计活动与社会公众利益有密切联系，尤其是在市场经济条件下，激烈的竞争和利益的驱动，有必要将部分会计职业道德规范化，以约束会计人员的不良心理。可见会计职业道德对社会经济秩序有必然的影响。

5. 答案：错误

解析：本题考核会计职业道德与会计法律制度的关系。会计职业道德与会计法律制度有着共同的目标、相同的调整对象，承担着同样的责任。

6. 答案：错误

解析：本题考核会计职业道德的特征。当国家利益、集体利益与单位、部门以及个人利益发生冲突时，会计人员必须以国家的法律法规、制度准则为准绳，正确处理好国家、集体和个人三者之间的利益关系。

7. 答案：正确

解析：本题考核会计职业道德与会计法律制度的联系。

8. 答案：错误

解析：本题考核会计职业道德与会计法律制度的区别。会计法律制度的各种规定是会计职业关系得以维系的最基本条件，是对会计从业人员行为的最低限度的要求，用以维持现有的会计职业关系和正常的会计工作秩序。

9. 答案：正确

解析：本题考核会计职业道德的概念。

10. 答案：错误

解析：本题考核会计职业道德与会计法律制度的区别。有些会计人员没有很好地遵守会计职业道德，但不能说其违反了会计法律制度，因此也不一定受到法律的制裁。

第二节　会计职业道德规范的主要内容

一、单选题

1. 对一些损失浪费、违法乱纪的行为和一切不合法、不合理的业务开支，要严肃认真地对待，把好关，守好口。这体现了"爱岗敬业"的（　　）。

    A. 热爱会计工作　　　　　　　　　B. 敬重会计职业

    C. 严肃认真，一丝不苟　　　　　　D. 忠于职守，尽职尽责

2. "活到老，学到老"是会计职业道德（　　）的要求。

    A. 坚持准则　　B. 提高技能　　C. 参与管理　　D. 廉洁自律

3. 李某大学毕业后从事会计工作，自认为在大学所学知识足以应付本职工作，故平时疏于钻研业务，不加强学习，工作中差错不断。李某违反了会计职业道德要求的（　　）。

    A. 强化服务　　B. 提高技能　　C. 坚持准则　　D. 客观公正

4. 下列不属于爱岗敬业的基本要求的是（　　）。

    A. 安心工作，任劳任怨　　　　　　B. 严肃认真，一丝不苟

    C. 忠于职守，尽职尽责　　　　　　D. 依法办事，实事求是

5. "勤学苦练，不断进取"体现的会计职业道德规范是（　　）。

    A. 廉洁自律　　B. 提高技能　　C. 强化服务　　D. 参与管理

6. 会计人员（　　）的道德观念如何，将直接影响会计信息的真实性和完整性。

    A. 爱岗敬业　　B. 诚实守信　　C. 廉洁自律　　D. 提高技能

7. "理万金分文不沾""常在河边走，就是不湿鞋"，这两句话体现的会计职业道德是（　　）。

    A. 参与管理　　B. 廉洁自律　　C. 提高技能　　D. 强化服务

8. 中国现代会计学之父潘序伦先生倡导："信以立志，信以守身，信以处事，信以待人，毋忘'立信'，当必有成。"这句话体现的会计职业道德内容是（　　）。

    A. 坚持准则　　B. 客观公正　　C. 诚实守信　　D. 廉洁自律

9. 坚持依法办理会计事项，体现（　　）方面的会计职业道德。

    A. 坚持准则　　B. 提高技能　　C. 参与管理　　D. 廉洁自律

10. 会计人员在工作中"懒""拖"的不良习惯,违背了会计职业道德规范中的(   )的具体内容。

    A. 爱岗敬业   B. 诚实守信   C. 坚持准则   D. 客观公正

11. "宁可清贫自乐,不可浊富多忧"体现在会计工作中的职业道德是(   )。

    A. 客观公正   B. 廉洁自律   C. 爱岗敬业   D. 坚持准则

12. 树立参与管理的意识,积极主动地做好参谋,是(   )的主要内容。

    A. 爱岗敬业   B. 坚持准则   C. 强化服务   D. 参与管理

13. 严格按照会计法律制度办事,(   )是会计职业道德的核心。

    A. 坚持准则   B. 参与管理   C. 强化服务   D. 廉洁自律

14. 作为整天与钱财打交道的会计人员,(   )是会计职业道德的前提和内在要求。

    A. 坚持准则   B. 客观公正   C. 诚实守信   D. 廉洁自律

15. 张某家庭条件富裕,大学虽学习会计专业,但并未真正掌握专业性的会计知识。毕业后从事出纳工作。在办理现金收付过程中,时常出现账目不平,造成长款短款,他不以为然,短款自己垫上,长款仍放在单位保险柜中备用。张某并不认为自己在专业能力上存在问题,也没有提高专业技能的意识。张某违反了下列(   )的会计职业道德内容要求。

    A. 提高技能   B. 客观公正   C. 坚持准则   D. 廉洁自律

16. 某单位出纳员在报销差旅费时,对于同样是领导批准、主管会计审核无误的差旅费报销单,对和自己私人关系不错的人是随来随报,但对和自己有矛盾、私人关系较为疏远的人则以账面无款、库存无现金、整理账务等理由拖欠。这违反了(   )。

    A. 诚实守信   B. 提高技能   C. 参与管理   D. 客观公正

17. 下列关于单位会计人员服务的内容,表述不正确的是(   )。

    A. 客观、真实地记录、反映单位的经济业务活动

    B. 为管理者提供真实正确的经济信息,当好参谋

    C. 为股东真实地记录财产的变动情况

    D. 对股东资产增值情况不需要记录

18. 会计职业道德中"客观公正"要求会计人员依法办事、(   )、如实反映。

    A. 实事求是   B. 保持应有的原则性

    C. 保持应有的谨慎性   D. 坚持准则

19. A市某公司财务部门年末时发现,该年度业务招待费超过规定的开支标准,于是会计人员按照领导意图,搞来一些假发票,准备将超支的业务招待费列入管理费用,会计人员的行为违反了会计职业道德中的(   )。

    A. 廉洁自律   B. 爱岗敬业   C. 参与管理   D. 坚持准则

二、多选题

1. 下列各项中,符合会计职业道德"参与管理"的行为有(   )。

    A. 对公司财务会计报告进行综合分析并提交风险预警报告

    B. 参加公司重大投资项目的可行性研究和投资效益论证

    C. 分析坏账形成原因,提出加强授信管理、加快货款回收的建议

    D. 分析现企业盈利能力,查找存在的问题,提出多记费用减少纳税的措施

2. 刘某系某代理记账公司提供专业服务的会计人员,为了遵循会计职业道德强化服务的要求,李某为客户提供的下列服务中,正确的有( )。

A. 向委托单位提出改进内部控制的建议和意见

B. 利用专业知识和委托单位提出税收筹划的建议

C. 在委托单位举办财会知识培训班,宣讲会计法律制度,帮助树立依法理财观念

D. 为帮助委托单位负责人完成业绩考核任务,提出将银行借款利息挂账处理建议

3. 根据会计职业道德要求,下列各项中,有利于会计人员提高技能的有( )。

A. 参加财政部门组织的会计法规制度培训

B. 参加会计国际研讨会

C. 参加单位组织的业务比赛和经验交流

D. 参加会计专业技术资格考试

4. 张某为某单位的会计人员,平时工作努力,钻研业务、积极提供合理化建议,这体现了张某具有( )的职业道德。

A. 爱岗敬业　　　　B. 客观公正　　　　C. 提高技能　　　　D. 参与管理

5. 朱镕基同志在 2001 年视察北京国家会计学院时,为北京国家会计学院题词的内容包括( )。

A. 诚信为本　　　　B. 操守为重　　　　C. 坚持准则　　　　D. 不做假账

6. 会计职业道德的内容中有"坚持准则"一项,这里的"准则"是指( )。

A. 会计准则　　　　　　　　　　B. 会计法律

C. 会计行政法规　　　　　　　　D. 与会计相关的法律制度

7. 下列各项中,体现会计职业道德关于"爱岗敬业"要求的有( )。

A. 工作一丝不苟　　　　　　　　B. 工作尽职尽责

C. 工作精益求精　　　　　　　　D. 工作兢兢业业

8. 甲公司是一家生产电子产品的大型国有控股公司。2016 年 12 月,由于产品销售不畅,公司面临亏损。公司董事长责成财务部经理胡某对会计报表做技术处理,实现当年盈利目标,并承诺如果做得好,将推荐他作为公司总会计师人选。胡某知道本年度公司亏损已成定局,如要落实董事长的盈利目标,只能在会计报表上做假。于是,胡某通过虚拟交易、向子公司转移广告费支出等方法,将公司会计报表从亏损做成盈利。以下对胡某行为的认定中正确的有( )。

A. 胡某的行为违背了坚持准则的会计职业道德要求

B. 胡某的行为违背了客观公正的会计职业道德要求

C. 胡某的行为违背了参与管理的会计职业道德要求

D. 胡某的行为违背了诚实守信的会计职业道德要求

9. 下列关于会计职业道德的"廉洁自律"的表述中,正确的有( )。

A. 是会计职业道德的基础　　　　B. 是会计职业道德的前提

C. 是会计职业道德的内在要求　　D. 是会计职业道德的理想目标

10. 下列有关会计职业道德"客观公正"的表述中,正确的有( )。

A. 依法律办事是会计工作保证客观公正的前提

B. 扎实的理论功底和较高的专业技能是做到客观公正的重要条件

  C. 在会计工作中客观是公正的基础,公正是客观的反映

  D. 会计活动的整个过程保持独立

11. 下列各项中,不符合会计职业道德"强化服务"要求的有(　　　)。

  A. 出纳人员在稽核会计生病期间主动提出兼任稽核检查工作

  B. 会计人员在采购部门人手不足的情况下,代理采购人员办理采购业务

  C. 会计机构负责人在单位负责人苦于无法实现盈利目标时,主动提出虚构销售合同、虚增利润的建议

  D. 会计师在单位负责人外出开会的情况下,代替单位负责人在财务会计报告上签章

12. 下列各项中,属于会计技能的有(　　　)。

  A. 提供会计信息能力　　　　　　　B. 会计实务操作能力

  C. 职业判断能力　　　　　　　　　D. 沟通交流能力

13. 会计职业道德"坚持准则"的基本要求包括(　　　)。

  A. 熟悉准则,提高会计人员遵守准则能力

  B. 遵循准则,提高会计人员执行准则能力

  C. 敢于同违法行为做斗争

  D. 宣传准则,提高会计人员推广准则能力

14. 符合会计职业道德"参与管理"行为的有(　　　)。

  A. 参加公司重大投资项目的可行性研究分析

  B. 分析现金流量状况,查找存在的问题,提出改进措施

  C. 分析坏账形成的原因,提出加强授信管理、加快货款回收建议

  D. 对企业财务报告进行综合分析,并提交风险预警报告

15. 张某系某代理记账公司提供专业服务的会计人员,为了遵循会计职业道德强化服务的要求,张某为客户提供的下列服务中,正确的有(　　　)。

  A. 利用专业知识向委托单位提出偷税的建议

  B. 向委托单位提出改进内部控制的建议和意见

  C. 在委托单位举办财会知识培训班宣讲会计法律制度,帮助树立依法理财观念

  D. 为帮助委托单位负责人完成业绩考核任务,提出将银行借款利息挂账处理的建议

16. ABC 股份有限公司会计王某不仅熟悉会计电算化业务,而且对利用现代信息技术手段加强经营管理颇有研究。"非典"期间,王某向公司总经理建议,开辟网上业务洽谈,并实行优惠的折扣政策。公司采纳了王某的建议,当期销售额克服"非典"影响,保持了快速增长。王某的行为体现出的会计职业道德有(　　　)。

  A. 爱岗敬业　　　　B. 坚持准则　　　　C. 参与管理　　　　D. 强化服务

17. 下列对会计职业道德"客观公正"的说法中,正确的有(　　　)。

  A. 公正是客观的基础　　　　　　　B. 客观是公正的基础

  C. 公正是客观的反映　　　　　　　D. 客观是公正的反映

18. 坚持准则是会计职业道德的一项重要内容。"坚持准则"的基本要求有(　　　)。

  A. 熟悉准则　　　　　　　　　　　B. 掌握准则

    C. 遵循准则   D. 敢于同违法行为做斗争

19. 下列对于廉洁与自律的关系表述不正确的有（   ）。

    A. 廉洁是自律的基础   B. 自律是廉洁的基础

    C. 自律是廉洁的保证   D. 廉洁是自律的保证

三、判断题

1. 会计人员陈某认为，会计工作只是记记账、算算账，与单位经营决策关系不大，没有必要要求会计人员参加管理。（   ）

2. 会计职业道德规范中"坚持准则"要求中的"准则"不仅指会计准则，而且包括会计法律、法规、国家统一的会计制度以及与会计工作相关的法律制度。（   ）

3. 会计人员应具有不断提高会计专业技能的意识和愿望，体现会计职业道德规范中提高技能的要求。（   ）

4. 爱岗敬业是会计职业道德的精髓。（   ）

5. "实事求是，如实反映"是会计工作保证客观公正的前提。（   ）

6. 除法律规定和单位负责人同意外，会计人员不能私自向外界提供或者泄露单位的会计信息。（   ）

7. 会计人员遵循参与管理的职业道德原则，就是要积极主动地参与到企业管理工作中，对企业经营活动作出决策。（   ）

8. 诚实守信中的秘密仅指商业秘密。（   ）

9. 小李是某公司的一名会计，对公司的其他职工经常用一些不合理的业务开支名义来报销，他总是睁一只眼闭一只眼，心想反正都是公家的。小李的这种行为违背了会计职业道德的廉洁自律。（   ）

10. 会计人员参与管理的道德观念如何，将直接影响会计信息的真实性和完整性。（   ）

11. "坚持准则"是会计职业道德的主要内容之一，这里的"准则"特指会计准则。（   ）

12. 会计人员服务的主体包括管理者、所有者，但不包括社会公众。（   ）

13. 强化服务的结果就是奉献社会。（   ）

14. 会计职业道德中保守秘密指的就是会计人员要保守企业自身秘密。（   ）

15. 就会计职业而言，提高技能不仅包括会计理论水平，会计实务能力等正面技能，还要包括如何避税、如何隐瞒收入的反面技能。（   ）

四、案例分析题

    某集团公司 2013 年存在以下问题：会计人员甲认为会计不过是"打打算盘数数钞，写写数字填填表"的琐碎工作，因此，工作中消极懒惰，不进行主动学习，也从不对单位的管理活动提供任何合理化建议。而会计人员乙则认为会计是为单位服务的，对于前来办理会计业务的人员，"官大办得快，官小办得慢，无官拖着办"。通过公司组织的会计法和会计职业道德的培训,甲和乙均认识到了自己的错误。公司因技术改造,需要向银行贷款 1 000 万元。公司董事长指令会计人员丙和丁,将提供给银行的会计报表进行技术处理。丙坚决反对编制虚假财务报告,董事长随即令人事部将丙调离了会计工作岗位。丁虽然不愿意,但担心自己被炒鱿鱼,因此,仍然编制了一份虚假的会计报告,使公司获得了银行贷款。要求:根据上述资料,分析回答下列问题。

(1) 乙会计人员看人办事"官大办得快,官小办得慢,无官拖着办"的行为违反的会计职业道德要求有(　　)。

　　A. 强化服务　　　　B. 诚实守信　　　　C. 参与管理　　　　D. 提高技能

(2) 对于董事长命令人事部将丙调离了会计工作岗位的行为,下列说法正确的有(　　)。

　　A. 董事长有人事权,可以自由决定丙的工作岗位

　　B. 董事长的行为构成了对丙的打击报复

　　C. 对丙应当进行经济赔偿

　　D. 对丙应当恢复其名誉和原有职务、级别

(3) 丁会计人员编制虚假财务会计报告的行为,违反的会计职业道德的要求有(　　)。

　　A. 廉洁自律　　　　B. 诚实守信　　　　C. 坚持准则　　　　D. 客观公正

(4) 丙会计人员的行为坚持了会计职业道德的要求有(　　)。

　　A. 廉洁自律　　　　B. 诚实守信　　　　C. 坚持准则　　　　D. 客观公正

(5) 甲会计人员违反的会计职业道德的要求有(　　)。

　　A. 坚持准则　　　　B. 爱岗敬业　　　　C. 参与管理　　　　D. 提高技能

答案与解析

一、单选题

1. 答案:C

解析:严肃认真,一丝不苟要求会计人员要为单位把好关,理好财,严肃认真地对待每一项工作,决不能有"都是熟人,不会错"的麻痹思想和马马虎虎的工作作风。

2. 答案:B

解析:本题考核提高技能。提高技能基本要求:①具有不断提高会计技能的意识和愿望;②具有勤学苦练、刻苦钻研的精神和科学的学习方法。与"活到老,学到老"相符。

3. 答案:B

解析:提高技能的基本要求包括:①具有不断提高会计专业技能的意识和愿望;②具有勤学苦练的精神和科学的学习方法。李某平时疏于钻研业务,不加强学习违反了提高技能的要求。

4. 答案:D

解析:依法办事,实事求是,如实反映是客观公正的基本要求。

5. 答案:B

解析:见本节单选题 3 题。

6. 答案：B

解析：不搞虚假要求会计人员实事求是，不为个人和小集团利益伪造账目，弄虚作假，损害国家和社会公众利益。会计人员诚实守信的道德观念如何，将直接影响会计信息的真实性和完整性。

7. 答案：B

解析："廉洁自律"要求会计人员公私分明，不贪不占，"理万金分文不沾""常在河边走，就是不湿鞋"即是不贪不占的体现。

8. 答案：C

解析："信以立志，信以守身，信以处事，信以待人，毋忘'立信'，当必有成。"这句话体现了诚实守信。

9. 答案：A

解析：本题考核坚持准则。

10. 答案：A

解析：会计人员在工作中"懒""拖"的不良习惯，违背了爱岗敬业的具体内容。爱岗敬业指的是忠于职守的事业精神，这是会计职业道德的基础。

11. 答案：B

解析：廉洁是指不收受贿赂，不贪污钱财，保持清白。自律是指自我约束、自我控制、自觉抵制自己的不良欲望。本题中这句话体现了廉洁自律。

12. 答案：D

解析：本题考核参与管理的基本要求。树立参与管理的意识，积极主动地做好参谋，是参与管理的基本要求。

13. 答案：A

解析：本题考核坚持准则。

14. 答案：D

解析：本题考核廉洁自律。

15. 答案：A

解析：本题考核提高技能的内容。张某违反了提高技能的会计职业道德要求。

16. 答案：D

解析：本题考核客观公正的基本要求。

17. 答案：D

解析：本题考核强化服务。单位会计人员服务的内容就是客观、真实地记录、反映单位的经济业务活动，为管理者提供真实正确的经济信息，当好参谋；为股东真实地记录财产的变动情况，确保股东资产完整与增值，当好股东的管家。

18. 答案：A

解析：客观公正要求会计人员依法办事，实事求是，如实反映。

19. 答案：D

解析：本题考核坚持准则。坚持准则是说会计人员在处理业务过程中，要严格按照会计法律制度办理，不为主观或他人意志所左右，本题最贴切的答案应是 D。

二、多选题

1. 答案：A、B、C

解析：减少纳税是不合法的,不是参与管理的内容。

2. 答案：A、B、C

解析：本题考核强化服务。选项 D 是不合法的。质量上乘,并非是无原则地满足服务主体的需要,而是在坚持原则、坚持会计准则的基础上尽量满足用户或服务主体的需要。

3. 答案：A、B、C、D

解析：本题考核提高技能。会计人员通过学习、培训和实践等途径,持续提高会计职业技能,以达到和维持足够的专业胜任能力的活动。

4. 答案：A、C、D

解析：平时工作努力为爱岗敬业,钻研业务为提高技能,积极提供合理化建议为参与管理。

5. 答案：A、B、C、D

解析：朱镕基同志在 2001 年视察北京国家会计学院时,为北京国家会计学院题词："诚信为本,操守为重,坚持准则,不做假账。"

6. 答案：A、B、C、D

解析：这里所说的"准则"不仅指会计准则,而且包括会计法律、国家统一的会计制度以及与会计工作相关的法律制度。

7. 答案：A、B、C、D

解析：本题考核爱岗敬业的基本要求。爱岗敬业的基本要求：①正确认识会计职业,树立职业荣誉感；②热爱会计工作,敬重会计职业；③安心工作,任劳任怨；④严肃认真,一丝不苟；⑤忠于职守,尽职尽责。

8. 答案：A、B、D

解析：胡某做假账,没有坚持准则,没有做到依法办事,没有做到不搞虚假,违反了 A、B、D 的要求。

9. 答案：B、C

解析：爱岗敬业是会计职业道德的基础；廉洁自律是会计职业道德的前提和内在要求；客观公正是会计职业道德的理想目标。

10. 答案：A、B、C、D

解析：本题考核客观公正的要求。本题四项均属于客观公正的行为规范要求。依法办事,实事求是,不偏不倚,保持应有的独立性。

11. 答案：A、B、C、D

解析：强化服务的基本要求中的提高服务质量,并非指无原则地满足服务主体的需要,而是在坚持原则、坚持准则的基础上尽量满足用户或服务主体的需要,所以选项 A、B、C、D 均不符合会计职业道德"强化服务"要求。

12. 答案：A、B、C、D

解析：会计职业技能包括会计理论水平、会计实务能力、职业判断能力、自动更新知识能力、提供会计信息的能力、沟通交流能力以及职业经验等。

13．答案：A、B、C

解析：坚持准则的基本要求有：①熟悉准则；②遵循准则；③敢于同违法行为做斗争。

14．答案：A、B、C、D

解析：参与管理是指间接参加管理活动，为管理者当参谋，为管理活动服务。参与管理要求会计人员积极主动地向单位领导反映本单位的财务、经营状况及存在的问题，主动提出合理化建议，积极地参与市场调研和预测，参与决策方案的制订和选择，参与决策的执行、检查和监督，为领导的经营管理和决策活动当好助手和参谋。选项 A、B、C、D 均符合"参与管理"的要求。

15．答案：B、C

解析：本题考核强化服务的要求。

16．答案：A、C、D

解析：本题考核会计职业道德规范的主要内容。题目所述情况不涉及坚持准则的要求。

17．答案：B、C

解析：本题考核客观公正。

18．答案：A、C、D

解析：本题考核坚持准则的基本要求。坚持准则的基本要求包括熟悉准则；遵守准则；敢于同违法行为做斗争。

19．答案：B、D

解析：本题考核廉洁自律的基本要求。会计职业组织和会计人员的廉洁是会计职业道德自律的基础，而自律是廉洁的保证。

三、判断题

1．答案：错误

解析：会计工作不只是记记账、算算账，与单位经营决策关系很大，如果没有会计人员的积极参与，企业的经营管理就会出现问题，决策就可能出现失误。会计人员特别是会计部门的负责人，必须强化自己参与管理、当好参谋的角色意识和责任意识。

2．答案：正确

解析：坚持准则要求会计人员在处理业务过程中，要严格按照会计法律制度办事，不为主观或他人意志左右。这里所说的"准则"不仅指会计准则，还包括会计法律、法规、国家统一的会计制度和与会计工作相关的法律制度。

3．答案：正确

解析：见本节单选题 3 题。

4．答案：错误

解析：爱岗敬业是会计职业道德的基础。

5．答案：错误

解析：依法办事是客观公正的前提。

6．答案：正确

解析：本题考核诚实守信的基本要求。保密守信，不为利益所诱惑是诚实守信的基本要求之一。这里的秘密主要有国家秘密、商业秘密和个人隐私等,所以这句话是正确的。

　　7. 答案:错误

　　解析:参与管理是指间接参加管理活动,为管理者当参谋,为管理活动服务。

　　8. 答案:错误

　　解析:本题考核诚实守信的要求。诚实守信中的秘密主要有国家秘密、商业秘密和个人隐私三类。

　　9. 答案:错误

　　解析:本题考核爱岗敬业。小李的这种行为违背了会计职业道德的爱岗敬业。爱岗敬业要求会计人员对一些损失浪费、违法乱纪的行为和一切不合法、不合理的业务开支,要严肃认真地对待,把好关,守好口。

　　10. 答案:错误

　　解析:本题考核诚实守信的要求。会计人员诚实守信的道德观念如何,将直接影响会计信息的真实性和完整性。

　　11. 答案:错误

　　解析:本题考核坚持准则。这里的"准则"不仅指会计准则,而且包括会计法律、国家统一的会计制度以及与会计工作相关的法律制度。

　　12. 答案:错误

　　解析:本题考核强化服务的相关内容。会计人员要树立强烈的服务意识,不论是为经济主体服务,还是为社会公众服务,都要摆正自己的工作位置,为管理者服务、为所有者服务、为社会公众服务、为人民服务。

　　13. 答案:正确

　　解析:本题考核强化服务的相关内容。

　　14. 答案:错误

　　解析:本题考核诚实守信的要求。根据规定,保守秘密一方面是指会计人员应保守企业自身秘密;另一方面也包括会计人员不得以不道德的手段去获取他人的秘密。此外,此处的秘密包括国家秘密、商业秘密、个人隐私三类。

　　15. 答案:错误

　　解析:本题考核提高技能的基本要求。就会计职业而言,提高技能包括会计理论水平,会计实务能力,职业判断能力,自动更新知识能力,提供会计信息的能力,沟通交流能力以及职业经验等。

四、 案例分析题

　　(1)答案:A

　　解析:略

　　(2)答案:B、D

　　解析:略

　　(3)答案:B、C、D

　　解析:略

（4）答案：B、C、D

解析：略

（5）答案：B、C、D

解析：略

第三节　会计职业道德教育

一、单选题

1. 属于会计职业道德警示教育的主要内容和形式的是（　　）。

　　A. 实际情况讨论和分析　　　　　　　B. 理论教育和自我学习

　　C. 典型案例讨论和剖析　　　　　　　D. 理论教育和课堂讲授

2. 下列各项中，不属于会计职业道德教育的内容的是（　　）。

　　A. 会计职业道德观念教育　　　　　　B. 会计职业道德规范教育

　　C. 会计职业道德警示教育　　　　　　D. 会计职业道德形式教育

3. 属于会计从业人员自我学习、自我改造、自身道德修养的行为活动的是（　　）。

　　A. 接受教育　　　　B. 形势教育　　　　C. 广播教育　　　　D. 自我修养

4. 下列不属于会计职业道德教育途径的是（　　）。

　　A. 岗前职业道德教育　　　　　　　　B. 岗位职业道德继续教育

　　C. 会计职业道德的理论教育　　　　　D. 会计职业道德的自我修养

5. 下列各项中，不属于会计职业道德的途径的是（　　）。

　　A. 岗前职业道德教育　　　　　　　　B. 参加职称考试的道德教育

　　C. 岗位职业道德继续教育　　　　　　D. 会计人员继续教育

6. 下列各项中，作为会计职业道德教育的核心内容，并贯穿于会计职业道德教育始终的是（　　）。

　　A. 会计职业道德观念教育　　　　　　B. 会计职业道德规范教育

　　C. 会计职业道德警示教育　　　　　　D. 其他相关教育

7. 在会计学历教育中进行职业道德教育，属于会计职业道德（　　）的内容。

　　A. 岗前职业道德教育　　　　　　　　B. 岗中职业道德教育

　　C. 岗位职业道德继续教育　　　　　　D. 岗后职业道德继续教育

8. （　　）是强化会计职业道德教育的有效形式。

　　A. 学历教育　　　　B. 继续教育　　　　C. 规范教育　　　　D. 强化教育

9. 通过学校或培训单位对会计人员进行以职业责任、职业义务为核心内容的正面教育，属于（　　）。

　　A. 自我教育　　　　B. 接受教育　　　　C. 继续教育　　　　D. 学历教育

10. 爱岗敬业、诚实守信、廉洁自律、客观公正、坚持准则、提高技能、参与管理和强化服务等，这些均是（　　）的主要内容。

　　A. 会计职业道德观念教育　　　　　　B. 会计职业道德规范教育

　　C. 会计继续教育　　　　　　　　　　D. 会计职业道德警示教育

二、多选题

1. 岗前会计职业道德教育的重点是（　　　）。
   A. 会计职业品德　　　　　　　　　　B. 会计职业观念
   C. 会计职业规范　　　　　　　　　　D. 会计职业情感

2. 下列关于会计职业道德教育内容说法错误的有（　　　）。
   A. 职业道德观念教育是会计职业道德教育的核心
   B. 会计职业道德规范教育是指对会计人员开展以会计法律制度、会计职业规范为主要内容的教育
   C. 会计职业道德规范教育应贯穿于会计职业道德教育的始终
   D. 会计职业道德警示教育是为了提高会计人员的法律意识和会计职业道德观念

3. 会计职业道德修养的途径包括（　　　）。
   A. 慎欲慎独　　　　　　　　　　　　B. 慎省慎微
   C. 自励自警　　　　　　　　　　　　D. 在工作中接受职业道德继续教育

4. 下列属于岗前职业道德教育的主要内容的有（　　　）。
   A. 职业规范　　　B. 职业情感　　　C. 职业水平　　　D. 职业观念

5. 以下关于内在教育是把外在的职业道德的要求，逐步转变为会计从业人员内在的职业道德内容的有（　　　）。
   A. 职业道德水平　　　　　　　　　　B. 职业道德意志
   C. 职业道德情感　　　　　　　　　　D. 职业道德信念

6. 下列属于会计职业道德教育的意义的有（　　　）。
   A. 促使会计职业健康发展　　　　　　B. 树立会计职业道德信念
   C. 培养会计职业道德情感　　　　　　D. 提高会计职业道德水平

7. 下列属于会计人员继续教育中的职业道德教育的目标的有（　　　）。
   A. 使会计人员适应新的市场经济形势的发展变化
   B. 提高会计人员职业道德水平
   C. 更新、补充、拓展会计人员业务能力
   D. 提高会计人员的自我约束力

8. 下列各项中，属于会计职业道德教育的途径的有（　　　）。
   A. 岗前职业道德教育　　　　　　　　B. 社会实践中自我锻炼
   C. 慎独慎欲　　　　　　　　　　　　D. 岗位职业道德继续教育

9. 岗位职业道德教育的内容具体包括（　　　）。
   A. 形势教育　　　B. 品德教育　　　C. 法制教育　　　D. 警示教育

10. 会计职业道德教育的内容是（　　　）。
    A. 会计职业道德观念教育　　　　　　B. 会计职业道德规范教育
    C. 会计职业道德运用教育　　　　　　D. 会计职业道德警示教育

11. 会计职业道德教育的途径包括（　　　）。
    A. 岗前职业道德教育
    B. 岗位职业道德继续教育

    C. 会计人员在社会实践中的自警自励

    D. 会计人员在社会实践中的自我反思

12. 会计职业道德教育的主要任务是（   ）。

    A. 帮助和引导会计人员培养会计职业道德情感

    B. 树立会计职业道德信念

    C. 遵守会计职业道德规范

    D. 提高服务质量

13. 会计职业道德警示教育的目的和作用有（   ）。

    A. 从典型案例中得到警示和启发   B. 提高法律道德观念

    C. 学会用法律手段处理会计事物   D. 提高辨别是非的能力

14. 会计职业道德教育是指根据会计工作的特点,（   ）地对会计人员施加系统的会计道德教育影响,促进会计人员形成会计职业道德品质,履行会计职业道德义务的活动。

    A. 有目的   B. 有组织   C. 有方针   D. 有计划

15. 会计职业道德观念教育的目的有（   ）。

    A. 树立会计职业道德观念

    B. 了解会计职业道德对社会经济秩序的影响

    C. 了解会计职业道德对会计信息质量的影响

    D. 了解违反会计职业道德将会受到的惩戒和处罚

三、判断题

1. 会计职业道德教育应贯穿整个会计人员继续教育的始终。   （   ）

2. 会计人员提高会计职业道德修养的方法有慎独、慎欲、慎微和慎省。   （   ）

3. 会计职业道德教育的主要形式包括接受教育和自我修养。   （   ）

4. 岗前职业道德教育是指对将要从事会计职业的人员进行的道德教育。   （   ）

5. 自我修养即外在教育,是指通过学校或培训单位对会计从业人员进行以职业责任、职业义务为核心内容的正面灌输。   （   ）

6. 会计职业道德教育的各种途径中,具有基础性地位的是会计继续教育。   （   ）

7. 普及会计职业道德基础知识,是会计职业道德教育的基础。   （   ）

8. 会计学历教育是强化会计职业道德教育的有效形式。   （   ）

9. 会计职业道德教育的主要形式包括接受教育和自我修养。   （   ）

答案与解析

一、单选题

1. 案：C

解析：会计职业道德警示教育是指通过开展对违反会计行为典型案例的讨论,给会计人员以启发和警示。

2. 答案：D

解析：会计职业道德教育的内容包括会计职业道德观念教育、会计职业道德规范教育、会计职业道德警示教育和其他教育，如形势教育、品德教育、法制教育等。

3. 答案：D

解析：自我修养即内在教育，是指会计人员自我学习、自我改造、自身道德修养的行为活动。

4. 答案：C

解析：会计职业道德教育的途径包括接受教育和自我修养。其中接受教育包括岗前职业道德教育和岗位职业道德继续教育。

5. 答案：B

解析：本题考核会计职业道德教育的途径。岗位职业道德继续教育包含会计人员继续教育。

6. 答案：B

解析：本题考核会计职业道德教育。会计职业道德规范教育是会计职业道德教育的核心内容，应贯穿于会计职业道德教育始终。

7. 答案：A

解析：本题考核会计职业道德教育的途径。在会计学历教育中进行职业道德教育是岗前职业道德教育的内容。

8. 答案：B

解析：本题考核会计职业道德教育的途径。继续教育是强化会计职业道德教育的有效形式。

9. 答案：B

解析：本题考核接受教育的概念。接受教育即外在教育，是指通过学校或培训单位对会计人员进行以职业责任、职业义务为核心内容的正面灌输，以规范其职业行为，维护国家和社会公众利益的教育。

10. 答案：B

解析：本题考核会计职业道德教育的内容。会计职业道德规范的主要内容是爱岗敬业、诚实守信、廉洁自律、客观公正、坚持准则、提高技能、参与管理和强化服务等。

二、 多选题

1. 答案：B、C、D

解析：岗前职业道德教育是指对将要从事会计职业的人们进行的道德教育。教育的侧重点应放在职业观念、职业情感及职业规范等方面。

2. 答案：A、B

解析：会计职业道德"规范"教育是会计职业道德教育的核心；会计职业道德规范教育是指对会计人员开展以会计职业规范为主要内容的教育。

3. 答案：A、B、C

解析：选项 D 是会计职业道德教育的途径。

4. 答案：A、B、D

解析：见本节多选题 1 题。

5. 答案：B、C、D

解析：自我修养是把外在的职业道德的要求,逐步转变为会计人员内在的职业道德情感、职业道德意志和职业道德信念。

6. 答案：A、B、C、D

解析：会计职业道德教育的意义有:培养会计职业道德情感、树立会计职业道德信念、提高会计职业道德水平、促使会计职业健康发展。

7. 答案：A、B、C、D

解析：会计人员继续教育中的会计职业道德教育目标是适应新的市场经济形势的发展变化,在不断更新、补充、拓展会计专业理论、业务能力的同时,使其政治素质、职业道德水平及自我约束力不断提高。

8. 答案：A、C、D

解析：会计职业道德教育的途径有:①接受教育的途径,包括岗前职业道德教育;岗位职业道德继续教育。②自我修养的途径,包括慎欲慎独、慎省慎微、自警自励。

9. 答案：A、B、C、D

解析：本题考核岗位职业道德继续教育的内容。会计职业道德教育的内容包括会计职业道德观念教育、规范教育、警示教育,其他与会计职业道德相关的教育包括形势教育、品德教育、法制教育等。

10. 答案：A、B、D

解析：会计职业道德教育的内容是:会计职业道德观念教育,会计职业道德规范教育,会计职业道德警示教育。

11. 答案：A、B、C、D

解析：会计职业道德教育的途径包括接受教育的途径和自我修养的途径。选项 A、B 属于接受教育的途径,选项 C、D 属于自我修养的途径。

12. 答案：A、B、C

解析：本题考核会计职业道德教育。会计职业道德教育的主要任务是帮助和引导会计人员培养会计职业道德情感,树立会计职业道德信念,遵守会计职业道德规范,使会计人员懂得什么是对的,什么是错的;什么是可以做的,什么是不应该做的;什么是必须提倡的,什么是坚决反对的。

13. 答案：A、B、D

解析：本题考核会计职业道德警示教育。选项 C 属于会计职业道德法制教育。

14. 答案：A、B、D

解析：本题考核会计职业道德教育的含义。

15. 答案：A、B、C、D

解析：本题考核会计职业道德教育的内容。会计职业道德观念教育是通过学习会计职业道德知识,树立会计职业道德观念,了解会计职业道德对社会经济秩序、会计信息质量的影响,以及违反会计职业道德将受到惩戒和处罚。

三、 判断题

1. 答案：正确

解析：略

2. 答案：正确

解析：自我修养的途径主要是"慎心"，坚守心灵，不被诱惑，具体包括：慎欲慎独、慎省慎微、自警自励。

3. 答案：正确

解析：略

4. 答案：正确

解析：本题考核会计职业道德教育的途径。

5. 答案：错误

解析：接受教育即外在教育，是指通过学校或培训单位对会计人员进行以职业责任、职业义务为核心内容的正面灌输，以规范其职业行为，维护国家和社会公众利益的教育。自我修养是相对于接受教育而言的，是一种自我学习、自身道德修养的行为活动。

6. 答案：错误

解析：会计职业道德教育的各种途径中，具有基础性地位的是会计学历教育。

7. 答案：正确

解析：本题考核会计职业道德教育。

8. 答案：错误

解析：本题考核会计职业道德教育的途径。会计学历教育在会计职业道德教育中具有基础性地位，继续教育是强化会计职业道德教育的有效形式。

9. 答案：正确

解析：本题考核会计职业道德的教育形式。

第四节 会计职业道德建设的组织与实施

一、单选题

1. 下列各项中，对会计职业行为自我约束和自我控制的部门主要是( )。
   A. 纪律检查部门　　　　　　　　　B. 审计部门
   C. 财政部门　　　　　　　　　　　D. 会计协会

2. 下列关于会计职业道德建设和组织与实施的表述中，不正确的是( )。
   A. 财政部门的组织推动　　　　　　B. 社会各界的监督和配合
   C. 会计行业的行业自律　　　　　　D. 企业事业单位的奖励

二、多选题

1. 下列各项中，属于财政部门为加强会计职业道德建设，可以采取的措施有( )。
   A. 组织开展《会计法》执法检查
   B. 将会计职业道德的内容全部予以法律化
   C. 采取多种形式组织开展会计职业道德宣传教育
   D. 将会计职业道德建设与会计从业人员管理相结合

2. 会计职业道德建设的组织与实施应依靠( )。

    A. 财政部门的组织与推动

    B. 会计职业组织的行业自律

    C. 社会舆论监督形成良好的社会氛围

    D. 公安局的监督检查

3. 在会计职业道德建设的组织与实施中,应当发挥作用的部门或单位有( )。

    A. 财政部门　　　　　　　　　　B. 会计职业团体

    C. 企事业单位　　　　　　　　　　D. 机关

4. 会计职业道德建设组织与实施需要社会各界的监督与配合,是因为( )。

    A. 会计职业组织起着联系会员与政府的桥梁作用

    B. 加强会计职业道德建设,是一项复杂的社会系统工程

    C. 能够在社会中形成舆论力量

    D. 加强会计职业道德建设,是各地区、各部门、各单位的共同责任

三、 判断题

1. 加强会计职业道德建设只是某一个单位、某一个部门的任务。 　　　　　( )

2. 会计职业道德建设的组织与实施主要依靠财政部门、行业自律组织以及企事业单位,无须社会各界的通力配合。 　　　　　　　　　　　　　　　　　( )

3. 会计行业组织在会计职业道德建设中可以依法行政。 　　　　　　　　( )

4. 各级财政部门应担负起组织和推动本地区会计职业道德建设的责任。 　　( )

答案与解析

一、 单选题

1. 答案：D

解析：对会计职业道德情况的检查,除了依靠政府监管外,行业自律也是另外一种重要手段。会计行业自律是会计职业组织对整个会计职业的会计行为进行自我约束、自我控制的过程。

2. 答案：D

解析：会计职业道德建设和组织与实施包括：财政部门的组织推动、会计行业的自律、企事业单位的内部监督、社会各界的监督与配合。

二、 多选题

1. 答案：A、C、D

解析：会计行为不可能都由会计法律制度进行规范。在规范会计行为中,不可能完全依赖会计法律制度的强制功能而排斥会计职业道德的教化功能,不需要或不宜由会计法律制度进行规范的行为,可通过会计职业道德规范来实现。

2. 答案：A、B、C

解析：会计职业道德建设和组织与实施包括：财政部门的组织推动、会计行业的自律、企事业单位的内部监督、社会各界的监督与配合。

3. 答案：A、B、C、D

解析：本题考核会计职业道德建设。各级财政部门、会计职业团体、机关和企事业单位应充分认识到加强会计职业道德建设的重要性，不断建立健全会计职业道德建设的组织与实施制度和机制，齐抓共管，保证会计职业道德建设的各项任务和要求落到实处。

4. 答案：B、C、D

解析：选项 A，属于会计行业的自律内容。

三、判断题

1. 答案：错误

解析：加强会计职业道德建设，既是提高广大会计人员素质的一项基础性工作，又是一项复杂的社会系统工程；这不仅是某一个单位、某一个部门的任务，也是各地区、各部门、各单位的共同责任。

2. 答案：错误

解析：本题考核会计职业道德建设组织与实施。会计职业道德建设的组织与实施离不开社会各界的监督与配合。

3. 答案：错误

解析：本题考核会计职业道德建设组织与实施。会计行业组织对会计职业道德进行自我管理与约束。

4. 答案：正确

解析：本题考核会计职业道德建设组织与实施。

第五节　会计职业道德的检查与奖惩

一、单选题

（　　）利用行政管理上的优势，对会计职业道德情况实施必要的行政监督检查。

A. 政府部门　　　　　　　　　　　B. 行业组织

C. 财政部门　　　　　　　　　　　D. 人事部门

二、多选题

1. 下列各项中，属于财政部门对会计职业道德监督检查措施的有（　　　）。

　　A. 将会计执法检查与会计职业道德检查相结合

　　B. 将注册会计师考评与会计职业道德检查相结合

　　C. 与会计人员表彰奖励制度相结合

　　D. 将会计专业技术资格考评、聘用与会计职业道德检查相结合

2. 开展会计职业道德检查与奖惩有着很重要的现实意义,包括(　　　)。

    A. 能促使会计人员遵守职业道德规范

    B. 对会计人员具有深刻的教育作用

    C. 有利于形成抑恶扬善的社会环境

    D. 有利于提高企业经济效益

3. 发现会计人员违反职业道德的行为,可以采取的道德制裁的措施有(　　　)。

    A. 在会计行业范围内通报批评

    B. 责令其参加一定学时的继续教育课程

    C. 暂停从业资格

    D. 在行业内部的刊物上予以曝光

4. 《会计基础工作规范》规定:"(　　　)应当定期检查会计人员遵守职业道德的情况,并作为会计人员晋升、晋级、聘任专业职务,表彰奖励的重要考核依据。"

    A. 财政部门　　　　　　　　　　B. 业务主管部门

    C. 各单位　　　　　　　　　　　D. 各级政府

5. 对于会计职业组织实施的职业道德惩戒,可采取下列(　　　)方式进行。

    A. 通报批评　　　　　　　　　　B. 罚款

    C. 取消其会员资格　　　　　　　D. 支付费用

6. 会计职业道德检查与奖惩的意义是(　　　)。

    A. 具有促使会计人员遵守职业道德规范的作用

    B. 可以对各种会计行为进行裁决

    C. 有利于形成抑恶扬善的社会环境

    D. 对会计人员具有深刻的教育作用

7. 为加强会计职业道德建设,财政部门可以采取的措施有(　　　)。

    A. 组织开展会计法执法检查

    B. 将会计职业道德的内容全部予以法律化

    C. 采取多种形式组织开展会计职业道德宣传教育

    D. 将会计职业道德建设与会计从业人员管理相结合

三、 判断题

1. 对会计人员的表彰奖励应注意将物质奖励和精神奖励有机结合起来。　　　　(　　　)

2. 将会计执法检查与会计职业道德检查相结合是财政部门对会计职业道德进行监督检查的途径之一。　　　　(　　　)

3. 聘任会计人员专业职务时,除必须具备同级专业技术资格外,也应考查其遵守职业道德的情况。　　　　(　　　)

4. 对会计职业道德情况的检查,除了依靠政府监管外,行业自律也是一种重要手段。　　　　(　　　)

5. 会计专业技术资格一般通过考试取得,并按规定逐级申报取得高一级资格,只有取得各级会计专业技术资格后才能应聘相应的会计专业技术职务。　　　　(　　　)

答案与解析

一、单选题

答案：C

解析：各级财政部门应当履行组织和推动本地区会计职业道德建设的任务，利用行政管理上的优势，对会计职业道德情况实施必要的行政监督。

二、多选题

1. 答案：A、C、D

解析：财政部门应当履行组织和推动本地区会计职业道德建设的任务，利用行政管理上的优势，对会计职业道德情况实施必要的行政监管。其监督检查的主要措施有：将会计专业技术资格考评、聘用与会计职业道德检查相结合；将会计执法检查与会计职业道德检查相结合、与会计人员表彰奖励制度相结合。

2. 答案：A、B、C

解析：开展会计职业道德检查与奖惩是道德规范付诸实施的必要方式，也是促使道德力量发挥作用的必要手段，有着非常重要的现实意义。能够促使会计人员遵守职业道德规范；能够起到裁决与教育作用；有利于形成抑恶扬善的社会环境。

3. 答案：A、B、C、D

解析：本题考核会计职业道德检查与奖惩。

4. 答案：A、B、C

解析：本题考核会计职业道德的检查与奖惩。根据规定，财政部门、业务主管部门和各单位应当定期检查会计人员遵守职业道德的情况，并作为会计人员晋升、晋级、聘任专业职务，表彰奖励的重要考核依据。

5. 答案：A、B、C、D

解析：对于会计职业组织实施的职业道德惩戒，由会计行业自律组织根据情节轻重程度采取通报批评、罚款、支付费用、取消其会员资格、警告、参加后续教育等方式进行相应的惩罚。

6. 答案：A、B、C、D

解析：本题考核会计职业道德的检查。

7. 答案：A、C、D

解析：本题考核会计职业道德监督检查。

三、判断题

1. 答案：正确

解析：略

2．答案：正确

解析：财政部门监督检查的主要措施有：将会计专业技术资格考评、聘用与会计职业道德检查相结合；将会计执法检查与会计职业道德检查相结合、与会计人员表彰奖励制度相结合。

3．答案：正确

解析：本题考核会计职业道德检查。各单位在聘任会计人员专业职务时，除必须具备同级专业技术资格外，也应考查其遵守会计职业道德的情况，将遵守会计职业道德情况作为一项主要的考核内容。

4．答案：正确

解析：本题考核会计职业道德的检查与奖惩。

5．答案：正确

解析：本题考核会计职业道德的检查与奖惩。会计专业技术资格一般通过考试取得，并按规定逐级申报取得高一级资格，只有取得各级会计专业技术资格后才能应聘相应的会计专业技术职务。